한국의 보수와 수구

– 이념의 역사 –

한국의 보수와 수구 _이념의 역사

2011년 2월 10일 초판 1쇄 발행
지은이 이나미

펴낸이 이원중 책임편집 김찬 디자인 정혜정
출력 경운출력 인쇄 · 제본 상지사
펴낸곳 지성사 출판등록일 1993년 12월 9일 등록번호 제10 – 916호
주소 (121 – 829) 서울시 마포구 상수동 337 – 4 전화 (02) 335 – 5494~5 팩스 (02) 335 – 5496
홈페이지 www.jisungsa.co.kr 블로그 blog.naver.com / jisungsabook
이메일 jisungsa@hanmail.net
주간 김명희 편집팀 김찬 디자인팀 정혜정

ISBN 978 - 89 - 7889 - 235 - 3 (93300)
잘못된 책은 바꾸어드립니다. 책값은 뒤표지에 있습니다.

이 도서의 국립중앙도서관 출판시도서목록(CIP)은 e-CIP 홈페이지(http://www.nl.go.kr/ecip)에서 이용하실 수 있습니다.
(CIP 제어번호: CIP2011000432)

한국의 보수와 수구

이념의 역사

이나미

지성사

들어가며

이 책은 그동안 보수와 수구에 관해 쓴 나의 논문들을 재정리하고 최근에 떠오른 생각을 추가하여 쓴 것이다. 따라서 보수, 수구에 관한 내용이 모두 폭넓게 다루어졌다기보다는, 논문을 구성한 특정의 주제와 내용들이 중심이 되어 쓰여졌다. 예를 들면 유인석과 이완용을 자주 언급하였는데, 이는 이 두 사람이 반드시 수구와 보수를 대표하는 전형적 인물이어서라기보다는 이 두 사람의 생각을 주제로 쓴 글이 포함되었기 때문이다. 한국 보수주의 논쟁에 대해서도 어느 특정 시기, 특정인을 다른 경우보다 더 많이 다루었다면 그것 역시 같은 이유에서이다. 책의 내용 중 어쩌면 군더더기, 사족이라고 여겨지는 부분도 있을 것이다. 그러나 이러한 내용 역시 나에게는 차마 버리기 아까운 것들이다. 누구나 그렇겠지만 내게 있어 글쓰기는 큰 고통이다. 글자 하나하나 쓰는 것이 마치 내 살을 바늘로

한 땀 한 땀 뜨는 것 같다. 그래서 글을 버리기가 너무 어렵다. 또는 반대로 꼭 다루어져야 할 중요한 내용들이 빠져 있을 수 있다. 그러나 그러한 것들이 제외되었다 하더라도 이 책이 보수와 수구에 대한 종합 개론서가 아니라 단지 보수와 수구의 본질이 무엇인지에 대한 나의 생각을 보여주고자 하는 것이므로 큰 문제가 되지는 않는다고 생각한다.

이 책은 본래 그게 언제였는지 기억이 까마득하지만, 약 5년 전 쯤에 나오기로 기획된 것이었다. 그런데 책 집필을 시작하고 나서 하와이대학교에 1년간 객원연구원으로 가 있게 되었으며, 돌아온 후에는 진실 · 화해를위한과거사정리위원회에서 2년간 일하게 되었다. 이후에도 강의다, 연구다 하여 차일피일 미루어왔다. 그러나 책이 늦어진 진짜 이유는 완성된 책을 내놓고 싶었던 나의 욕심 때문이다. 그러나 결국, 또 언제나 그랬듯이, 그런 완성된 책을 내지 못했다. 아마 앞으로도, 생각하기도 두려운 일이지만 영원히 그렇게 될 것 같다.

그동안 초인적인 인내심을 갖고 기다려주신 지성사 이원중 대표, 원고를 꼼꼼하게 검토하고 교정해주신 편집부 김찬 씨께 진심으로 고마움을 전하고 싶다. 또한 언제나 나를 지지해주시는 부모님과 빨리 책 쓰라고 재촉하고 또 유익한 논평을 해준 남편 서보혁에게 사랑과 감사의 마음을 전한다.

2011년 1월 이나미

차례

들어가며 4

I. 보수와 수구를 어떻게 볼 것인가

1. 보수의 개념화 12
2. 수구의 개념화 23

II. 보수 및 수구 이념의 특징

1. 세계관 38

(1) 하나 또는 두 개의 세계 38
(2) 유토피아에 대한 상반된 입장 43

2. 인간관 51

(1) 인간 이성 불신 51
(2) 여성관 58

3. 정치 · 사회관 67

(1) 민주주의 비판 67

(2) 자유주의로의 전환 74

- 자유주의의 전제가 갖는 문제 77
- 자유주의와 민주주의 84

(3) 귀족과 주변인 89

(4) 사회 변화에 대한 태도 97

- 실리주의 대 원리주의 100
- 온건주의 대 극단주의 107

III. 한국의 보수와 수구

1. 보수 이념의 역사 112

(1) 자유주의와 자유민주주의 112

- 개화파의 자유주의 수용 113
- 일제의 식민주의와 자유주의 116
- 일제 강점기 자치론 128
- 미군정기 미국식 민주주의 교육 140
- 이승만 정권 시기 자유민주주의와 민주주의 149
- 장면의 민주주의관 153

- 이승만의 자유방임주의와 장면의 경제제일주의 156
- 전두환 정권의 '단임 정신'과 자유화 조치 159
- 노태우 정권 시기 민주주의론 164
- 뉴라이트와 기업의 자유주의론 173

(2) 실리주의와 실용주의 183

- 이완용의 실리주의 184
- 일제의 실리주의 정책 195
- 미군정기 실용주의적 민주주의 201
- 박정희 정권 시기 개인주의와 실용주의 207
- 현대 보수주의의 실용주의와 실리주의 213

(3) 반공주의 217

- 미군정과 한민당의 반공주의 218
- 이승만의 반공주의와 친일 224
- 박정희 정권 시기 반공주의 235
- 노태우 정권 시기 반공 이념의 변화 242
- 보수 단체의 반공·반북 운동 253

2. 수구 이념의 역사 260

(1) 반자유주의 260

- 일제 강점기 자유주의 비판 261
- 이승만 정권의 자유민주주의 비판 266
- 박정희 정권의 자유민주주의 비판 268
- 전두환 정권의 민주주의 비판과 정의사회론 278

(2) 국가주의 281
- 일제의 군국주의 282
- 미군정기 교육 이념 299
- 이승만 정권의 일민주의 306
- 박정희 정권의 '수식어 민주주의' 318
- 현대의 국가주의 328

(3) 근본주의 331
- 일제 강점기 전후의 유교 332
- 일제 강점기 전후의 기독교 336
- 이승만의 기독교 운동과 유교 의식 341
- 기독교와 반공 344
- 유교의 재해석과 기독교의 집회 활동 349

나가며: 파도에 맞서거나 파도를 타거나 355
참고문헌 359
찾아보기 373

01

보수와 수구를 어떻게 볼 것인가

1. 보수의 개념화

보수주의에 대해 글을 쓰려고 보니 지금의 시대를 어떻게 봐야 하는지, 또 과연 역사는 발전하는 것인지 하는 회의가 든다. 과거 많은 사람들이 품었던, 신이든 사회주의든 역사에는 반드시 그 목적과 뜻과 방향이 있다는 '확고한' 신념이 깨어진 지금, 역사는 단지 우연한 사건의 연속에 불과하다는 이론도 등장하였다. 그런데 역사나 인간사나 그 '경향' 만을 놓고 본다면 발전하고자 하는 욕구와 의지가 있되, 그것이 극한에 달하면 퇴보하려는 특성이 있는 듯하다. 그러나 완전히 과거의 모습으로 돌아가지는 않는다. 시간은 불가역적인 것이기 때문이다. 따라서 역사는 순환하는 것이 아니다. 순환은 동물의 역사이다. 동물은 반복을 좋아한다. 뇌과학자에 의하면 동물의 두뇌에는 변화를 받아들일 영역이 없다고 한다 이시형 2009. 따라서 동물은 변화가 아닌 반복을 좋아한다. 그래서 그들은 천국에 산다고 한다 밀란 쿤데라 1999. 변화가 없어도 되는 곳이 있다면 그곳이 천국이기 때문이다. 천국은 더 이상 발전할 필요가 없는 세상이다.

개는 아침에 일어나 주인을 깨우고 밥 먹고 산책하고 배설하고 잠잔다. 그 다음날도 똑같이 반복한다. 이것이 개의 행복이다. 익숙한 것을 사랑하며 낯선 것을 혐오한다. 그래서 아는 이에게는 꼬리를 치고 모르는 이에게는 짖는다. 이러한 개를 그리스에서는 '철학philosophy적' 이라고 했다. '앎을 사랑philo+sophy' 하고 '무지를 혐오' 한다는 것이다. 그러나 이는 단지 재밌는 넌센스일 뿐, 우리가 '앎' 을 사랑한다고 할 때 그 앎이란 익숙한 것, 또는 상식을 의미하는 것이 아니다. 오히려 상식을 벗어난 낯설고 새로운 것이며, 우리가 영원히 추구해도 도달할지 알 수 없는 '진리' 를 의미한다. 인간은 이러한 진리로 나아가고자 하며 발전하고자 한다. 그것은 인간만이 갖는 특징이다. 즉 생물학적으로 볼 때 진보는 인간의 특징이요, 보수는 동물의 특징이다. 인간은 그 뇌 구조상 새로움을 사랑할 수밖에 없다. 인간의 뇌에는 동물과 달리 새로운 것을 알고 싶어하는 영역이 있다. 어떤 사람에게 그러한 특징이 결여되어 있다면 그는 인간에게서 멀어진 존재이다. 그는 자신의 인간다운 두뇌 영역을 두들겨 깨워야 한다.

E. H. 카Edward Hallet Carr는, 좌파를 우파와 비교하여 "좌파가 지적으로 우월함을 의심할 나위가 없다."고 하면서 "좌파만이 정치 행동의 원칙을 정하고 정치가들의 행동 지침이 될 이념을 제공한다."고 하였다. 단 좌파는 현실과의 밀접한 관계에서 얻을 수 있는 실천적 경험이 없다는 한계를 갖고 있다고 그는 지적한다E. H. 카 2000. 서병훈에 의하면 보수주의는 체계적인 사상 또는 이데올로기라기보다는 특정한 심리적 상태이다. 즉 재산이나 권력, 지위를 가진 사람이 현 질서를 유지, 보존하고자 하는 심리 상태이며, 농촌이나 중소도시 거주민, 노인, 교육 수준이 낮은 사람 등 기존 삶의 패턴과 다른 상황에 대해 생각이 미치지 못해 그저 지금의 삶의 양식을 그대로 연장하고자 하는 사람들의 심리 상태의 통합에 불과하다는 것이다서병훈 1999. 이렇게 변화를 싫어하고 현 상태를 유지하고자 하며 다른 상황에 대해 생각이 미치지 못하는 심리는 앞서 언급했듯이 뇌 구조의 특정 영역과 관련이 있다. 인간의 뇌는 세 겹으로 이루어져 있는데 생명 및 본능을 다루는 대뇌 기저핵, 감정을 다루는 대뇌 변연계, 창조적 지식을 다루는 대뇌 신피질로 나뉜다고 한다. 대뇌 기저핵은 파충류 단계, 대뇌 변연계는 일반 포유류 단계, 대뇌 신피질은 인간의 단계에 해당한다. 그런데 동물 뇌인 대뇌 변연계는 변화를 싫어한다. 그래서 보통의 동물들은 항상 같은 것을 되풀이하며 이전과 다른 실험을 시도하지 않고, 그 결과 발전을 이루지 못한다. 변화를 시도하고 습관을 바꿔야 한다고 독려하는 뇌는 대뇌 신피질이며, 이것이 인간의 특성이다. 그러

나 인간도 일반적으로 큰 변화를 초래하는 일에는 두려움을 느끼는데, 이는 대뇌 신피질의 계획에 대해 대뇌 변연계의 반발이 크기 때문이다. 이시형은 이에 대해 "이것은 큰 변화가 아니라고 변연계를 살살 달래야 한다."고 하고 있다. 이를 사회에 적용해본다면 비교적 대뇌 신피질보다 대뇌 변연계에 따라 사는 사람들을 우리는 보수적이라고 부를 수 있을 것이다. 즉 이들은 인간적인 뇌를 덜 사용하는 것이다. 사람이 나이가 들면서 점점 더 보수적이 되어가는 이유는 나이가 들수록 새로운 일에 대해서 자신이 없고 스트레스를 받기 때문이다. 노인의 옹고집도 여기서 비롯된다고 한다[이시형 2009]. 따라서 어떤 정치적, 사회적 개혁을 이루고자 할 때 이들에게 큰 변화가 있을 것이라고 겁주기보다는 이는 작은 변화일 뿐이라고 안심시키는 전략이 필요하다. 이러한 작은 변화는 받아들이려고 하는 것이 보수이고, 이조차 완강히 거부하는 것이 수구이다.

어떤 좋은 것이든 극단까지 간다면 반동이 있게 마련이다. 그래서 영원히 발전하고자 한다면 "끝까지 가지는 말라"고 하였다. 동양 무술에서는 팔을 일자로 펴지 않고 살짝 구부려야 가장 큰 힘이 나온다고 가르친다[이명춘 2008]. 이것이 주는 시사점은, 최적의 상태를 유지하려면 무엇이든 완전히 펼치지는 말라는 것이다. 양이 극에 이르면 음이 오고, 음이 극에 이르면 양이 온다고 하였다. 이것이 세상과 우주 만물의 이치라고 다들 말하지만 바로 그럴 때 역사는 반복, 순환, 보수가 되는 것이고, 결국 동물의 역사가 되는 것이다. 양을 추구하되 극단까지 가지 않고 약간의 음을 남겨두는 것, 그것이 영원히 양을 향해 가게 하는 것이며 또한 이것이 진보일 것이다.

이것은 또한 중용의 원리이다. 동서고금을 통해 중용은 정치학에서 중요하게 강조되는 덕목이다. 중용은 이도저도 아닌 중간, 손해 안 보는 양비론을 의미하는 것이 아니다. 『중용』에 의하면, "중용을 실천한다는 것은 군자의 덕을 갖추고서 상황에 적절하게 행동하는 것"이다『중용』 1:2. 아리스토텔레스 역시, 중용은 가장 적절한 때에 가장 적절한 장소에서 가장 적절한 행위를 하는 것이라고 말한다. 이는 어느 특정 순간에 가장 적절한 행위에 대한 가장 적절한 판단을 요구한다최상용 2002. 이미 갖고 있는 확고한 신념이나 이론을 고집한다면 이럴 경우 때로는 독이 되는 수가 있다. 톨스토이의 『전쟁과 평화』에서 나폴레옹과 꾸뜨조프의 대결은 이를 잘 보여준다. 나폴레옹은 모든 전략 전술을 동원하고 철저한 계획에 의존하여 전쟁을 벌여 백전백승하는 영특한 전쟁 천재이다. 꾸뜨조프는 그와는 정반대로 전략회의 때 늘 졸며 작전 수립에 관심이 없다. 그러나 관심이 없는 듯하면서도 상황이 돌아가는 감을 잘 잡고 병사나 민심의 동태를 파악하여 '때'를 잘 포착한다. 그런 그가 나폴레옹을 이긴다. 정치도 마찬가지일 것이다. 마키아벨리가 말하는 "운명fortuna을 휘어잡는 정치적 능력virtu"은 이것을 말하는 것일 터이다. 어떤 날카로운 이론과 확고한 신념도 살아 움직이는 정치판에서는 단지 참고 사항일 뿐이요, 상황과 민심에 대한 그때그때의 노련한 판단이 필요할 것이다.

적절한 판단과 행위를 요구하는 중용을 강조한다고 해서, 또 극단을 피해야 한다고 해서 음과 양, 보수와 진보에 똑같은 비중을 두고 양비론, 양시론에 빠질 수는 없는 일이다. 앞서 언급했듯이 음은 양을 위해, 보수는 진보를 위해 약간 남겨놓아야 하는 것이고 우리의 목적은 밝음을 향해, 진리를 향해 나아가는 것이다. 그렇다면 음과 양의 관계는 무엇인가. 유시찬 신부는 독특하게 음양을 선악과 동일시하고 있다. 음이라고 하는 것이 어쩔 수 없이 우주에 존재하는 것처럼 악도 그러하다는 것이다. 그러나 인간이 악을 지향하지 않는 것처럼 음도 우리가 지향하는 것이 아니다. 그에 의하면 음 또는 악은 잠깐 활용되는 것이지 우리가 머물러서는 안 되는 곳이다유시찬 2002. 그것은 독과 같다. 독은 필요할 때 잠깐 사용하는 것이다. 악마 메피스토펠레스는 자기 자신을 "항상 악을 원하면서도 항상 선을 창조해내는 힘의 일부분"이라고 소개한다괴테 2000. 그는 악을 행하려 하나 결과적으로 늘 선을 행하게 된다는 것이다. 마틴 부버Martin Buber에 의하면 "악은 빵의 누룩이다. 인간의 영혼에 심어놓은 효소이다. 이것 없이 인간이라는 빵은 부풀지 않는다."고 한다스캇 펙 2008. 즉 악은 이렇듯 선을 위해 일시적으로 존재하고 활용되는 것이다. 악은 역사의 조연이지 주연이 아니다.

악을 오랫동안 연구해온 심리학자 스캇 펙Scott Peck은 "악은 정신적 성장을 피하기 위해서 행해지는 정치적인 힘의 구사, 즉 공개적이거나 은폐적인 압력을 통하여 자신의 의지를 다른 사람에게 부과하는 것"이라고 규정한다. 마치 현재 한국 사회의 보수주의를 이미 알고 지적하는 듯한 놀라운 정의가 아닐 수 없다. 많은 사람을 아무 죄의식 없이 죽이는 현대 사회의 사이코패스들이 결코 '진보주의자'들은 아닐 것이다. 진보는 타인, 특히 약자에 대한 공감(compassion)을 기본으로 하고 있기 때문이다. 진보주의자들은 기본적으로 인간의 사악함을 혐오하는 자들이다. 버크Edmund Burke에 의하면 급진 혁명 세력들은 인간의 본원적인 사악함을 너무나 미워한 나머지 살아있는 구체적 인간을 등한시하게 된다고 한다. 따라서 그 비율로 보자면 사회의 악인들은 진보주의자이기보다는 이 사회를 경쟁 사회, 정글로 바라보고 이기주의를 당연시하는 보수주의자일 가능성이 크다. 버크에 의하면 인간 이성의 불완전함과 인간 본성에 내재한 근절할 수 없는 도덕적 사악함 때문에 사회가 불완전한 것이다. 버크는 심지어 인간의 도덕적 완성 가능성도 받아들이지 않았다. 클린턴 로시터Clinton Rossiter에 의하면 보수주의자들은 인간의 불완전한 본성, 즉 문명화된 인간 행동의 장막 뒤에 항상 숨어 있는 근절할 수 없는 비이성과 사악함을 강조한다고 하였다강정인 1997.

불완전한 인간, 사악한 인간들은 이성적 판단보다는 자신의 감정에 충실하기 때문에 대뇌 신피질보다는 대뇌 변연계의 지배를 더 많이 받을 것이며, 그것 또한 보수적 인간의 특징이기도 하다. 스캇 펙에 의하면 악한 사람들의 특징은 그들의 죄 자체보다는 죄의 난해성, 완고성, 경직성에 있으며, 죄를 인정하는 것을 거부하는 마음에 있다고 한다. 이는 에리히 프롬Erich Fromm이 악성 나르시시즘이라고 불렀던 특정한 병적 변이와 유사하다. 이것은 자기보다 높은 존재, 즉 하느님이든 진리이든 이상이든 간에 그것에 복종할 줄 모르는 자기 의지이다. 이들은 자기 모습을 비춰주는 착한 선의 빛, 자신을 드러내는 성찰의 빛, 자신의 기만을 들춰내버리는 진리의 빛을 죽도록 싫어한다고 한다. 이들은 "자신을 거스르는 수고를 묵묵히 감내할 마음이 조금도 없다." 이들이 "악하게 된 것은 바로 그 수고를 감내하지 않으려 하는 데서 비롯되었던 것이다." 이들은 자신들의 본심을 숨기기 위해 노력한다. 스캇 펙은 악인이 특별히 따로 있는 것이 아니라 일상 속에서 흔히 발견된다고 한다. 특히 "악한 사람들이 가장 흔히 발견되는 장소들 가운데 하나가 바로 교회"라고 한다. 스캇 펙은 "우리 문화에서 교회의 집사나 눈에 띄는 다른 높은 직분자가 되는 것보다 자신의 악을 잘 숨길 수 있는 길이 없"으며 또 "그것은 다른 사람에게는 물론 자기 자신에게까지 자신의 악을 숨길 수 있는 최상의 길"이라는 것이다스캇 펙 2008.

일상생활 속에서 우리가 접하는 악은 무시무시한 것이 아니라 대단히 평범한 것이다. 아렌트Hannah Arendt는 집단 학살을 감행한 아이히만Karl Adolf Eichmann의 재판을 지켜보면서 악의 진부함을 이야기하였다. 아이히만은 완전히 정상적인 사람이었다. 아렌트는 그러나 그가 상투적이며 진부한 말만을 한다는 점에 주목하였다한나 아렌트 2006. 즉 너무 평범한 사람이 악인이 될 가능성이 큰 것이다. 아이히만은 독창적인 '자신의 생각'을 말할 수 없는 사람이었다. 스캇 펙은 악의 위험성, 파괴성에만 초점을 맞출 것이 아니라 악의 저속하고 하찮고 천박한 음울함을 보아야 한다고 하였다. 시몬 베유Simone Weil는 "상상 속의 악은 낭만적이고 다채롭지만 실제 행하는 악은 음울하고 단조롭고 쓸쓸하고 지루하다."고 하였다.

성인聖人은 이러한 악인과 정반대의 특징을 갖는다. 스캇 펙은 성인을 "절대적으로 독특한 사람"이라고 규정한다. 즉 성인들을 만나보면 그들은 우리가 이제까지 알던 사람과 매우 다른 새로운 사람이라는 것이다. 펙은 이에 대해 성인은 바로 '그들 자신이' 된 사람이라고 표현한다. 즉 가장 자기다운 것, 다른 사람이 아닌 바로 자신이 누구인지 알고 바로 그 사람이 된 것이라는 뜻이다. 국선도 수련자들의 대스승인 청산선사는 "도인들이 도를 이루고 나면 다 같아집니까?"라는 아들 진목법사의 질문에 "아니다. 도를 다 이루고 나면 각자의 전문 분야가 다 있다."고 답했다고 한다고남준 2010.

반면 악인의 특징은 "모두 똑같아 보인다"는 것이다. 만일 우리가 악한 사람 한 사람을 보았다면 악한 사람 모두를 본 것이나 마찬가지라고 한다스캇 펙 2008. 따라서 평범한 사람, 자신의 말을 할 줄 모르는 사람, 발전에 관심이 없는 사람, 지루한 사람들이야말로 악인이 될 가능성이 높다고 할 수 있다. 그런데 보수주의자들이야말로 대체로 평범하고 또 매우 지루하다. 그들의 상투어는 우리를 견디기 힘들게 한다. 그들은 마치 우리를 지루하게 함으로써 그들을 피하게 만드는 전략을 쓰는 사람들

같다. 즉 지루함이 그들의 힘이다.

스캇 펙은 악을 병리적으로 다루어야 한다고 주장한다. 마치 무의식의 문제를 의식의 영역으로 끌어올려 환자가 그것을 의식하게 되는 순간 정신의 병이 낫듯이 악은 의식의 영역으로 나와 빛을 쬐어야 한다는 것이다. 비레크Peter Viereck 역시 "보수주의는 무의식 속에서 형성된다."고 하였다피터 비레크 1981. 현대 사회에서 악은 강박증(집착, 우상 숭배) 또는 이기주의(태만, 나르시시즘)로 나타나는데, 이것이 각각 수구와 보수로 표현될 수 있다고 본다. 이 둘은 모두 무의식 영역에 머물며 성찰하지 않고, 따라서 발전하고자 하지 않는다.

흔히 '보수적인 것'은 '점잖은 것'과 동일시된다. 아마도 현재 많은 사람들이 스스로를 보수적이라고 생각하는 것에는 이와 같은 사고가 있기 때문일 것이다. 실제로 '점잖은 것'과 보수주의는 여러 가지 면에서 일치한다. 단 '점잖은 것'의 본질에 대한 냉철한 성찰이 요구될 뿐이다. '점잖은 것'이란 고상하고 합리적이며 경거망동하지 않는 것으로 생각된다. 그러나 그러한 심층 내면에는 결코 하층민처럼 보이거나 저질스럽지 말아야 한다는 강박증과 이기주의가 자리 잡고 있는데, 이는 곧 하층민을 경멸하고 어떻게든 상층부에 속하고 싶어하는 저급한 소시민의 심리 상태라고 할 수 있다. 즉, 점잖음의 추구는 사회나 역사가 어떻게 되든 나의 출세와 명예만을 가장 소중하게 여기는 저급한 욕망을 잘 포장한 것이다.

대표적인 보수주의 사상가 버크가 평민이었다가 갑자기 출세한 사람이었으며, 이후 보수주의자로 분류되어 설명할 이완용, 이승만도 몰락한 양반 출신이었다가 대갓집 양자로 들어간 사람들이라는 사실은 마치 이를 증명하는 듯하다. 박정희도 가난한 집안 출신으로 대통령까지 된 사람이다. 우리는 주변에서 자수성가한 사람들이 원래 부자였던 사람보다 훨씬 더 보수적인 경우를 종종 본다. 왜냐하면 이들은 사회 구조가 어떻든 개인이 열심히 노력하면 출세할 수 있다는 것을 자신의 체험으로 알고 있는 사람이며, 그러한 개인 체험을 거의 종교 수준으로 믿고 있기 때문이다. 이들은 자신의 경우가 아주 드문 경우이고, 대체로 가난과 출세가 대물림된다는 사실을 믿으려 하지 않는다. 상류층을 향한 이들의 처세술과 심리 상태가 보수주의이다. 따라서 보수주의는 정교하고 합리적인 이념적 내용을 갖추고 있지 않다. 실제로 일부 보수주의 이론가들은 보수주의가 이데올로기가 아니라 '분명하지 않은 정신 상태' 라고 생각한다 피터 비레크 1981.

보수주의에는 명확한 내용이 없으며 모순적으로도 보인다. 버크도 이후 '버크 문제' 라고 불릴 만큼 서로 모순된 주장을 하였다 R. 니스벳 · C. B.

▪ 따라서 세분해보자면 '수구-보수-개혁-진보' 로 나뉠 수 있을 것이다. 강정인에 의하면, "'보수' 또는 '보수주의' 가 '진보' 를 배척하는 것은 아니며, 따라서 보수와 진보를 상호 대립적으로 파악하는 것은 근대 정치사상의 산물로서의 보수 사상과 진보 사상이 공유한 공통된 측면을 간과하는 오류를 범할 수" 있다.(강정인, 1997)

맥퍼슨 1997. 보수주의가 분명하지 않게 여겨지는 또 다른 이유는 그것이 수구와 개혁 중간에 위치하기 때문이다.■ 이어 수구에 관해 논할 때 보다 분명해지겠지만 보수주의는 '가운데 끼인' 이념이다. 변화에 대응하는 양식 중 '전면적 반대'가 아니라 '부분적 반대'로, 기회주의의 전형이라고 할 수 있다. 수구는 심리적으로 보면 변화를 반대하고 성찰을 하지 않는다는 측면에서 보수와 같지만, 현상 유지가 아닌 과거로의 회귀를 강하게 주장한다. 따라서 역사적으로 표현된 양식은 보수와 매우 다른, 더 나아가 반대되는 특징을 보여준다.

2. 수구의 개념화

현재 한국 사회에서 '수구'라는 개념은 보통 '보수' 개념과 비교하면서 언급된다. 대체로 보수는 합리적 요소를 갖고 있는 반면 수구는 불합리하거나 의사소통이 안 되는 완고한 것으로 지칭된다. 그동안 우리 사회에 수구만 있었지 보수는 없었다고 하는 학계나 언론의 주장■■은 개혁에 반대만 하는 한국 사회의 보수 세력을 비판하기 위한 것인 한편

■■ "단지 변화와 개혁에 저항하는 보수, 더 정확하게는 수구적 세력만 존재해왔다는 것이 그간 흔히 한국의 보수주의에 대한 많은 연구의 공통된 결론이었다."(홍덕률 2003)

이러한 수구 · 보수의 구분을 전제하고 있다. 이렇게 수구의 존재를 정립한 결과, 보수의 긍정성 더 나아가 보수의 정당성까지 부각되는 효과가 생긴다.■ 그렇다면 과연 수구는 극복되어야 하고 보수는 지켜져야 할 가치인가. 이러한 수구와 보수의 개념 구분은 어떻게 생겨난 것일까.

수구 내지 수구파, 수구당이라는 용어가 한국에서 사용되기 시작한 것은 이태진에 의하면 구한말 일본의 조선 침략이 추진되면서 일본이 친일 개화파를 옹호하고 반대 세력을 비판하기 위해 반대파에게 이 이름들을 붙이면서부터이다.■■ 구체적으로는 임오군란 당시 대원군 세력을 수구파라 지칭하면서 처음 사용되었으며, 갑신정변 전후로는 친청파에게 붙여졌다. 그런데 갑신정변 이후로는 아이러니컬하게도 대원군이 일본에 의해 옹호되고 명성황후 측이 수구파로 비난받는다. 따라서 수구파는 일관된 개념이라기보다는 일본이 그때그때 자신의 반대파를 비난하기 위해 사용한 개념임을 알 수 있다.

이렇게 일본을 통해 들어온 수구라는 개념이 보수와 구분되어 사용되기 시작한 것도 일본에 의해서이다. 초기에 일본에서는 'conservatism'이 '수구주의'로 번역되는 등 보수주의와 구분되어 쓰이지 않았

■ 수구는 보수보다 어의가 강하면서 일상적으로 가치 비하적 의미를 갖는다. 그러나 보수나 수구라는 말 자체에 본원적으로 가치 비하적 의미가 내포되어 있을 이유는 없다.(양승태 1994)

■■ 이태진.(2003) 이어지는 19세기 말의 수구 개념에 대한 설명 역시 이태진(2003) 참조.

다. 그러나 명치 10년 7월 28일 〈동경일일신문〉에서, 수구가 한결같이 "자유의 원적怨敵", "민권의 원수" 등 불평하는 무사들의 봉건 반동 이미지로 여겨지는 풍조 속에서 수구가 잘못 인식되고 있다는 글이 실린다. 또 "보수의 옳음을 알아도" 보수를 지향하면 "개진開進의 예봉이 둔화되어 수구에 빠지기 때문에" "보수를 원할 겨를이 없"다고 하는 등 수구가 보수와 구분되어 쓰이기 시작한다이태진 2003.

현대 한국 사회에서 수구가 보수와 비교되면서 사회 발전을 위해 극복해야 할 이념으로 주장되기 시작한 것은 1960년대 중반 〈사상계〉에서부터인 것으로 보인다. 〈사상계〉의 글들을 보면 1960년대 초반까지는 보수와 구별되는 수구라는 개념을 사용하지 않았으며, 보수주의 일반에 대한 비판적 글들을 실었다. 그러나 1964년 "전진적 보수주의: 현대 보수주의의 내용에는 진보의 원리가 포함되어 있다"김영선 1964를 시작으로 "수구와 반동을 극복한 보수당: 영국 노동당과 보수당"이극찬 1964 등의 글에 수구와 보수를 나누고, 보수는 수구를 극복하여 진보적 원리를 수용해야 한다는 주장이 보이기 시작한다.■

현재 한국 사회의 수구 · 보수 논쟁 역시 이러한 논의에서 별반 진

■ 1960년대 중반은 박정희가 민정 이양의 약속을 어기고 대통령에 취임하여 장기 집권의 시작을 알리는 시기로서, 〈사상계〉가 보수주의를 우회적으로 비판하기 위해 이러한 글들을 실었다고 짐작된다.

전이 없는 상태이다. 또 수구에 대한 시사적 논쟁이 아닌 학술적 논의는 그동안 전무했다고 할 수 있다.■ 보수 및 보수주의에 대한 논의는 최근 활발히 이루어지고 있으며 대체로 그 주장은 개혁적 내용을 포함하는 것이야말로 진정한 보수주의라고 하는, 〈사상계〉를 포함한 그 이전 논의와 거의 다르지 않다. 진정한 보수주의에 대한 기준으로는 서구의 보수주의가 자주 언급되며 이로써 한국의 보수주의를 비판하는 것이 일반적이다. 그러나 이는 결과적으로 '보수주의 자체'를 구원하는 것이며, 더 나아가 한국의 보수주의도 근본적인 비판을 피할 수 있게 한다. 즉, 이 같은 논리는 보수주의를 비판하면서 동시에 보수주의로부터의 공격도 피할 수 있는 논리이다. 그런데 과연 서구의 보수주의는 그렇게 이성적이고 바람직한 것인가. 예를 들면 전 세계의 비판에도 불구하고 미국이 이라크에

■ 수구에 대해서는 거의 신문이나 시사 잡지에서 다루고 있으며, 학술지에서의 수구에 대한 논의는 조선 말기 개화파에 반대하는 수구파에 대한 것이 전부이다. 이것조차도 정당하게 이루어지지 않았다. 이태진은 다음과 같이 쓰고 있다. "수구, 개화의 구분이 몰고 온 파장이 이렇게 크다면, 그 구분이 생긴 과정이나 그 정당성에 대한 검토를 누군가 한 번쯤은 했어야 했다. 그러나 필자가 아는 범위에서는 아직 그런 검토를 접하지 못했다. 오히려 근대사에 관한 사료를 뒤지면서 이런 구분이 연구자들의 연찬의 결과가 아니라, 조선 정국에 대한 일본 정보망의 탐문 보고가 그 진원지란 것을 알게 되면서 그 정확성에 대한 의심을 가지게 되었다. 일본 침략주의의 호불호에 따라 정치사의 흐름이 논단되었다면 그 자체에 대한 검토부터 할 필요가 있다."(이태진 2003) 또한 최치원은 "수구에 대한 연구는 한국 보수주의의 철학적 기반, 전통, 권위, 문화의 복원을 꾀하는 일련의 보수주의 연구자들의 관심에 일정 부분 답하는 것일 수도 있다."(최치원 2008)고 하였다.

대한 전쟁을 강행한다든지, 외교 정책으로 "미치광이 이론"을 채택하고 있는 것을 볼 때 노암 촘스키 2001 과연 서구 보수주의는 문명적이고 합리적이라고 말할 수 있는 것인지 매우 회의가 든다.

또 이전 연구에서는 보수와 구분되는 수구에 대한 논의가 없다. 이는 사실상 보수와 뚜렷이 구분되는 수구가 원래 존재한 것이 아니거나 또는 수구가 단지 보수보다 더 오른편에 있는 정도로 인식되기 때문일 것이다. 그러나 수구가 본래 보수와 명확하게 분리되어 나타난 것이 아니라고 하는 그 개념적 기원에도 불구하고, 내용적으로는 보수와 구분하여 사용되어야 한다고 생각한다. 단, 그것은 이제까지 그래왔던 것처럼 보수를 정당화, 미화하기 위한 정치적 필요에 의해서가 아니라 수구 · 보수에 대한 개념적, 역사적, 사회적 고찰을 통한 학술적 논의의 시작을 위해 필요하다고 생각한다.

우선 구한말 수구파는 보수파요, 개화파는 개혁파라는 구도부터 다시 살펴보아야 한다. 앞서 언급했듯 이 시기 수구파–개화파의 구분은 일본이 자신의 정치적 호불호를 표현하기 위해 만들어진 것이라는 점을 염두에 두지 않는다고 하더라도, 개화파의 사상과 활동을 살펴보면 개화파에 대한 일반적 인식처럼 그들이 과연 개혁적이고 민주적이었나 하는 점은 매우 의심스럽다. 개화파는 여러 가지 개혁을 주장하기는 했으나 일관되게 엘리트주의적이었고, 동학 등 당시 평등을 추구하는 아래로부터의 혁명적 움직임에 대해서 매우 적대적이었다. 즉 당시 개화파는 사회의 근본적인 모순에 대한 변혁을 주장했다기보다는 자신들과 같이 능력 있는 사람들이 정치에 참여해야 한다는 부분적 개혁을 주장한 것이다. 이들은 의도하지 않았으나 결과적으로 혁명을 이끌어낸 서구의 계몽주의자들이 갖는 한계를 똑같이 공유했다고 할 수 있으며, 부분적 개혁을 추구했다는 면에서 '보수적'이라고도 할 수 있다. 앞으로 살펴보겠지만 보수는 부분적 개혁을 수용하자는 주의이다. 실제로 개화파들은 보수주의conservatism에 대해 호의적인 입장을 보였다이나미 2001.

개화파를 개혁적인 측면에서만 보기 어렵게 하는 또 다른 이유는 개화파 일부가 일본의 근대화를 본받자는 주장에서 더 나아가 일본의 조선 침략이 노골화된 시점 이후에도 일본에 계속 협력하고자 했다는 데에 있다. 많은 개화파들이 조선의 근대화라고 하는 초기의 입장에서 그친 것이 아니라 일제의 조선 강점 이후 일본의 군국주의가 심화되었을 때에도 여전히 일본에 협력적이었다. 반면 수구파는 유교 원리의 고수를 위해 사회 변화를 받아들이지 않으려고 했다는 측면에서 사상적으로 한계를 갖지만, 당시 사회 변혁이라는 명분으로 일제 침략을 용인하는 것에 격렬하게 반대하여 자결 또는 의병 항쟁을 벌인 애국자들이기도 하다. 따라서 이 당시 수구파에 대해 오늘날 비판적으로 사용되는 수구 개념을 여과 없이 적용시킬 수는 없다고 생각된다.

'수구守舊'의 의미를 풀어보면 '옛 것을 지킨다.'는 것으로, 수구는 앞서 보았듯이 개화파에 반대하여 전통을 지키고자 하는 이념과 그 세력을 지칭하기 위해 쓰였다. 즉, 구한말 서구 문물의 수용과 더불어 이를 받아들여 사회를 개혁할 것인가, 아니면 서양과 일본을 물리치고 전통을 오히려 더 굳건히 지킬 것인가 하는 논쟁이 첨예하게 대두되었는데, 이때 유교적 전통을 고수하여 위기를 극복하고자 했던 세력은 수구파로, 일본을 포함한 외래의 문물을 받아들이고 외세와 협력해야 한다고 주장한 세력은 개화파로 불렸다. 다만 당시에 개념적으로는 수구가 보수와 구분될 만한 뚜렷한 특징을 보여주지 않았으며, 현재 한국 사회 내에서의 보수 · 수구 개념도 마찬가지로 뚜렷이 구분되지 않는다. 그러나 앞서 밝혔듯이 당시 당파들의 태도와 지향을 본다면 전통을 지키자는 세력을 수구파로, 개화하자는 파를 보수파(개혁파가 아닌)로 볼 수 있으며, 이는 서구나 다른 문화에서 보여지는 수구 · 보수 구분과도 일치한다. 서구에서 나타난 보수와 구분되는 수구의 이념으로는 반동주의reactionary, 근본주의fundamentalism, 정통주의orthodoxy를 들 수 있다.■ 반동주의는 정치에서의 수구, 근본주의와 정통주의는 종교 및 문화에서의 수구라고 할 수 있으

■ 수구 이념을 서구의 반동주의, 근본주의, 정통주의 등의 관점에서 바라보는 것과 관련하여 다음과 같은 지적이 참고될 수 있다. "동서의 교류가 더욱 활발히 이루어질 미래를 위해서도 동서 정치사상사의 이해에서 우선은 정치 현상은, 인간 사이의 공통 현상이라는 인식을 가지고 동서양 사상의 공통점을 먼저 지적한 다음, 동서양 사상은 왜, 어떻게 차이가 나는지, 수렴할 방법은 없는지를 탐구하는 것이 동양 정치사상 연구의 바람직한 접근 방법이 될 것이다."(나정원 2004)

며, 반동주의는 과거의 정체 및 질서로, 근본주의는 근본 원리로, 정통주의는 원래의 교리로 돌아가자는 의미에서 모두 옛것을 지킨다는 수구의 의미와 같다. 이 수구적 이념들은 급격한 변화를 맞이하였을 때 변화에 대한 완전한 반대를 표명하고 전통을 굳건히 고수하고자 하여, 부분적 개혁을 수용하는 보수와 구분되는 특징을 보여준다.

보수는 변화 자체에 대해서는 반대하나 변화의 강한 움직임에 직면하였을 때는 일부 개혁을 수용함으로써 급격한 변혁의 물결을 막아보려고 한다. 따라서 이런 점에서 반동주의, 근본주의, 정통주의는 보수주의와 차이를 보이며 수구와 일치한다고 하겠다. 각각 그 내용을 살펴보면 다음과 같다.

첫째, 반동주의는 현상 유지에 만족하는 것이 아니라 이를 넘어 옛날로 돌아가자는 것으로, 이는 수구 역시 마찬가지로 주장하는 것이다. 수구가 '옛것을 지키자' 고 하는 것이라면 그 이유는 옛것이 더 좋은 것이기 때문이다.

공자는 역사를 이상적인 상태로부터의 타락 과정으로 보았다.■ "이상적 정치 질서의 전형으로 유가 경전에 등장하는 요-순-우-탕-문-무의 시대가 역사상 분명한 사실로 존재하였고, 그것은 최고의 문명국가였

■ 강정인(1997) 참조. 조선의 정통 왕조를 세우고자 노력한 정도전 역시 그러한 사상을 피력하였다.(박홍규 2002)

으며 실제로 중화 문명이 우주 만방에 펼쳐졌었다고 그들은 굳게 믿고 있었다."고 한다. 즉 "이미 문·무가 실현했던 최고의 문명국가 건설이 최익현이나 유인석이 가려는 이상"이었다 장현근 2003.

반동주의 역시 과거로 돌아가자는 주의로서,▪ 이러한 반동주의의 내용은 개혁을 일부 수용하고자 하는 보수주의와 구별된다. 보수주의는 버크식 보수주의와 드메트르Josep De Maistre식 보수주의로 나뉘기도 하는데 피터 비레크 1981 전자는 보수주의, 후자는 반동주의로 볼 수 있다.

두 입장 모두 프랑스 혁명에 반대하기 위해 등장하였으나 버크는 변화를 어느 정도 용인하여 융통성이 있었고, 입헌주의자인 동시에 의회주의자였다. 또 〈르 콩세르바퇴르Le Conservateur〉를 발간한 샤토브리앙Chateaubriand은 입헌 군주제 이전 시대로의 회귀를 주장하기 위해서가 아니라 입헌 군주적인 권위와 정당성을 강조하기 위해 잡지를 창간하였다 최치원 2008.

반면 버크와 달리 드메트르는 반동주의자로서 군주제와 권위주의를 옹호하였다. 우리 역사의 수구파 역시 군주제를 옹호하였는데, 그 이유는 군주제가 공화제보다 더 공정하다고 보았기 때문이다.▪▪ 따라서 이러한 반동주의의 특징은 수구 이념의 특징과 동일한 것이라고 하겠다.

▪ "반동주의는 거의 무조건 현재를 받아들이지 않고 과거로 되돌아가려고 하는 경향이라고 할 수 있다."(차하순 1990; 강정인 1997)

둘째, 수구는 정통주의로도 해석될 수 있다. 정통주의는 정치적으로는 구체제로 돌아가자는 것이며, 종교적으로는 교리에 수정을 가하지 않고 원래 그대로를 엄격히 지켜야 한다는 주의를 의미한다. 특히 정통주의는 유대교의 한 분파로서 흔히 언급된다. 유대교는 보통 '정통파orthodox,' '보수파conservative,' '개혁파reform'로 구분되는데, 정통파는 앞서 언급하였듯이 엄격한 교리 준수가 특징인 반면 보수파는 어느 정도의 개혁을 용인하는 입장이다모니카 그뤼벨 2007. 이를 보더라도 보수의 개념은 수구와 개혁의 중간적 입장이라는 것을 알 수 있다. 유대교의 정통주의는 개혁의 움직임에 무조건 반대하면서 등장한 반면 보수주의는 선택적 반대를 함으로써 정통주의와 차별성을 보여준다.

마지막으로, 수구는 근본주의로도 해석될 수 있다. 근본주의는 참 종교를 실현한 완전한 사회가 과거에 존재했다고 주장한다는 점에서 수구의 이념과 일치한다. 예를 들면 급진적 신교도들의 주장은 개혁하자는 것이 아니라 초기 그리스도 교회의 이상적 과거로 돌아가자는 것이며,

---

■■ 즉 유인석은 덕이 있는 사람을 받들어 황제로 삼아 그가 죽은 후에 바꾸는 것이 좋지, 사람을 자주 교체하면 자리를 차지하지 못한 많은 사람이 서로 뽑히려고 싸움을 하게 될 것이라고 하였다. 또 총통(대통령)뿐 아니라 임원들도 사익을 위해 무리를 지어 싸울 것이고, 총통은 그저 아랫사람의 결정만 거두어들일 뿐 그들을 규제할 수 없으니 그들을 막을 자가 없게 된다는 것이다. 또 의원의 경우도 국민의 대표라고는 하지만 그는 국민의 힘으로 후한 봉록을 받고 자유를 혼자만 누릴 뿐 국민은 동요되고 억압을 받으니 오히려 지극히 곤궁하게 된다고 하였다.(유인석 1984)

이슬람의 경우 이상향은 17세기 메카와 메사다이다 Bruce 1989. 따라서 근본주의는 현상 유지적이 아니라 반동적이다.■ 기독교 근본주의와 이슬람 근본주의가 있듯 구한말 서구와 일본에 반대한 수구파 내지 위정척사파는 유교 근본주의라 불릴 수 있을 것이다. 늘 근본을 강조하고 근본을 잊지 말아야 한다는 유교의 주장은 수구를 말 그대로 근본주의로 해석할 수 있게 한다.■■

근본주의라는 용어는 1920년대 미국에서 〈The Fundamentals of the Faith〉라고 하는 팸플릿이 출판되면서 사용되기 시작하였다. 근본주의 주창자들은 복음주의 기독교도들로서 자신들의 생각을 기독교 진리의 핵심이라고 주장하며 당시 자유주의적이고 진보적인 시대정신에 반대하는 운동을 전개하였다.

이렇듯 근본주의가 처음에 사용될 때에는 신교의 반근대주의를 지칭하는 것이었다 Bruce 1989. 따라서 근본주의란 본래 기독교 근본주의를 줄여 말한 것으로, 기독교 근본주의는 기독교를 자유주의적으로 해석하는 것을 반대하고 과학과 공존하는 것을 반대한다. 즉 완강한 기독교 원리주의라고 할 수 있다.

미국의 기독교 근본주의자들은 부시의 반이슬람 정책을 적극 지지

■ 브루스는 근본주의가 반동적이라고 규정하고 있다.(Bruce 1989)

■■ 또 이를 시장과 자본주의에 적용하면 시장 근본주의 역시 시장적 질서를 강하게 표방하고 어떠한 개혁도 반대하는 근본주의적이고 수구적인 입장이라고 할 수 있다.

하고 부추겼는데, 이는 기독교에 대한 강한 신앙이 다른 종교에 대한 관용과 공존을 불허하는 데서 비롯되었다고 하겠다. 이러한 태도에서 이슬람 근본주의라는 용어도 등장하였다. 이슬람 근본주의는 서구와 서구의 자유주의 수용을 강하게 반대하고, 이슬람 원리와 전통으로 회귀하는 것을 의미한다. 본래 이슬람 국가들이 자유주의적 개혁을 자체적으로 시도했으나 서구 제국주의 열강의 침략이 노골화되면서 근본주의로 회귀하는 경향이 강해졌다고 할 수 있다.

근본주의 연구가 활발해지기 시작한 것은 이슬람에 대한 관심이 집중되면서부터이며, 그 주된 목적은 이슬람을 공격하기 위한 것이었다.■ 특히 주된 비판 대상인 사회주의권이 붕괴되고 나서라고 할 수 있는데, 그렇게 볼 수 있는 이유는 근본주의 연구가 대규모 프로젝트로 진행된 1988년이 냉전 종식을 알리는 시기였기 때문이다. 이슬람 근본주의에 대한 관심 증가는 기독교 근본주의까지 연구하게 되는 결과를 가져왔다. 이 둘을 비교하기도 하였는데 브루스Steve Bruce는 이슬람 근본주의는 전근대적이고 공동적이며, 기독교 근본주의는 개인적이고 근대적인 것으로 파악함으로써Bruce 1989 서구 중심적 사고를 보였다. 그러나 그보다는 기독

■ 1979년 이란혁명을 지칭하기 위해 근본주의라는 용어가 20세기 말에 다시 대두되었다. 이때 근본주의는 종교를 가장 중요한 것으로 생각하거나, 특정의 생활 방식을 옹호하거나, 공공 정책을 종교적 신념을 표방하기 위한 것으로 생각하는 집단을 의미하는 것으로 사용되었다.(Bruce 1989)

교 근본주의가 팽창주의적 근본주의라면 이에 맞서고자 하는 이슬람 근본주의는 민족주의적 근본주의라고 보는 편이 더 적절할 것이다.

일반적으로 기독교, 이슬람, 유대교 등 하나의 신을 섬기는 종교에서 광신주의를 볼 수 있지만 힌두교나 불교 역시 과격한 근본주의자가 존재한다. 불교는 관용적이라고 알려져 있지만 스리랑카의 경우를 보면 그렇지도 않다는 것을 알 수 있다. 즉 힌두교를 믿는 타밀 족이 독립 투쟁을 벌였는데 승려들이 폭력적으로 이를 진압하려고 한 것을 예로 들 수 있다Bruce 1989. 그런데 근본주의 연구에 있어서 문제는 유교에 대한 언급이 부재하다는 것이다. 근본주의 연구에는 기독교, 유대교, 천주교, 이슬람교, 불교, 힌두교가 포함되어 있으나 유교는 없다. 그러나 유교 역시 근본주의적 관점에서 연구될 수 있다고 본다. 특히 앞서 언급하였듯이 서구 문물의 영향을 우려하고 일본 제국주의에 격렬히 저항한 의병 운동을 포함한 수구파를 대표적인 예로 들 수 있을 것이다.

02

보수 및 수구 이념의 특징

1. 세계관

(1) 하나 또는 두 개의 세계

보수주의자는 이 세계를 하나의 체계, 하나의 질서로 본다. 현재의 세계와는 다른 세계가 존재한다거나 존재 가능하다는 생각을 하지 않는다. 내가 살고 있는 지금의 이 현실이 전부인 것이다. 하버William Harbour에 의하면 보수주의는 나름의 독특한 우주론적 질서를 전제하는데, 우주의 중앙에 신이 있으며 인간은 이러한 우주적 질서에서 고정되어 있는 한 부분에 불과하다는 것이다. "우주에는 일종의 절대적인 도덕적 질서"가 있으며 인간은 우주 내 존재의 연쇄 속에 종속된 상태로 있다는 것이다.

그리고 질서 있고 도덕적으로 건강한 사회는 이러한 우주의 절대적인 도덕적 질서를 믿는 것이다. 이들은 대체로 사회에 관한 유기체 이론을 고수한다 윌리엄 하버 1994. 세계를 이렇게 하나의 체계, 하나의 질서로 보게 되면 이 하나로 결합되지 못한 요소는 혼란과 무질서를 가져오는 부정적 요소로 간주되며, 궁극적으로 어떻게 해서든지 하나로 통합되어야 할 대상으로 여기게 된다.

포스트모던주의자인 리오타르Jean-Francois Lyotard는 세계를 하나로 보는 대표적 관점으로 파슨스의 구조기능주의를 제시했는데 장-프랑수아 리오타르 1992 파슨스의 이론은 보수적 함의를 갖고 있는 것으로 알려져 있다. 리오타르에 의하면 세계는 하나, 둘, 다수로 볼 수 있다. 파슨스는 세계를 하나의 '체계'로 보며, 이 체계를 또한 완벽한 하나의 유기체로 본다. 따라서 이러한 조화로운 유기체의 정상적 활동을 저해하는 요소는 비정상적, 병리적 요소가 된다. 한 사회에서 분란을 일으키는 집단이 있다면 그것은 유기체의 정상적 활동을 위하여 제거되어야 하는 것이다. 이런 사고를 가진다면 노동조합의 파업, 반정부 시위 등의 행위는 체계의 정상적 운영을 위하여 제거되어야만 하는 것이다. 마치 고장 난 나사를 교체하거나 병든 장기를 떼어내고 새로운 장기로 대체하듯 분란을 일으키는 사람들을 제거하고 그 자리를 바른 사람들로 채워야 하는 것이다. 이러한 사고는 우리 역사에서 독재자들이 '뭉치면 산다' 든지, '하나가 되어야 한다' 든지, '국민 총화' 를 부르짖은 것, 그리고 자신의 권력에 위협적인 사람들을 아무 거리낌 없이 암살하고 비판 세력들을 학살했던 행위를 가능하게 한 사고라고 할 수 있다.

반면 세계를 둘로 보게 되면, 세계를 하나로 보았을 때 제거 대상이었던 분란의 요소가 더 이상 비정상적, 병리적 요소가 아니게 된다. 이제 분란은 비정상적인 것이 아니라 적대적인 두 영역 간의 정당한 '투쟁'이 되며, 병리적 요소는 이 세상의 당당한 또 하나의 구성 요소, 더 나아가 기존 세력에 대항하고 이를 대체할 수 있는 대안 세력이 된다. 리오타르는 이러한 사고의 대표적 사상으로 마르크시즘을 꼽았다. 이 사고에 의하면 이 세계는 하나의 세계가 아니라 서로 갈등하는 두 개의 영역으로 구성되어 있는 것이다. 리오타르는 파슨스의 이론이 사회의 갈등을 보지 못하게 한다고 하면서 사회를 두 개의 갈등하는 영역으로 본 마르크스의 사회관을 보다 진전된 이론으로 본다. 그러나 궁극적으로 마르크스도 파슨스가 지향한 것과 마찬가지로 하나의 세계로 나아가고자 하기 때문에 같은 한계를 갖는다고 보았다. 리오타르는 사회를 여러 가지 다원적 집단으로 구성된 것으로 보는 포스트모던적 사회관을 지지한다.

흥미로운 점은 수구파도 세계를 두 개의 영역으로 본다는 점이다. 그것을 이해하기 위해서는 수구파와 마르크스주의자의 지지 기반이 둘 다 기득권 집단이 아니라는 점에 주목할 필요가 있다. 예를 들면 수구 이념인 근본주의는 보수주의와 달리 사회의 주류로부터 밀려난 주변인들이 주로 지지하는 이념으로 Lawrence 1990; Mernissi 1993; Antoun 2001, 주류 사회에 대한 불만을 갖고 있으며 기존 체제에 대한 저항을 기도한다. 따라서 근본주의는 피억압 계급의 해방을 목표로 하는 마르크시즘과 마찬가지로 이 사회를 '갈등하는 두 집단이 서로 경쟁하는 장' 으로 볼 수밖에 없는 것이다. 보수주의자는 자신이 주류로 있는 현 사회를 긍정하므로 현 사회를 이상시하고 대안적 사회를 위험시한다. 따라서 '일부 소수의 불순분자' 라는 표현에서 잘 드러나듯이 자신에 적대적인 집단을 사회 내에 뚜렷이 존재하는 하나의 주체로 인정하기보다는 일시적, 병리적 존재로 치부하게 되는 것이다.

수구파의 세계관을 구체적으로 살펴보면, 유교는 세계를 둘로 나누어 자신의 영역이 아닌 것을 동물적인 것, 열등한 것으로 보았다. 즉 화이관華夷觀은 서구와 일본을 인간이 아닌 것, 열등한 것으로 파악하였으며, 특히 서구는 금수禽獸의 집단으로 간주되었다. 이항로는 천하의 커다란 구분의 첫 번째가 화이華夷의 구분이라고 하였다장현근 2003. 이슬람 근본주의의 경우, 하나의 세계는 이슬람의 영역이고 그 나머지 세계는 '전쟁의 영역' 이다. 그리고 모슬렘Moslem의 의무는 후자를 없애서 전자를 확대하는 것이라고 한다. 브루스는 이 같은 이분법에 대해 "이슬람 세력이 커지는 9세기와 12세기에 이슬람의 영역이 매우 광대하여 비이슬람 세계를 접촉하기 힘든 상황이라면 이해가 가는 사고이지만, 19세기 들어 오스만 제국이 쇠퇴해가면서도 '전쟁의 영역' 에 비해 자신의 영역이 경제적, 정치적, 군사적으로 우월하다고 인식했다." 고 지적하였다Bruce 1989.

기독교 근본주의자 역시 자신과 다른 영역에 대해 그렇게 보았다. 먼슨 Henry Munson에 의하면 기독교 근본주의자는 선과 악의 싸움에서 자신들을 하느님의 편을 선택한 사람들로 본다 Munson 1984. 또 이러한 투쟁을 정치적일 뿐 아니라 도덕적이라고 생각한다 Antoun 2001. 유학자들이 서구를 금수로 파악한 것과 마찬가지로 기독교 역시 자신들이 투쟁해야 할 대상을 동물주의로 비유하기도 하였다. "동물주의의 물결이 오늘날 세계를 휩쓸고" 있다고 우려하면서, 그 예로 "타락한 현대 무용, 관능적인 현대 연극, 육체를 찬양하는 현대 양식, 성을 암시하는 현대 문학, 아기 대신 개 양육, 끔찍한 이혼의 해악"을 들었으며 "이 모두는 세상에 널리 퍼진 진화론의 타락한 동물주의 철학 때문에 나타나게 되었다." Straton 1924 고 주장한다.

이렇듯 유교, 이슬람, 기독교 등의 종교는 민족 간 차이를 잘 나타내는 지표일 뿐 아니라 인종적, 민족적 정체성과 깊은 관련이 있다. 종교는 우리 자신은 우월자로, 적은 열등한 자로 보는 것을 정당화한다 Bruce 1989. 예를 들면 유인석은 우리를 '상' 인 '성리' 로, 서구를 '하' 인 '형기' 로 보았으며, 따라서 우리는 "근본을 두텁게 하기 위해" "멀고 오랜 것을 힘써야 한다." 고 주장한다.

> 사람들은 저들이 조화를 부린다 하여 기뻐하는데 천지의 조화에는 성리와 형기가 있는 것이다. 형이상 · 하로 볼 때 저들이 추구하는 것은 형기의 하일 뿐으로서 그와 같은 것은 조화의 꽃을 활짝 피우는 것이니, 참으로 망극한 짓이다. … 옛

성현의 도리는 성리를 위주로 한다. 근본을 두텁게 하기 위해서는 멀고 오랜 것을 힘써야 한다. 그러므로 중화를 이루어 천지가 바로 서고 만물이 길러진다유인석 1984.

이렇듯 수구파는 타 민족, 타 문명을 적대시한 반면, 대표적 보수주의자인 버크는 비서구적 전통에 '동정'하였다. 이는 사회의 주류가 갖는 아량이라고 할 수도 있을 것이다. 버크는 더 나아가 영국이 인도의 토착문화를 훼손한다고 비난하였다. 물론 보수주의자들은 비서구 사회가 서구의 신념을 수용하기 위해 그들의 구조를 변화시켜야 한다고 주장하지만, 동시에 마찬가지의 비중으로 서구적인 방향으로의 구조 변화는 그 사회를 혼란시킬 것이라고 우려한다윌리엄 하버 1994.

(2) 유토피아에 대한 상반된 입장

수구파는 세계를 두 개의 영역으로 보며, 이 중 열등하고 사악한 영역에 맞서 자신의 세계인 이상 사회를 건설해야 하므로 필연적으로 유토피아주의자가 된다. 반면 보수주의자들은 현실을 인정하고 현실 세계에 문제가 있다 하더라도 이를 고쳐 유지해야 한다고 생각하므로 유토피아를 부정한다. 그들에게 지금 현재의 세계 이외의 다른 세계란 없는 것이며 더군다나 위험한 혁명을 통한 이상 사회란 어불성설인 것이다. 또 그렇게 완전히 바뀐 세상에서 지금처럼 자신이 주류가 되리라는 보장이 없으므로 당연히 혁명을 반대하게 된다. 따라서 유토피아를 전제하고 이를 추구하느냐 아니냐 하는 것은 수구와 보수를 가르는 중요한 기준이 된다.

보수주의 자체가 1789년에 일어난 프랑스 혁명에 반대하여 탄생한 이념이다. 버크는 혁명을 보고 충격을 받았으며 이를 막아야 한다고 생각하였다. 보수주의는 무엇보다도 '지킨다', '보존한다'는 것을 의미하며, 대체로 '지킬 것'이 있는 사람들의 사상이라고 할 수 있다. 그러나 버크는 '보존하다conserve' 라는 말을 사용하였을 뿐 보수주의라는 말은 아직 사용하지 않았다. 비레크에 의하면 보수주의라는 말을 처음 쓴 사람들은 유럽의 전통주의자들로서, 이들은 1789년에서 1815년 사이 프랑스 혁명 시대에 특히 자코뱅에 반대하는 세력을 지칭하기 위해 이 말을 만들었다 피터 비레크 1981. 학술적 의미에서 보수주의라는 말을 최초로 쓴 사람은 프랑스의 샤토브리앙Chateaubriand으로, 그는 1818년에 〈보수주의자Le Conservateur〉라는 간행물을 발간하기 시작하였는데, 이후 보수주의자라는 말이 유럽에서 보편적으로 쓰였다고 한다김용민 1999.

더 나아가 어떤 보수주의자는 혁명의 과격한 수단뿐 아니라 혁명이 내건 목적, 즉 자유, 평등, 박애조차 문제 삼았다. 비레크에 의하면 보수주의는 프랑스 혁명과 그것이 주장하는 평등주의적 합리주의에 반대하기 위한 이념으로 등장하였다피터 비레크 1981. 혁명은 인간과 사회의 거대한 재구성을 위한 전략이며 유토피아를 지향한다. 그러므로 혁명을 반대하는 보수주의는 반유토피아적 견해를 가진다.

반면 수구 이념인 근본주의는 본래 종교적 신념과 실천을 의미하지만, 동시에 그러한 종교적 신념에 따른 세계의 재편성을 꾀하는 정치적 이상까지 포함한다. 따라서 근본주의는 종교 운동일 뿐 아니라 세계를 바꾸려는 운동이며, 때로는 폭력을 수반하기도 한다. 이때 종교는 인종, 민족 갈등을 정당화하기 위하여 제시되며, 심지어 같은 종교 내부에서 갈등이 발생하기도 한다Bruce 2000.

종교는 현재 세상의 지배자보다 더 높은 존재를 인정하기 때문에 기존 질서를 흔들 수 있는 잠재력을 갖는다. 이들은 단지 현 상태를 지키고자 하는 보수가 아니라 과거를 다시 실현하고자 하는 것이며, 전통에 대한 위협에 저항하여 초기 신앙 공동체의 열광과 맹세를 다시 구현하려는 것이다Bruce 2000. 예를 들면 유인석은 제왕 · 성현의 이상 국가를 실현함으로써 서양으로 하여금 흠모하고 복종하게 하려 하였다김형찬 1993. 따라서 안정과 질서를 최우선으로 생각하는 보수주의와는 크게 다르다고 할 수 있다. 이렇듯 보수는 유토피아를 부정하나 수구는 유토피아를 갈망한다. 유토피아를 꿈꾼다는 측면에서 수구는 진보와 동일하다. 진보 역시 유토피아를 꿈꾼다. 한완상에 의하면 "대자적 민중"은 "만하임이 말한 유토피아 정신으로 충일"하여 "유토피아의 변혁 의지를" 키우며, "지배 집단의 보수적 이데올로기"에 맞선다. 이들은 지식인으로 "유토피아의 정열을 가진" 자들이다한완상 1979. 수구와 차이가 있다면 이러한 민중의 유토피아는 미래에 있는 반면, 수구의 유토피아는 수구라는 말이 보여주듯이 과거에 있으며, 그 목표는 '좋았던 과거'를 재현하는 것이다. 따라서 종교적 성향을 가진 이들 수구파는 유교 신봉자라면 요순 시대, 기독교인이라면 원죄 없는 타락 이전의 인간 사회를 꿈꾼다.

흔히 개화기 수구파에 대하여 사대주의라는 오명이 붙지만 이러한 유토피아니즘을 고려한다면 그것을 '정치적 의미의 사대주의'로 볼 것이 아니라 '종교적 의미의 성지 동경' 쯤으로 볼 수 있다. 조선 유학자들이 중국을 숭배하고 조선을 '소중화'라고 자처한 것은 일부 권력층의 정치적인 이유도 있겠으나 무엇보다 중국이 공자, 맹자가 난 종교적 성지였기 때문이다. 이는 미국이 자신을 제2의 이스라엘이라고 하는 것과 다를 바 없다. 미국에 온 기독교인들은 자신들을 이집트를 탈출한 이스라엘인들로 생각하였다. 모르몬교의 조셉 스미스Joseph Smith는 요한계시록에 나와 있는 '새 예루살렘'이 미국에서 하나님의 왕국으로 실현된 것이라고 생각하였으며, 미국을 하나님의 법을 따르는 하나님의 국민에게 약속된 땅으로 생각하였다. 팻 로벗슨Pat Robertson은 미국이 하나님의 계율을 따르는 한 세계에서 가장 위대하고 강한 나라로 지속될 것이라고 주장하였으며, 윌리암 길핀William Gilpin은 "미국인의 운명은 미 대륙을 정복하고 세계를 하나의 가족으로 통일하는 것"이라고 하였다. 이처럼 미국의 근본주의자들은 자신이 가진 종교와 애국심 간의 갈등이 전혀 없다Ruthven 2004. 이것을 루스벤Malise Ruthven은 미국 민족주의라고 부르지만, 결국 이는 미국의 국가 형성 초기부터 보였던 팽창주의, 제국주의적 면모라고 하겠다. 이후에도 미국의 팽창주의는 이들 기독교 근본주의자들에 의하여 가장 강력하게 주장되고 있다.

미국은 유럽의 근본주의자들이 건설한 나라이다. 유럽이 미국에 비해 상대적으로 진보적인 성향을 보이는 것도 유럽 내 청교도들, 즉 근본주의자들이 미국으로 건너가버린 바람에 생긴 결과인지도 모르겠다. 아민Samir Amin은 청교도적 근본주의가 미국 지배 이데올로기의 근간이라고 말한다. 이들은 나치처럼 스스로를 '선택받은 민족'이라 여겼으며, 북미를 폭력적으로 점령한 것도 성서에 근거를 두었다〈프레시안〉 2003.5.28. 미국에서는 흑인도, 여성도 정치 지도자가 될 수 있으나 절대로 비기독교인은 지도자가 될 수 없다고 한다스틸 2010. 여론 조사에 의하면 미국인 중 86퍼센트가 천국의 존재를 믿으며, 매주 일요일 교회에 나가는 시민 비율도 서구 국가들 중 가장 높다. 사탄이 존재하느냐, 세상이 선과 악으로 명확히 구분되느냐는 질문에 그렇다고 대답하는 시민 비율이 가장 높은 나라도 미국이라고 한다. 미국은 국민 소득 대비 기부금 비율이 가장 높은 나라인데 이는 교회 헌금과 대학 기부금이 많기 때문이다. 반면 범죄율과 수감률이 가장 높고 공공 규칙을 가장 잘 지키지 않으며, 빈자가 부자보다 게으르다고 생각하는 비율이 높고 재분배 정책, 노조 조직률, 사회 복지 지출의 비중이 다른 선진국들에 비해 매우 낮은 나라가 미국이다조영철 2007.

미국 근본주의자들이 팔레스타인 문제에 있어서 이스라엘을 편향되게 지지하는 이유도 자신이 "성서적 믿음의 위대한 역사를 갖고 있기 때문"이며 "하느님이 이스라엘의 후손에게 땅을 주신 것을 믿기 때문"이다. 그들에 의하면 "그 땅은 팔레스타인에게 주어진 것이 아니"며, "사우디인이나 시리아인들에게 주어진 것도 아니"고, "아브라함, 이삭, 야곱의 후손에게 주어진 땅" Robertson 2003; Ruthven 2004 이라는 것이다. 미국의 이스라엘 숭배는 구한말 수구파가 중국을 숭배한 것보다 덜하지 않다. 어찌 보면 수구파들에게 있어서 중국이라는 영토는 단지 지형이 좋고 성현이 많이 탄생하여 성인의 도를 잇고 있는 물리적 '장소'로서의 의미에 불과할 수도 있다. 다음의 글은 그러한 점을 보여준다.

> 대지에 중국이 있으니 중국은 한가운데 있기 때문에 풍기風氣가 일찍 열리고 사람과 나라가 먼저 생기어서 지극히 오래 되었다. 외국은 변두리에 있기 때문에 풍기가 늦게 열린다. 그래서 나라가 뒤에 이루어지며 오래지 않아 차질이 생긴다. … 중국은 나라가 한가운데 있어서 그 행하는 바가 상달上達인데, 상달이란 도리에 통달하는 것이다. 외국은 치우쳐 변두리에 있는 나라로서 그 행하는 바가 하달下達인데, 하달이란 형기形氣를 이루는 것이다. … 중국은 천지가 처음 열릴 때부터 문명을 이룸이 오래되었다 유인석 1984.

또 중국은 오랑캐에 의해 성인의 도가 다했고, 그 맥이 조선에 와서 조선이 그 도를 잇고 있는 것으로 파악하기 때문에 이러한 소중화 의식은 오히려 민족주의적이라고도 볼 수 있다 유인석 2006. 즉 유인석은 명의 멸망 이후 중화의 맥을 송시열이 계승한 것으로 파악하였다. 즉 "우암은 북방의 침입으로 명이 망하던 날에 대의를 바로 잡았다."고 하여, 송시열의 학맥을 도통道統의 계승자로 규정하는 소중화관을 가졌다 윤대식 2002. 이렇게 볼 때 한국 수구 사상의 기원은 송시열의 사상에서 찾아볼 수 있을 것이다.* 유인석에 의하면 조선은 "삼사천 년의 단군 · 기자의 강토"로서, "오백여 년의 성신문치聖神文治의 나라이며, 희羲, 농農, 당唐, 우虞 이래 화맥이 기거하던 곳, 이름하여 소중화 예의의 나라"였다 김남이 2003. 또 "우리나라만이 특별히 우뚝 서서 화를 회복하여 굳세게 변치 않아 수백 년의 오랜 세월 동안 문명을 드리우는 데 이를 수 있었으니, 천하 만고에 화를 이룬 것이 유독 우리나라에 존재하게 되었다"는 것이다 유인석 2006.

중국은 이 세상에서 지형이 가장 크고 풍수가 가장 아름답습니다. 그리고 요 · 순과 하 · 은 · 주 삼대가 그곳에서 제왕 노릇을 해서, 예악과 문물이 일어났고, 공자 · 맹자 · 정자 · 주자 같은 성현이 그곳에 사셨기 때문에 도덕과 학문이 드러났습니다. 커다란 천지보다 위대하고, 밝은 해와 달보다도 환했는데, 갑자기 사라져서 사도가 드디어 중국 땅에서 끊어졌습니다. 이것은 어찌된 변고입니까? 우리나라는 성인이신 기자가 남겨주신 나라로서 대대로 성군이 일어나셨고 많은 현인들

---

* 양승태 · 안외순은 송시열의 사상을 한국 보수주의 사상의 기원으로 설명하였다.(양승태 · 안외순 1999)

이 흥하시어, 화하의 제왕과 성현들이 도로 삼았던 바를 얻어서 홀로 지켰으니, 이 하늘 아래에서 아! 또한 기이한 행운이었습니다. 그러나 오늘날의 재앙으로 사도가 또한 우리나라에서 끊어지게 되었으니, 이는 또한 어찌 변고가 끝이 없는 것이 아니겠습니까? 유인석 2006.

소중화론자들은 중국이 오랑캐 만주족에게 더럽혀진 지 2백여 년이 흘렀고, "우리나라만이 홀로 중화의 옛 전장典章을 보존하여, 의관과 예 · 악이 거의 삼대의 풍속이 있"다는 강한 자의식을 가졌다 장현근 2003.■ 그런데 위 문장에도 보이듯이 유인석은 이 또한 외세로 인해 위협에 처한 것을 한탄하고 있다. 따라서 조선 수구파의 결론은 중국에 충성해야 한다는 것이 아니라 조선이야말로 성인의 도를 잇는 나라이기 때문에 이 도를 잃어버려서는 안 된다는 것이다. 이 점은 미국 근본주의의 결론과도 흡사하다. 즉 이들은 자신을 제2의 이스라엘로 여기는 생각이 자신을 이스라엘 다음의 2등 국가로 자리매김하는 방향으로 나아가지 않고 오히려 자신을 가장 '위대하고 강한 나라'로 결론지었다.

■ "중국인이 자신들의 우월의식을 보다 넓은 세계로 뻗치려는 적극적 사유가 대중화주의라면, 중화의 그물망 안에 있으면서 자신이야말로 중화의 본질의식을 갖추고 있다는 소극적 사유가 소중화주의이다. 대중화주의에 함몰되어 알아서 기어들어 갔다면 사대주의이지만, 자신의 독자성을 표방한 것이라면 소중화주의는 사대주의와 무관하다."(장현근 2003)

2. 인간관

(1) 인간 이성 불신

보수주의자들이 혁명과 유토피아니즘을 반대하는 중요한 근거로 내세우는 것은 이상적인 비전에 따라 사회를 재구성하려는 인간의 능력에 대한 의심이다. 버크Edmund Burke는 인간의 이성은 '잘못되기 쉬운 연약한 것들'을 고안해낸다고 하였다에드먼드 버크 2008. 이때 보수주의의 가장 중요하고 근본적인 이념적 기초 중 하나는 인간 이성에 대한 불신이라고 할 수 있다. 맥클로스키MacClosky는 버크, 헌쇼F.J.C. Hernshow, 커크R. Kirk 등 보수주의자 또는 보수주의 연구자들의 저서를 참조하여 보수주의 이념을 다음과 같은 명제 형태로 표현하였다.■

1. 의무는 권리보다 중요하다.
2. 이 세계는 전문가 이외에는 그 누구도 이해할 수 없을 정도로 복잡하다.
3. 우리는 인간 본성을 바꿀 수는 없다.
4. 인간들은 과도하게 응석받이로 키워지기 때문에 계속 연약하고 나약해진다.
5. 심장도 머리만큼 행동의 훌륭한 지도자이다.

■ 양승태(1994) 참조. 양승태는 이러한 연구 방법이 갖는 한계를 비판하였다.

6. 우리는 아이들에게 모든 사람은 평등하게 태어났다고 가르쳐야 한다. 그러나 거의 모든 사람이 알고 있는 것은, 어떤 사람은 다른 사람보다 더 훌륭하다는 점이다.
7. 사람들이 어떻게 생각하든 항시 소수의 사람들만이 모든 일들을 이끌어간다.
8. 장기적으로 볼 때 소수의 사람들만이 무엇이 자신에게 최선의 이익인지를 안다.

하버 역시 보수주의는 인간의 한계를 지적하는 이념으로 보았다. 인간은 불완전한 존재로서 자만해서는 안 되는 것이다. 그는 인간이 아니라 신만이 모든 사물의 기준이라고 주장한다. 인간 한계의 인식은 종교와 밀접한 관련을 갖는다. 그 종교는 신앙을 위한 것일 수도 있고 또는 역사적으로 가치 있다고 생각되는 틀일 수도 있다. 비레크에 의하면 보수주의자는 인간이 가지고 태어난 원죄라는 그리스도교의 사상을 정책에 이용한다피터 비레크 1981. 이 세상과 우주는 질서 잡힌 하나의 틀로서, 인간은 이러한 질서와 틀을 존중해야 하는 것이다. 하버에 의하면 보수주의자는 종교를 선한 사회를 위한 본질적인 필요조건으로 본다. 인간은 종교적 존재이며, 사회가 적절하게 유지되고 안정되며 도덕적으로 건강하고 자유롭게 되려면 인간 생활 내부에 종교적 정향이 있어야만 한다는 것이다. 그러나 이는 보수주의가 질서를 존중하며 종교적, 문화적, 지적 환경의 역할을 강조하기 때문이지 결코 종교에 가장 큰 의미를 부여해서가 아니다. 오히려 버크는 종교적 광신자들을 두려워했으며, 종교적 표현과 정열로 사회 문제를 바라보는 것을 우려하였다. 즉 보수주의자들은 종교를 중시하기는 하나 자신의 모든 입장을 종교에 맞추지는 않는다 윌리엄 하버 1994. 이것이 수구파와의 차이라고 하겠다.

수구파는 모든 행동과 입장을 종교에 맞추어야 한다고 생각하기 때문에 인간의 이성과 자율성을 부정한다. 이성과 과학에 대한 믿음, 경전에 대한 자유로운 해석과 토론을 즐기는 것을 수구파들은 극단적으로 혐오한다. 인간은 오로지 경전을 믿어야 하는 것이지 그것을 논리적으로 분석하려 해서는 안 되는 것이다. 공자는 "사색은 무익이요 독서만이 유익한 것이니 사람은 선례나 고전을 규범으로 생활해야 하고 그것을 위해서는 독서만이 필요하다."고 하였다 이상백 1975.

불완전한 존재로서 인간은 신과 사회 질서를 우선시해야 한다는 이유 외에 보수주의자들이 인간 이성을 불신하는 또 하나의 이유는 인간은 원래 자유롭거나 선량하게 태어나지 않았고, 오히려 무정부, 악, 상호 파괴로 치닫는 경향을 가지고 있다고 생각하기 때문이다. 그러므로 인간을 안정시키고 영구적인 틀 안에 순응시키는 것이 필요하다. 종교는 이러한 이유에서 요청되는 것이다. 이러한 보수주의의 입장에 반대했던 사람들은 루소Jean Jaques Rousseau 또는 토마스 페인Thomas Paine에게서 지침을 구했는데, 이들은 보수주의자와는 반대로 인간의 본성은 선하며 대중은 본능적으로 올바르다는 것을 믿게 하는 데 역점을 두었다 피터 비레크 1981.

보수주의자들이 극단적으로 공산주의를 싫어하는 이유는 공산주의가 유토피아에 대한 열망의 결과인 동시에 새로운 사회 건설을 가능하게 하는 인간 이성과 능력에 대한 확고한 믿음, 더구나 그것은 개혁이 아닌 혁명을 통해서만 가능하다고 믿는 이념이기 때문이다. 따라서 공산주의는 보수주의의 견해 중 그 어느 것에 비추어보아도 화해할 수 있는 여지가 없다. 특히 보수주의의 신 중심적 세계관, 종교의 중시는 공산주의와의 간격을 더욱 멀어지게 한다. 종교는 지상이 아닌 천상의 행복을 추구할 것을 주장하는데, 공산주의는 이에 대해 종교는 민중의 아편이라 하여 비판한다. 진보적인 기독교인들이 예수의 삶과 평등 지향적인 사회주의를 연결하고 해방신학 등 비판적인 신학을 발전시키기도 하였지만, 이러한 이념을 갖는 기독교인들의 수는 전체 기독교인의 수에 비교해 볼 때 매우 적다고 할 수 있다.

현재 미국 보수주의와 반공주의의 주요 지지 세력은 기독교이다. 천주교 역시 극단적 반공주의인 매카시즘McCarthyism의 원조가 되었다. 이봉희에 의하면 1950년대 매카시즘은 커플린Charles Coughlin 신부의 보수주의 정신을 계승한 것에 불과하다. 커플린 신부는 1930년대 대공황 이후 미국 가톨릭 교회에 대한 불신을 없애고자 보수 단체들과 연계를 갖는 가톨릭 보수 연합체를 조직하게 되는데, 커플린 신부의 강력한 반공정신은 미국 전 지역 대도시에 살고 있는 중산 계층 가톨릭 신자들의 지지를 얻게 되었으며, 이것이 이후 매카시즘으로 발전하였다. 이를 보면 매카시즘을 포함한 반공주의는 새로운 사회가 가져올 급격한 변화에 대한 중산층의 두려움을 표현한 것이라고 할 수 있다.

반공주의는 새로운 사회와 이를 건설하는 인간 이성의 능력을 불신한 것이지만, 역사가 보여주듯이 매카시즘은 그 자체가 비이성적인 광기였다. 보수주의 또한 인간의 합리적 본성에 대한 불신일 뿐 아니라 그 자체로 합리적이지 않은 이념이다. 보수주의는 "변화에 대해 지적으로가 아니라 본능적으로 저항"한다Kirk 1994. 비레크에 의하면 보수주의에 관한 일부 권위자, 그리고 많은 영국인은 "보수주의는 이데올로기가 아니라 분명하지 않은 정신 상태"라고 생각한다. 즉 보수주의는 단지 존재할 뿐이며, 무의식 속에서 구체적 전통을 구현한다는 것이다. 그래서 뉴먼John Henry Newman은 "보수주의는 사람에 충실한 것이요, 자유주의는 추상적 슬로건에 충실한 것"이라고 정의한다. 보수주의는 논쟁하기보다 구체화하는 것이기 때문에 자유주의와 같이 이론적 작업에 의해 확증되는 것이 아니라 경구의 날카로운 비평에 의해 확증된다는 것이다피터 비레크 1981.

때때로 높이 평가받는 문인이 극단적으로 보수적인 이유는 자신의 내면에의 침잠이 현실과 거리를 두게 하거나 현실을 잘못 보게 할 수 있기 때문이다. 이광수 등 일제 강점기의 문인들, 현대의 이문열 등 천재적이라고 알려진 작가들이 보수적 성향을 보였던 이유를 이렇게 해석할 수도 있을 것이다. 비레크에 의하면 정치는 현실과의 유리를 죄악시하지만 예술은 이러한 경우 미덕이 된다. 현실과의 유리는 상상력을 풍부하게 해주기 때문이다. 그래서 가장 참을 수 없는 반동분자가 예술 속에서는 가장 심오한 심리학자, 도덕가가 된다고 말한다 피터 비레크 1981.

보수주의는 어떤 의미에서 보면 '주의'라는 용어가 어울리지 않는다고 하겠다. 왜냐하면 '주의'는 어떤 뚜렷한 정치적 주장을 제시하기 때문이다. 실제로 보수적인 많은 사람들이 특별히 어떤 주장을 내세우지 않는다. 이는 앞서 언급되었듯이 보수주의가 이데올로기라기보다는 어떤 심리 상태, 무의식, 대뇌 변연계의 작용이기 때문일 수 있다. 보수주의를 옹호하는 임광규는 "우익 세력은 기본적으로 생활인들"이므로 "좌익들처럼 단체를 만들고 직업 활동가로 나설 수 있는 사람들이 아니"라고 이를 설명한다. "대신 이들은 선거 때 표로 얘기한다."고 말한다 임광규 2002.

최근 보수 단체의 활동을 보면 이 말도 맞지 않는 듯하다. 그러나 김대중 정부 이전까지는 실제로 보수주의자들이 별로 나서지 않았다. 보수주의자들이 단체 활동을 하지 않았던 이유는 그들이 '생활인'이어서가 아니라 서로 연대하지 않았기 때문이며, 그럴 필요도 없었기 때문이다. 진보주의자들도 모두 생활인이다. 더구나 이들은 대체로 부자가 아니기 때문에 더욱더 자신의 생계를 위한 직업에 열중해야 하는 사람들이다. 그럼에도 이들이 단체를 만들고 기금을 마련하는 이유는 그렇게 해야만 '생활'할 수 있기 때문이다. 노동조합 없이 노동자가 어떤 생활을 해왔는지는 우리 모두 잘 알고 있다.

대체로 연대의 필요성이 없는 사람들이 보수적인 경향이 있다. 예를 들면 자영업자, 기업인, 주부, 작가는 서로 연대해야만 살 수 있는 계급은 아니다. 자영업자의 경우 옆집이 장사가 더 잘되면 자신은 망한다. 주부의 경우 옆집 아이가 공부를 더 잘하면 자신의 아이는 대입 경쟁에서 더 불리해진다. 즉 연대해야 할 이유가 없을 뿐 아니라 서로가 잠재적으로 적인 것이다. 이들은 연대보다는 경쟁이 일상화된 직업을 가졌다. 따라서 경쟁을 부추기는 보수주의 이념이 이들에게 훨씬 공감이 가는 이념일 수밖에 없다. 이들이 보수주의를 명시적으로 내세우며 운동하지는 않지만 표로 드러나는 것이 더 많다면 그것은 은밀하고 떳떳치 못한 욕망이기 때문이다. 즉 말은 안 하지만 비밀스럽게 지지하는 입장인 것이다. 민주주의와 사회 정의를 위해 필요한 사람이 어떤 후보인지는 잘 알지만 내가 사는 지역에 뉴타운을 건설하여 내 집값을 올려 줄 후보를 선택하는, 별로 내세울 것도 떳떳할 것도 없는 욕망이 보수주의이기 때문이다.

사람은 자신의 마음을 보고 다른 사람의 마음을 짐작하기 마련이다. 부처의 눈에는 부처만 보이고 돼지의 눈에는 돼지만 보인다고 하였다. 인간 이성을 불신하고, 인간은 원래 자유롭지도 선량하게도 태어나지 않았고, 무정부, 악, 상호 파괴로 치닫는 경향을 가지고 있으므로 인간을 안정시키고 영구적인 틀 안에 순응시키는 것이 필요하다피터 비레크 1981고 믿는 사람은, 자신이 바로 그러한 사람일 가능성이 크다. 인간은 한계가 많은 존재라고 믿는 보수주의자는 그 자신부터가 한계가 많은 사람이기 때문에 그렇게 생각하는 것이며, 자기와 다른 편에 있는 사람들이 무척 위험한 존재라고 믿는 수구파들은 그 자신이 매우 위험한 사람이기 때문에 그렇게 생각하는지도 모른다. 국민들을 자유롭게 두면 통제할 수 없는 위험한 사람들이 될 것으로 생각하여 탄압한 독재자들은 예외 없이 그 자신이 통제가 안 되는 위험한 사람들이었다는 것이 그 증거이다.

(2) 여성관

수구, 보수는 공히 여성 해방과는 거리가 멀다. 그러나 양자 간에는 무시할 수 없는 차이가 있다. 보수주의자들은 명확하게 여성이 남성보다 열등하다고 주장하지는 않는다. 또 여성의 정치 참여에 대해서도 명백한 반대를 표명하지 않는다. 즉 뚜렷한 남녀 차별주의를 보이지는 않는다. 그러한 입장은 수구의 입장이다. 대체로 수구파는 여성이 남성과 다르며 열등하다고 생각한다. 이는 수구파가 자신의 종교 교리와 관행을 과거 그대로 지켜오기 때문인데, 널리 알려진 종교 중 여성을 남성과 동등하게 대우하는 종교는 없다. 반면 보수주의자들이 여성을 차별하는 경우는 가정의 중요성을 강조할 때이다. 여성 해방에 대한 보수주의자들의 비판의 초점은, 남녀가 다르다는 것보다 여성 해방론자들이 자신의 개인적 만족을 위해 '가정을 돌봐야 할 의무를 저버리는 것'에 맞추어져 있다. 즉 남성을 모방하려고 하는 여성에 대한 비판보다 더 강조되는 것은 가족에 대한 의무를 무시하는 부모에 대한 것이다 윌리엄 하버 1994.

이처럼 보수주의는 이제까지 알려진 바와 달리 그다지 여성을 폄하하지는 않았다. 버크의 경우 오히려 여성을 존중하는 영국의 오랜 전통을 자랑스럽게 여겼다. 또 여왕 또는 왕족의 여계 세습을 아무런 거부감 없이 받아들였을 뿐 아니라 오히려 그것을 중요한 세습의 전통으로 인정하였다. 버크는 프랑스 혁명 과정에 있어서 프랑스 왕비 마리 앙투아네트가 여군주와 같은 고결한 성정을 가졌음에도 여성을 하찮게 여기는 프랑스 민중에 의해 유린된 것을 통탄하였다 에드먼드 버크 2008.

보수가 여성에 대해 비교적 열린 자세를 보이는 이유는 여성이 큰 도전 세력이 아니기 때문이다. 엘리트주의자들이 평등 문제를 거론할 때 가장 먼저 개선의 의욕을 보이는 부분이 여성의 권리이다. 서구의 사상가들이 그러했으며 한국 역사에 있어서 개화파들이 그러하였다. 여성은 권리를 갖게 되어도 기득권층에게 당장 커다란 위협으로 다가오지 않는 존재이다. 더구나 기득권층의 여성들이나 재산을 가진 여성에게 권리를 줄 경우 기득권층의 세력을 두 배로 늘릴 수 있다는 부가적 장점이 있다. 여성 참정권을 강하게 주장했던 존 스튜어트 밀John Stuart Mill이 노동자나 무산자에게 권리를 주는 것에 대해서는 심각한 우려를 보인 것이 그 증거라고 하겠다. 개화파 역시 여성이 외출하지도 못하는 등 자유가 없는 것과 첩이 생겨도 질투하지도 못하는 것을 통탄하였다. 그러나 정작 외출할 자유가 있을 뿐 아니라 외출하여 일을 해야만 살아갈 수 있고, 첩의 존재는 생각할 수도 없는 하층민 여성의 고통스런 삶에 대해서는 아무런 언급이 없었다. 즉 여권에 관한 논의는 철저히 상층 여성의 권리에 국한되어 이루어졌다.

여성 특히 상층 여성의 권리는 신장되어도 사회에 큰 문제가 생기는 것이 아니기 때문에 보수주의자들에 의해 지지된다. 즉 여성들은 비교적 '안전한' 존재이다. 이는 앞서 언급하였듯이 여성의 대다수가 주부이며, 이 '주부 계급'은 서로 연대하지 않는 특성을 가진 보수적인 집단이기 때문일 것이다. 또 자본주의 발전, 두 차례의 세계 대전과 더불어 여성 노동력이 필요해졌기 때문에 여성의 사회 참여를 용인하는 실리적 이유도 있다. 따라서 보수주의자들이 하층민 여성까지 포함한 개혁 또는 여성의 실질적 평등을 주장한 것은 아니지만, 이들의 여성관은 근본주의 등 수구 이념과 확실히 차이가 난다.

수구 이념에서 현재 가장 문제가 되는 것 중 하나가 성차별 문제이다. 구질서로 돌아가고자 하는 반동주의, 원리와 전통을 중시하는 근본주의와 정통주의는 모두 본래의 원칙과 전통의 고수가 가장 중요한 것이므로 다른 모든 개혁에 대한 태도와 마찬가지로 여성 문제에 대해서도 완강히 변화를 거부한다. 수구에 대해 가해지는 현대 사회의 비난은 다른 어떤 문제보다도 성차별 문제에 초점이 맞추어진다. 왜냐하면 다른 형태의 전통을 고수하는 태도는 문화적 상대주의나 관용의 입장에서 묵인 내지 수용될 수 있으나 여성 차별 더 나아가 여성 학대의 경우 인류가 그동안 동의해온 보편적 가치인 인권을 침해하는 것이기 때문이다.

수구 이념은 남자와 여자가 다르며, 따라서 다르게 취급되어야 한다는 입장을 갖는다. 근본주의자들은 여성을 보호한다는 주장으로 여성을 포섭하려 하며 Lawrence 1990 성차별을 정당화한다.

반동주의자 드메트르는 여성의 종교적 심성에 대해서는 높이 평가하였으나 "여성은 여성인 한에서 남성보다 우월"하며 "여성이 남성과 같아지려고 하는 순간 여성은 원숭이가 된다."고 역설하였다 Griffin & Feldman 2004. 정통주의 역시 보수주의와는 다르게 남녀 차별을 엄격히 지키고자 한다. 예를 들면 정통파 유대교와 달리 보수파 유대교는 1840년대 랍비회의 이후 여성의 완전한 평등권을 향해 노력하는 유대교 방침에 호응하여 개혁파 못지않은 열의를 보였는데, 정통파는 이러한 경향에 완강히 반대하였다 모니카 그뤼벨 2007.

수구 이념이 여성 차별을 당연시하는 이유는 앞서 언급하였듯이 종교적 원칙을 고수하고 있기 때문이다. 오늘날에도 대다수 종교는 여성의 지도자적 지위를 허락하지 않는다. 최악의 경우 여성은 생명권조차도 존중받지 못한다. 남편이 죽으면 아내가 따라 죽어야 하는 힌두교의 '사티 sati' 풍습은 영국 통치를 겪으면서 거의 사라졌으나 아직도 일부 지방에서는 행하여지고 있다고 한다. 이 전통에 의하면 여성은 죽은 자신의 남편을 따르고자 하는 순수한 마음을 가지며, 그래서 자발적으로 사티를 행한다는 것이다. 그녀가 죽는 순간 그녀 내부의 진실의 불꽃 sat이 나와 장작에 불을 붙이며, 그렇게 저절로 나온 불꽃은 그녀의 신성성을 증명한다. 장례식에 온 사람들은 몇 시간 동안 그러한 사티를 찾는다. 그녀의 신성성이 숨겨져 있다 하더라도 결국은 그것을 행하게 된다는 것이다. 저절로 불꽃이 나오건 불붙은 장작에 몸을 던지건 결과적으로 그녀가 불꽃으로 타오르게 되면 그녀는 '사티 어머니' satimata가 되어 숭배의 대상이 된다. 즉 여신 사티goddess Sati가 되는 것이다Hawley 1994. 그러나 실제로 여성이 자발적으로 이 의식을 치르는 경우는 거의 없었다고 하며, 종종 그녀의 재산을 탐내는 친척들에 의해 강제로 치러지기도 하였다.

유교 전통 역시 남편이 죽으면 뒤따라 죽음을 선택하는 아내의 행동을 높이 평가하며 가문의 명예를 위해 이를 은근히 강요하기도 하였다. 유인석은 죽은 남편에 대한 정절과 의리의 결정으로서 아내들의 즉각적인 죽음의 가치를 높이 평가하였다김남이 2003.

삼년상을 마치고 영좌를 거두는 날이 되자 따라 죽으려고 하였으나 온 집안에서 철저하게 막았다. 이튿날 새벽, 지키던 자가 얼핏 잠이 들자 틈을 타서 약을 먹었다. 식구들이 구하려 했으나 미치지 못하였으니 영묘 갑자년 9월 18일이었다. … 오직 우리나라만이 윤리를 모두 갖추었고, 여자들이 정렬을 행하니 또 고금 천하에 비교할 바가 없다. 만약 이에 이를 천하 후세와 외이에 널리 보여준다면 감동하고 경복敬服할 것이니 그것으로써 존국부도함이 있을 것임이 틀림없다「열녀유인이씨묘지명병서」; 김남이 2003.

이렇듯 유인석은 서양에 비해 한국이 월등히 높은 윤리의식을 가졌다는 증거로 아내의 동반 죽음을 꼽았다. 정절을 지키기 위해 또는 사망한 남편을 따라 자결하는 여성의 자기희생은 서구 문화에 비해 유교가 우월하다는 증거가 되었다.

아내가 남편을 따라 죽었다는 것을 "오랑캐들이 보면 혀를 내두를" 것이요, "나라의 빛國之光"이라고 하여 외이를 깜짝 놀라게 만들 것이라고 하였다. 이런 여성들은 조선을 존경하게 만들 만한 파급력을 가졌으며, 게다가 그런 여인이 조선에는 수백, 수천 명이 된다고 과시하고 있다김남이 2003. 이러한 여성의 행동은 조선이 예의 나라임을 증명하는 것이기 때문이다.

> 조선이 소중화로서 천하에 홀로 예의의 나라임이 극명하다. … 근자에 나라에 변고가 생겨 예의가 없어지니 일찍이 선비라 이름한 자들이 강상이 모두 소멸되지 않을까, 그리고 인간이 모두 짐승이 되지 않을까를 걱정하였는데 소화정방이 이와 같아서 이즈음에는 천하에 모두 도도하도다. 열부가 한미한 가문에서 태어나 이역에서 자랐으면서도 하늘이 내린 떳떳한 본성을 간직하고, 나라의 예의기맥을 보존하였으니 어린 나이에 이와 같은 기이함이 있는가! 장하도다! 이에 나라의 선비로서 출강하여 의리를 지키던 자들이 이미 글을 지어 찬양하고 또 비석을 세워 그 마을을 표창하고 교훈을 세우니 또한 좋은 일이 아니런가!「최열부표적비」; 김남이 2003.

이렇듯 죽음을 선택한 여성은 찬양받고, 그 마을에 비석이 세워져 표창된다. 인도의 여성이 남편을 따라 죽을 경우 '여신 사티'로 인정되어 신성시되는 것처럼 그러한 여성은 '여종女宗'■의 지위를 차지하게 된다. 이러한 "여성들은 효성스런 '며느리,' 정절을 지킨 '아내'로 완벽하게 조형되어 가정과 가문의 범주를 넘어 시공간적으로 더 광범위한 영향력을 행사하는 최고의 여종女宗으로 형상화"김남이 2003 되는 것이다. 이러한 여성 열행의 신비화 경향은 개화기 여성 서사물의 특징김경미 2002 중 하나이기도 하였는데, 이 역시 서구적인 것에 대한 동양적인 것의 우월함을 강조하기 위한 수구파의 노력이라고 하겠다.

만일 죽음을 선택하지 않은 여성이 있다면 그 여성은 남편의 상례를 치르고 자손을 길러 교육하며 선조를 받드는 의무를 다하기 위해 그러한 것으로 이해되었다. 예를 들면 "어린 자식을 양육함으로써 봉제사를 수행하기 위해서" "남편의 복상服喪을 위해" 자결하려던 마음을 고쳐먹었다「열부유씨전」; 김남이 2003는 것이다. 남편에 대해서뿐 아니라 시부모에 대해서도 극진한 정성이 요구되었다. 시아버지를 극진히 섬기는 며느리에 대해 다음과 같이 묘사되기도 하였다.

■ 원래 '여종(女宗)'은 劉向의 『烈女傳 · 宋鮑女宗』에서 나와 '여자의 모범'을 뜻하는 말이다.(김남이 2003)

항상 거처하는 방에 있었고 정원에도 나가지 않았다. … 시아버지의 병이 깊어지자 유인은 몇십 일 밤을 재계하고 하늘에 기도하였으며 … 양주의 상을 당하여서는 법도를 넘길 정도로 슬퍼 애통해 하였으며 상사를 집행함에는 반드시 정성스럽고 미더웁게 하였다.「유인장흥임씨전」; 김남이 2003.

유인의 행실이 갖추어지지 않은 것이 없으니 … 이것이 어찌 타고난 성품 때문이기만 하겠는가. 또한 우리나라 예의의 풍속이 무젖어서 그리하게 한 것이다. 지금 시대의 운이 쇠해져서 사람은 짐승이 되어가고 윤리와 예행이 모두 상실되었다. 남자는 그만두고라도 일찍이 여자가 한 발짝도 밖으로 나가지 않던 관습이 이른바 여회라는 것을 재상의 아내들이 주창하면서부터는 구름처럼 몰려들어 곳곳에서 큰 거리를 활보하며 뻔뻔하게 어깨를 맞추고 모르는 사내들과 뒤섞여 있게 되었고, 흉악한 외이外夷를 좋다 하고 있으니 … 그리고 어려서 추운 방을 사수하며 정원에도 나가지 않던 법도는 지금 세상과 비교할 때 어떠한가. 내가 전을 쓰는 것은 그저 그 일이 없어질까 염려해서일 뿐이 아니라 장차 저 도도한 이들을 경계하여 반 푼이라도 부끄러운 마음이 들게 하고자 해서이다「유인장흥임씨전」; 김남이 2003.

이렇듯 수구파에게 있어서 모범이 되는 여성은 현명함이나 재능을 가진 여성이 아닌 유교적 의무를 다하는 여성이었으며, 그런 여성의 행위는 자신의 성품 때문이기도 하지만 한국의 풍속에 젖어서 그러하게 되었다는 것이다. 그런데 풍속이 바뀌면서 밖에 나가지도 않던 여성들이 거리에 나가고 남성들과도 섞이게 되었다고 한탄하고 있는 것이다.

그러나 앞서 언급하였듯이 당시 수구파를 비판하던 개화파는 이러한 여성 문제를 강하게 제기하면서 밖에 나가지도 못하는 여성의 부자유에 대해 비판하였다.

수구파가 남편을 뒤따라 죽는 아내의 행위를 높이 평가하지만 이는 결국 집안의 명예와 유교의 우월함을 과시하는 도구로써 약자인 여성의 희생이 이용된 것이라 하겠다. 남편과 시부모의 죽음에 대해 여성은 극단적 슬픔을 보여야 하는 반면, 아내의 죽음에 대해서 남편은 외국인이 보고 이상하다고 공통적으로 지적할 정도로 전혀 슬퍼하지 않았다고 한다신복룡 2002. 이러한 극단적인 남녀 차별주의는 현재 수구가 받고 있는 비판의 큰 비중을 차지하고 있다. 사회가 우경화되는 지표 중 하나는 여성에 대한 대우이다. 현재 우리 사회에서는 다시 군가산점 논의가 시작되는 등 과거에 이룩한 남녀평등이 퇴보하고 있는데, 이는 우리 사회가 우경화를 보이고 있다는 증거라 하겠다.

3. 정치 · 사회관

(1) 민주주의 비판

보수주의가 인간 이성에 대한 불신과 더불어 혁명에 반대하고 질서와 전통을 강조한다면, 사회 내에서 누가 지배해야 하는가 하는 문제에 대해서는 강한 엘리트주의적 정향을 갖게 된다. 즉 귀족 정치의 한 요소인 가장 '자격 있는' 개인만이 사회를 이끌어가야 한다고 주장한다. 귀족적 가치는 '사려 깊음'이며, 그 반대되는 다수파의 경향은 '열정'이기 때문이다. 다수자의 비이성적 열정은 사회를 예측할 수 없는 방향으로 끌고 간다. 따라서 민주주의의 부상과 더불어 이들 다수파의 열정과 광기를 안전하게 차단하는 것이 큰 과제가 된다 윌리엄 하버 1994. 보수주의자들이 반드시 막아내야 하는 것은 다수파의 집권인 민주주의로의 변화이다. 다수파의 부상으로 인한 민주적 변화는 가장 혁명적 변화를 가져오기 때문이다.

보수주의자들은 민주적 변화가 가져올 위험을 차단하고 사회의 안정과 질서를 지켜갈 집단으로 귀족을 꼽는다. 버크 역시 프랑스 혁명이 가져올 민주주의의 실현을 막고 귀족주의를 지키고자 하였다. 개념적으로 볼 때도 가장 그 역사적 뿌리가 깊고 일관된 민주주의의 반대 개념은 귀족주의이다. 민주주의와 귀족주의의 대립은 고대 그리스 시대까지 거슬러 올라간다. 근대에 이르러 토크빌Alexis de Tocqueville 역시 『미국의 민주주의』에서 민주주의와 귀족주의를 대비시켰으며, 현대 신자유주의의 귀족주의적 경향 역시 민주주의에 반대하고 있다. 오늘날 우리 사회에서도 광기와 이성을 대립시키는 경향이 나타나고 있다. 시위하는 시민의 열정은 광기와 연결하고, 침묵하는 사람들의 방관은 이성과 연결하면서 이성이 승리할 것이라고 말한다. 국내 보수 정치 세력의 홍위병 운운 역시 민주주의를 광기에 비유하는 것이다.

버크에 의하면 귀족 정치는 최선의 인간에 의한 지배를 뜻한다. 민중에 의한 지배인 민주 정치는 혁명가의 선동에 의해 감정이 지배되기 쉬운 정치로서 경멸의 대상이 되었다. 귀족 계층은 남보다 많은 특권을 가짐으로써 보다 많은 의무를 수행해야 하는 것으로 느끼고 있다. 그런 의무는 공무, 일반인의 지도, 도덕적 모범, 지식과 예술의 보호, 전통을 나타내고 전하는 것 등이다피터 비레크 1981. 오늘날에도 귀족은 여전히 존재한다. 미국의 보수주의자 존 애덤즈John Quincy Adams는 다음과 같이 말한다.

> 귀족은 왕이나 민중으로부터 자유를 지키기 위해서 필요한 요소이다. … 내가 귀족이라고 말하는 것은 특별히 한 사람의 세습적 귀족이나 누군가 특별히 한정된 사람을 얘기하는 것이 아니라, 인류 속의 자연스럽고 현실적인 귀족 사회를 의미하는 것이다. … 이것은 자연이 만든 것이요, 우리가 폐지할 수 없는 구분이다피터 비레크 1981.

귀족주의를 주장할 수 있는 근거는 불평등을 자연스러운 것으로 보기 때문이다. 존 애덤즈는 그의 저서 『헌법의 옹호』에서 불평등을 옹호한다.

여러 가지 불평등이 존재한다. … 이것을 입법자인 인간들은 한 번도 제거할 수가 없었다. … 왜냐하면 여러 가지 불평등은 사회 속에 자연스럽고 불가피한 영향력을 가지고 있기 때문이다. … 유명한 집안의 아이들은 일반적으로 교육상 매우 유리하다. … 역사에 씌어 있는 그들의 선조의 성격 또는 전통으로서 전해지고 있는 선조의 성격은 그들을 속물의 질투로부터 멀리 지켜주고 있다 피터 비레크 1981.

미 건국 시기 연방파였던 애덤즈는 공화파를 신뢰하지 않았으며 반대를 반역으로, 비판을 선동과 중상모략으로 생각했던 사람이다 제임스 맥그리거 번스 2006. 따라서 귀족, 불평등을 자연스러운 것으로 보는 보수주의자들이 반대, 비판, 공화주의, 민주주의에 대해서도 적대적임을 알 수 있다. 귀족주의를 옹호하는 보수주의자들에게 있어서 민주주의는 바람직한 정체는 아니다. 버크는 다음과 같이 말한다.

내가 옳게 기억한다면, 아리스토텔레스는 민주정이 전제정과 많은 점에서 놀랄 정도로 유사하다고 보았다. 나는 다음과 같은 점을 확신한다. 민주정에서는 격렬한 의견 대립이 있을 때마다 – 그러한 종류의 정체에서는 자주 그럴 수밖에 없다 – 시민의 다수파가 소수파에 대해 가장 잔인한 압제를 행사할 수 있다는 점과 소수파에 대한 탄압이 1인 지배에서 우려될 수 있는 어떤 탄압보다도 훨씬 더 많은 수의 사람들에게 미치며 더 격렬하게 행해진다는 점이다. 민중이 자행하는 박해에서 고통을 당하는 개개인들은 다른 어떤 박해에서보다 훨씬 더 비참한 처지에 놓이게 된다. 잔인한 왕 밑에서 박해받는 자들은 그들의 상처의 통증을 완화하는 인류의 동정심을 얻게 된다. 그들은 고통 속에서도 고매한 지조를 북돋아주는 갈채를 받을 수 있다. 그러나 다수자 밑에서 해악을 입게 되는 사람은 모든 다른 위안을 박탈당하게 된다. 그들은 같은 부류의 사람들 전체가 꾸민 음모에 압도되어 인류에게서 버림받은 듯 보인다에드먼드 버크 2008.

또 니스벳Robert Nisbet은 "완전한 민주주의란 가장 파렴치한 것"으로, "가장 파렴치하기 때문에, 또한 가장 두려움을 모르는 것이다."라고 하였다로버트 니스벳 2007.

그렇다면 근대 이후 보수주의자들에 의해서도 받아들여진 민주주의는 어떻게 이해해야 하는가. 보수주의자들은 처음에는 근대 민주주의의 출현을 비판했지만 점차로 민주주의 정치를 수용하였다. 특히 미국이 그러했는데, 미국의 경우 독립전쟁 전까지만 해도 귀족제에 대한 반대가 존재하지 않았다. 그러나 영국과의 전쟁은 열심히 싸워줄 다수의 주민들을 필요로 했고, 그들에게 싸울 동기를 부여해야만 했다. 그리고 그 동기는 미국 대륙에 앞으로 만들어질 새로운 국가는 바로 다수 주민들이 정치의 주인이 되는 민주적인 공화제 국가라는 것이었다. 이러한 미국에서의 민주주의 수립과 유럽에서의 사회주의 사상의 대두는 유럽의 보수주의자들로 하여금 다수자를 위한 이념을 말로라도 주장하지 않을 수 없게 하였다. 따라서 이들 역시 민주주의를 지지하게 되는데 토크빌, 디즈레일리Benjamin Disraeli, 처칠Winston Churchill 등 후기 보수주의자들이 대표적이다. 이들은 민주 정치를 받아들이기는 하였으나, 이때의 민주 정치는 간접 민주 정치로서 대표에 의해 민중의 의지가 여과되기 때문에 안전한 것으로 여겨졌다피터 비레크 1981.

제안되는 대의 제도의 구체적인 측면을 보면 다수자를 대표하는 것이 아닌 그들을 여과하는 것이라는 사실을 알 수 있다. 우리의 선거 제도 역시 민의의 반영과는 거리가 멀다. 일단 우리는 국회의원 후보부터 우리가 원하는 사람을 뽑을 수가 없다. 그러나 민의는 약간의 틈새라도 뚫고 분출한다. 국회의원 후보 선정에서 약간의 비율로 국민 경선제를 도입하자마자 그 미미한 가능성에도 불구하고 예상 못한 후보가 뽑히는 결과를 가져오기도 하였다. 이와 같은 위험을 마치 예상한 듯, 존 스튜어트 밀은 여러 가지 제한 조치를 가하여 그나마 유명무실한 대의제조차도 프랑스와 같이 국민들이 권력 지향적인 곳에서는 아예 없어야 한다고 주장하였다Mill 1951.

보수주의자들은 민주주의를 전체주의로 나아갈 위험이 있는 제도로 인식하고 있다. 즉 민주주의는 통치자가 기존의 법과 제도를 뒤엎고자 할 때, 국민을 선동해서 그 힘을 이용하여 기존 체제를 바꾸려는 위협적인 이념일 수 있다는 것이다. 이것을 볼 때 현재 포퓰리즘에 대한 우려와 비판은 바로 민주주의에 대한 우려와 비판임을 알 수 있다. 이들은 민주주의 체제가 안정되려면 인간의 탐욕과 불합리성을 제한하는 종교적이고 도덕적인 전통에 기초한 건전한 사회를 필요로 한다고 주장한다. 그들은 시민을 귀족적 관례에 의하여 지도해야 한다고 하면서 다수파의 힘에 관한 제도적 견제를 발전시키는 데에 관심을 둔다. 미국의 보수주의는 다수의 힘을 제한 · 분할하고, 정치적 대표의 인민주의를 막는 헌법 이론에 상당히 주의를 기울인다. 헌법은 비이성적인 다수가 사회에 끼칠 위험을 제한하기 위하여 사용되어야만 한다. 따라서 보수주의는 법을 강조하게 된다. 입헌 정치는 곧 법의 지배로서, 하버에 의하면 법의 지배는 민주주의하에 대중의 위험과 비합리성을 억제하고 민주 정치를 한정하는 중요한 수단이 되어 왔다 윌리엄 하버 1994.

신자유주의자인 하이에크 Friedrich August von Heyek 역시 민주주의는 법치를 위협하는 것으로 보고 있다. 실제로 민주주의는 '독재적' 이 될 수도 있다. 만일 의회 내에서 사회의 압도적 다수를 대표하는 사람들이 다수가 된다면 모든 법안을 일사천리로 통과시킬 것이고, 그들을 견제할 수 있는 세력은 의회 내에도 의회 밖에도 없다. 그러나 우리는 이것을 '독재적' 이라 하지 않고 '혁명적' 이라고 부른다. 우리의 국회와 다른 나라의 의회가 제대로 기능하지 못하고 여러 견제를 받는 것은 바로 의회가 사회 내의 다수가 아닌 소수를 대표하고 있기 때문이다.

사실상 삼권 분립은 입법부, 행정부, 사법부가 상호 견제하여 균형을 갖춘다는 뜻보다는 행정부, 사법부, 그리고 입법부의 반쪽인 상원이 모두 힘을 합쳐 오로지 유일한 국민 대표 기구이며 '비이성적인 다수가 사회에 끼칠 위험' 이 있는 하원을 견제한다는 데에 그 목적이 있다고 볼 수 있다. 국민의 대표로 뽑힌 하원의 개혁적 시도는 상원에 의해, 행정부에 의해, 마지막으로 사법부에 의해 걸러져 결국은 실패하게 되어 있는 것이다. 미국 하원에서의 개혁적 시도가 계속해서 실패하고 있는 것은 그러한 과정을 보여준다.

또 보수주의자들은 자신의 주장을 뒷받침할 자료로 연방백서를 주로 인용하는데, 연방백서에서 강조하는 분권화는 보수주의자가 선호하는 정치 구조로서, 이 역시 민주적 다수파의 정치 장악과, 행정과 정치의 중앙 집권화에 대한 두려움 때문이라고 할 수 있다.

20세기 미국에 있어서 보수주의자들은 연방 정부의 권력 집중을 매우 염려하였다. 분권적 정치 체제를 찬성하는 보수주의 정서는 그 뿌리가 매우 오래되었다. 그것은 봉건 시기로 거슬러 올라가며 보수주의 사상의 귀족적 정향 가운데 발견된다. 이들은 중앙 집권 국가나 거대 정부에 대해 반대하며, 이를 사회의 본질적인 다양성의 적으로 보았다 윌리엄 하버 1994. 미 연방백서를 보면 미국의 연방제도 역시 민주적 열망의 확산을 막기 위해 고안되었다는 것을 알 수 있다. 즉 미국이 여러 주로 나뉜

것은 과도한 빈민들의 영향력이 한 주를 넘어서 다른 주로 퍼지지 않게 하기 위한 것임을 연방백서는 보여준다. 대통령 선거의 표 계산도 국민 전체의 수로 하지 않고 대의원 제도를 통해 각 주 별로 한 후보를 모두 지지하는 것으로 계산하는데, 이러한 제도의 덕을 보수적 대통령 후보가 톡톡히 보았다.

(2) 자유주의로의 전환

보수주의는 이처럼 여러 가지 면에서 민주주의와 직접적으로 조화하기 어려웠던 반면 자유주의와는 몇 가지 공통점을 갖고 있으며, 시대의 변화에 따라, 또는 논리적인 이유로 인해 자유주의화하지 않을 수 없었다. 보수주의의 귀족주의적 속성은 시대의 변화와 더불어 지속되기 어려웠다. 하버에 의하면 귀족적 엘리트주의의 숭배가 당면한 문제는 많은 귀족들이 보수주의자가 말하는 훌륭한 귀족의 특징에 따라 살지 않았다는 점이다. 역사적으로 그들은 무능했다. 프랑스의 경우가 그랬고, 영국의 경우 초기에는 잘 적응했으나 점차로 힘과 지위를 잃기 시작하였다. 미국의 경우도 노예제 때문에 그 명예가 손상되었다. 이러한 이유로 인해, 또 시대의 흐름과 함께 보수주의자는 귀족적 지배 계급에 의존할 수 없게 되었다.

그러나 그들이 비록 귀족적 지배 계급에 의존할 수 없게 되었다 하더라도, 적어도 사회를 위한 질서의 근원으로서 귀족적 정신은 보존되어야 한다고 여전히 주장하였다. 그러나 사회에서 리더십을 수행할 특정한 사회 계급을 발견할 수 없었기 때문에 보수주의자는 지위와 리더십이 개인적 능력과 업적에 기초하는 능력 사회의 관념을 지지하지 않을 수 없게 되었다. 하버는 이 점을 보수주의 정치 사상에 있어 하나의 중요한 변화로 본다. 우월한 사회 계급보다 개인적 우월성을 지지하는 이러한 결정은 19세기 자유주의의 원칙에 자리를 내어 준 것으로, 이것은 현대의 보수주의와 18세기 말~19세기 초의 귀족적 보수주의 사이에 결정적인 차이를 나타내는 사회적, 정치적 양보이다. 이것은 자유주의 사상의 많은 다른 국면이 보수주의의 틀 속으로 들어오는 하나의 문이기도 하다고 하버는 주장한다 윌리엄 하버 1994.

하버에 의하면 자유주의적 보수주의자의 견해는 고전적인 자유주의 사상이 현대의 많은 보수주의자의 사상에 큰 영향을 끼쳤음을 보여준다고 한다. 버크는 1795년의 글 「결핍에 대한 고찰과 상술」에서 전통적 자유주의자들과 비슷한 논리를 폈다. 즉 국가의 업무를 제한할 것과 개인의 영역에는 개입하지 말 것을 주장하였으며, 사유재산 제도가 사회 형성의 기초라고 하였다 서병훈 1999. 자유주의자의 견해는 근본적으로 자유방임적 경제 체계 개념에 의존하고 있다. 그러므로 이러한 견해를 고수하는 보수주의자들은 20세기 개혁적 자유주의에 반대하고 사유재산과 자유시장경제를 주장하는 18~19세기 자유주의 신념을 옹호하는 데 전념하며, 사기업가의 창의력과 자본주의 사회의 자유를 높이 평가한다 윌리엄 하버 1994.

비레크 역시 보수주의가 이데올로기화되고 논리와 자기의식을 갖게 되면 자유주의적 합리주의와 비슷해진다고 하였다 피터 비레크 1981. 대체로 현대 보수주의자들의 특징이 자유주의이며, 이들은 공통적으로 과거의 보수주의를 자유주의적으로 해석하고 싶어한다. 이러한 '자유주의화'는 지배 세력의 이데올로기가 나아가는 공통된 방향이다. 식민주의와 제국주의 역시 합리화하거나 좀 더 온건해질 경우 자유주의와 흡사해진다. 따라서 제국주의의 자유주의화, 보수주의의 자유주의화는 제국주의, 보수주의에 대한 부정이 아니라 궁극적으로 그런 이데올로기들을 구원하는 것이다. 이렇게 지배 세력의 이데올로기가 자유주의로 바뀌는 경향을 띠는 이유는 첫째, 자유주의는 합리성을 그 내용의 근본 요소로 갖고 있기 때문에 자유주의화를 통하여 자신의 이데올로기를 좀 더 정당화할 수 있기 때문이다. 둘째는 자유주의가 좌우 이데올로기들 사이의 중간에 위치하기 때문이다 로버트 니스벳 2007. 한 극단적 이념이 온건화 · 중도화되면 자유주의와 흡사해지는 경향을 갖게 된다. 마지막으로 자유주의는 보편성을 지향하기 때문에 다른 이데올로기에 채택되기가 쉽다. 자유주의는 '권리'를 특정 집단이 아닌 '모든 개인'에게 부여된 것으로 간주한다. 따라서 권리는 무차별적으로 원자화된 개인들에게로 널리 흩어져 소유된다. 이것이 자유주의를 보편적일 수 있게 한다. 반면 다른 이데올로기는 대체로 특정 집단, 계급, 민족을 옹호한다.

이러한 현대 보수주의자들의 자유주의를 곧 신자유주의라고 부를 수 있을 것이다. 역사적으로 자유주의가 승리하여 전 세계적으로 대세가 되고 이미 기득권자의 이데올로기가 된 이상 이제는 자유주의자들이 보수주의자일 수밖에 없다. 기든스Anthony Giddens는 신자유주의의 중요한 특징으로 보수주의를 들고 있다 앤서니 기든스 1998. 신자유주의가 신보수주의로 불리기도 하는 것은 이러한 이유에서이다.

: 자유주의의 전제가 갖는 문제

보수주의자들이 자유주의를 자신의 이념으로 채택한 이유는 자유주의 또는 자유 이념이 본질적으로 갖는 보수적 함의 때문이다. 또 이들은 자유를 중시하면서 자유는 평등과 양립할 수 없다고 하여 평등의 가치를 희생시킬 수밖에 없음을 암시한다. 니스벳은 "보수주의 철학에서 자유와 평등이 본질적으로, 그리고 절대적으로 양립 불가능하다는 원칙보다 기본적인 원칙은 없다."고 하였다R. 니스벳 · C. B. 맥퍼슨 1997. 자유주의가 중시하는 가치는 생명권, 재산권, 자유권으로 이는 서구 사회계약론자들이 주장하기 시작하였다. 이들 중 홉스Thomas Hobbes는 자연 상태의 인간은 서로를 두려워하며 언제 죽임을 당할지 모르는 극단의 공포 속에서 살게 된다고 전제한다. 이러한 상황에서 인간은 본능적으로 자신의 생명을 보존하려고 하며, 이것이 자연적인 인간의 권리라는 것이다. 이는 마치 청소년들에게 무기를 주고 섬에 풀어놓아 서로를 죽이게 하는 것이 주요 스토리인 일본 영화 「배틀 로얄」을 연상케 한다. 이러한 자연 상태는 정전으로 인해 암흑에 휩싸인 도시나 강대국이 무소불위無所不爲의 힘을 마음대로 휘두르는 국제 사회를 생각하면 논리적 가정일 뿐 아니라 실제로도 얼마든지 존재할 수 있는 상황임을 알 수 있다. 문제는 이러한 상태가 존재한다는 사실을 인정하는 것을 넘어 마치 이 상태가 절대적으로 지속될 것이며, 자연스러운 것이라고 여기는 것이다. 이런 홉스의 무시무시한 논리를 신봉하고 있는 사람 중 하나가 오늘날 미국의 패권주의를 지지하는 네오콘의 철학적 기반을 마련한 레오 스트라우스Leo Strauss이다.

이러한 적자생존의 논리에 규범, 도덕, 약자 보호의 사상이 있을 수 없다. 인간은 당연히 자신을 보호하기 위하여 수단과 방법을 가리지 않는다. 모든 도덕과 규범은 사실상 인간의 자기보존 본능과 이기주의를 미화하기 위한 것이며, 실제 '사회'란 존재하지도 않는 것이다. 따라서 신자유주의자인 하이에크는 존재하지도 않는 사회의 이름으로 특정 개인의 논리를 옹호하지 말라고 하였다. 존재하는 것은 개인들과 그 개인들의 이익뿐인 것이다. 모든 개인은 자신의 이익을 최대화하기 위해 노력하며, 이것이 자연스런 질서를 가져온다. 이 질서는 또 다른 사회계약론자인 로크의 자연 상태에서 설명되고 있다. 나름대로 이성적인 인간들은 자신의 이익을 추구하면서 살아가며, 이러한 인간의 자유와 이익은 절대적으로 보호되어야 한다는 것이다. 어떤 국가나 사회도 이런 인간의 권리를 침해하지 않는 한도 내에서만 정당화될 수 있다. 즉 최소국가론이다.

홉스의 자연 상태가 흡사 맹수들이 우글대는 정글이라고 한다면 로크의 자연 상태는 얼룩말들이 뛰노는 초원이라고 할 수 있다. 그러나 자연 상태건 사회 상태건 그 실제의 모습은 맹수와 얼룩말, 여우, 코끼리 등 다양한 존재들이 서로 다른 힘의 양을 가지고 존재하는 상태이다. 이런 상태에서 모두 반드시 절대적으로 자유로워야 한다고 했을 때 '자유' 그 자체가 갖는 본질적인 보수성이 드러난다 하겠다. 강자와 약자가 공존하는 사회에서 절대적 자유를 바랄 자는 누구인가. 또는 어떤 규칙을 만들어 어느 정도까지는 자유를 허용하고 어느 정도는 제한을 두는 것을 원할 자는 누구인가. 낮에는 맹수들이 사냥을 하지 않는다는 규칙을 얼룩말이 안다면 그때만 자유로움을 느낄 것이다. 감시 카메라가 있는 지역에서 부녀자들이 보다 안전하다고 느끼는 것은 이런 이치에서이다. 강자의 자유는 방치되어야 확보되고, 약자의 자유는 보호되어야 확보되는 것이다. 복지국가가 맹수에게 일정 제한을 가하는 것이라면 신자유주의는 얼룩말을 묶어놓는 것이다. 신자유주의가 갖는 치명적인 결함은 그 이름과 달리 모든 이의 자유를 인정하지도 않는다는 것이다. 모든 인간이 자유와 이익을 추구하는 가운데 형성되는 자연적 질서를 옹호한다면 왜 약자들이 스스로를 보호하기 위해 자연적으로 만드는 각종 단결을 못하게 하는가. 한 마리라도 덜 먹히기 위해 초식동물들이 뭉치는 것과 같은 이유로 단결밖에 무기가 없는 노동자들이 뭉치는 것은 당연하고도 자연스러운 것이다. 그런데 왜 자유주의자들은 노조가 자신의 이익을 추구하려 할 때 자신들이 가장 혐오하는 규범적 비판을 하며, 또한 가장 아끼는 '이기주의' 라는 이름으로 그들을 비난하는가.

자유주의자들의 또 다른 큰 문제는 인간과 자연을 모독한다는 것이다. 자유주의가 전제하는 인간상은 하등생물을 모델로 하고 있다. 주로 개미와 벌이 자주 인간에 비유되는데, 이들은 사회 전체가 어떻다 또는 어떠해야 한다는 구상을 절대 하지 않으며 각자 개별적 본능에만 충실하다는 것이다. 그 결과 놀라운 개미집과 벌집을 만들게 되며 질서 잡힌 사회를 이루게 된다는 것이다. 따라서 감히 전체 사회가 이러해야 한다는 거대한 사회 공학적 정책을 제시하려고 하는 개혁적 정부나 사회주의 체제는 자연적 질서에 합당하지 않으며 이 질서를 해치기만 하는 것이다. 그런데 시선을 조금만 위로 향하여 고등동물만 보아도 이들은 자기 이익만 추구하는 것이 아니라 때로는 인간들만 행한다고 알려진 도덕적 행위도 한다는 사실을 알 수 있다. 크로포트킨Peter Alexejewitsch Kropotkin은 자연상태의 생물이 상호 투쟁하면서 적자생존한다고 알려져 있지만 실제는 투쟁과 적대보다 오히려 상호 협조하는 측면을 더 많이 찾아볼 수 있다고 하였다. 또 어떤 동물은 의리를 위해 자신의 이익과 관계없거나 더 나아가 이익에 반하는 행위도 한다. 즉 자연에는 이익만 있는 것이 아니라 도덕도 있다. 최근 자연과학에서는 인간의 '양심'이 학습된 것이 아니라 본능적으로 존재하는 것이라는 사실을 밝힌 바 있다. 또 다른 사회계약론자인 루소는 자본주의의 부패를 비판하였으며, 양심이 이기심과 같은 본능처럼 자연적으로 존재하는 것임을 강조하였다.

자유주의 2세대라고 불리는 공리주의의 전제도 마찬가지의 문제를 갖고 있다. 공리주의를 포함한 자유주의의 주요 전제 중 하나는 "타인의 행복을 침해하지 않는 범위 내에서 나의 행복을 추구할 자유"가 있다는 것이다. 그러나 이러한 나의 자유에는 수많은 예외 조항이 있을 수밖에 없다. 예를 들면 미성숙한 사람, 아동, 도박꾼, 알코올 중독자, 인터넷 중독자에게는 설사 타인에게 아무런 해를 끼치지 않는다 하더라도 그들이 행복을 느끼기 위해 원하는 자유를 무제한으로 허용해서는 곤란하다. 또 내가 아무것도 하지 않았는데도 타인에게 해를 끼칠 수도 있다. 자살 방조와 같은 것이 그 예일 것이다. 범죄를 미연에 방지하기 위해서나 기타 여러 가지 공익적 이유로 개인의 자유는 제한될 수 있다. 즉 나의 자유와 타인의 자유, 나와 사회는 서로 연결되어 있으므로 전체와 관계없는 개인의 자유란 존재하지 않는 것이다. 따라서 결국, 개인의 자유를 위해 개인을 간섭하지 말아야 하는 것이 아니라 개인을 적극적으로 보호해야 한다는 결론이 나온다. 그러나 개인을 자유롭게 해줘야 한다고 하면서 개인을 방치하는 자유주의 이념에서 개인의 자유, 특히 약자의 자유는 보호될 여지가 없다 이나미 2001.

공리주의의 또 다른 전제는 모든 인간은 쾌락을 좇고 고통을 피하려 한다는 것이다. 따라서 모든 인간이 각자 알아서 판단하여 자신의 행복을 추구할 때 사회 전체 행복의 크기는 가장 커진다는 것이다. 그러나 인간은 때로 쾌락을 외면하고 옳은 일을 하기 위해 고통을 선택하기도 한다. 예를 들면 일제 강점기에 안락한 친일의 길을 가지 않고 독립 운동을 하다가 잡혀 고문당하거나 사형당하는 사람들이 있었다. 그런데 그것조차도 결국 자신의 정신적 만족, 즉 쾌락을 위한 것이라고 자유주의자는 말한다. 그러나 오로지 뇌 속의 도파민 분비를 위해서 그러한 행위를 했다면 가만히 앉아서 마약을 하는 등의 가장 빠르고 확실한 쾌락의 길을 두고 왜 그렇게 멀고도 위험한 길을 택한 것일까. 이에 대해 존 스튜어트 밀은 쾌락에는 질적 차이가 있어서 저급한 쾌락과 고상한 쾌락으로 나눌 수 있다고 하였다. 그렇다면 저급함과 고상함을 나누는 기준은 무엇인가. 즉 그는 자신이 그렇게 말한 순간 이 세상은 쾌락 추구와 고통 회피만으로 설명되지 않는 제3의 기준이 필요하다고 고백한 셈이 된다양승태 1986.

공리주의가 끝까지 자신의 논리를 밀어붙이는 경우 결국 '천국'까지 동원되는 예를 우리는 흔히 본다. 즉 어떤 인간이 모든 고통을 감내하고 모든 것을 내어주는 선행을 한다면 그 이유는 결국 천국에 가기 위함이라는 것이다. 여전히 실리가 행위의 동기라는 것이다. 이에 대해서는 공리주의적 반박이 가능하다. 벤담Jeremy Bentham에 의하면 즉각적이고 확실한 쾌락이 멀고 불확실한 쾌락보다 더 우선적으로 추구된다고 하였기 때문이다. 천국만큼 멀고 불확실한 쾌락이 또 있을까.▪

공리주의의 또 다른 문제는 자신만을 위해 사는 이기주의자들을 정당화해준다는 것이다. 그들은 흔히 모든 사람은 똑같이 결국 자신을 위해 사는 것이라고 하면서 자신의 생각과 행위를 정당화한다. 그런 사람은 모든 위대한 사람들을 자신의 수준으로 끌어내려 자신과 동일시함으로써 쾌감과 안도감을 느낀다 이나미 2001. 위인들이 고통스럽지만 위대한 과업을 완수하여 느끼는 '보람'을 쾌락으로 해석함으로써 결국 그들도 그런 쾌락을 위해 그렇게 행동한 것이라고 주장한다. 그런데 '보람'이라는 개념은 서구의 '쾌락'이라는 개념이 담을 수 없는 깊은 뜻이 있다고 여겨진다. '보람'은 '쾌락'처럼 그것 자체가 목표로 정해져 모든 행위가 그것을 위해 이루어지는 것이 아니다. '보람'이란 그것이 있던 없던 간

▪ 그러나 이에 대해서도, 신자에게는 천국행이 멀기는 하지만 다른 어떤 쾌락보다 크고 확실한 쾌락이라고 반박한다면 독실한 천주교 신자인 나의 경험을 비추어 설명해보고자 한다. 나는 언젠가 성모님께서 "여성들은 자신의 주장을 내세우지 말고 남성에게 순종해야 한다."는 계시를 한 여성에게 주었다는 내용의 글을 본 적이 있다. 그 순간 '욱' 하고 치밀어 오른 것은, 설사 그 계시가 사실이어서 내가 지옥에 가는 한이 있더라도 그런 계시는 절대 따르지 않겠다는 '분한' 마음이었다. 이어 그 순간 떠오른 또 다른 생각은, '천국행'을 포함하여 '쾌락'만이 모든 사고와 행위의 동기는 결코 아니구나 하는 것이었다. 지옥행을 결행하면서까지 '욱' 하고 일어난 그 분한 마음은 과연 무엇인가. 루소가 말한 본능 같은 양심인가.

에, 또 절대로 있을 것 같지 않더라도 이루어지는 어떤 행위의 결과이다. 예를 들면 부모가 자식에게 주는 사랑과 헌신은 설사 자식이 성공하지 못해 보람을 느낄 일이 없게 되더라도 무조건 하는 행위인 것이다. 즉 '보람'이란 쾌락과 유사하지만 어떤 헌신적 행위의 결과로만 나타나는 것이고, 그것 자체가 목적으로 추구되는 것이 아닌 그 무엇이다.

: 자유주의와 민주주의

자유주의는 개인의 자유와 이익을 중시하므로, 자유주의에서 말하는 자유의 주된 내용은 개인적이고 경제적인 것이다. 따라서 정치적 자유는 사실 자유주의자들의 주된 관심사가 아니다. 때로 이들이 정치적 자유를 주장하는 이유는 이들의 재산권이 위협받을 때이다. 자유주의가 등장하게 된 계기 자체가 유산자 계급이 자신의 재산권을 법적, 정치적으로 보장받기 위한 것이었다. 그것을 대변한 로크는 전쟁으로 목숨은 빼앗을 수 있어도 재산은 빼앗을 수 없다 하여 사유재산의 신성함을 강조하였다.▪ 로크의 사상은 신자유주의자인 노직Robert Nozick의 이론과 함

▪ "원래 로크의 property라는 단어는 신체, 생명의 의미에서 출발하여 외부의 물질로 확대되었다. 즉, 자신의 신체는 원래 개인의 재산이라는 관념에서 출발하여 사유재산의 영역을 확대하는 장치로 기능한다."(김병곤 1996)

께 미국 자유민주주의가 출발하는 기초가 되었다. 신자유주의가 등장한 이유 역시 복지국가의 많은 세금 징수가 문제였던 것이다.

우리 사회에서 자유주의, 신자유주의를 표방하는 사람들 역시 많은 세금, 사유재산 침해를 가장 문제시하고 있다. 이들은 정치적 자유가 억압당하던 시절에 모두 침묵하였다는 공통점이 있다. 우리 사회에서 자유주의를 주장하는 목소리가 높아진 것은 지난 정부의 개혁 조치와 더불어 기득권 세력의 재산권이 침해될 수 있었던 상황과 깊은 관계가 있다. 이들의 중요한 정치적 이슈인 반북 · 반공은 그 자체로 중요하다기보다는 남북한 화해, 더 나아가 통일이 되었을 때 통일 한국의 이념이 반드시 사회주의와 거리를 두어야 한다는 위기의식과 관계가 있다. 자유주의 담론이 나오기 시작한 것이 남북한 간에 화해의 분위기가 조성되기 시작할 때였으며, 대다수 보수 단체가 남북정상회담 후에 만들어졌다는 것이 그 증거이다. 이들에게 있어서는 통일이 영원히 되지 않든지 또는 북한 붕괴를 통한 남한 주도의 흡수통일만이 바람직한 것이다. 그들이 우려하는 것은 만일 남북한 통일이 해방 후 좌우 합작의 노력처럼 중간적 체제를 지향하게 된다면 자신들의 사적 재산권이 지금처럼 신성시되지 않을 수도 있다는 것이다. 따라서 현재 그다지 절박하지도 실질적이지도 않은 추상적인 자유주의 이념 논쟁을 부각시키고 있는 것이다.

이들에게는 자신의 경제 생활만이 가장 중요한 것이므로 이를 침해하지 않는다면 독재 정권이건 왕정이건 크게 상관하지 않는다. 홉스의 원자적 개인주의는 절대 권력을 탄생시켰고, 유산자 계급은 파시즘 정권을 도왔다. 현재 한국의 자유주의자들이 박정희를 숭배하는 것도 같은 이유에서이다. 박정희의 독재가 재벌을 성장시키고 보호했던 것이다. 자유주의가 말하는 최소국가는 실제로 국가가 자본의 흐름에 간섭하지 않는 것이 아니라 그 흐름을 돕는 역할을 하는 것이다. 예를 들면 투자가 더 많이 이루어지도록 한다든지, 노조를 억압하거나 민주적 제도를 폐지하는 것 등이다. 실제로 영국의 대처는 집권하자마자 이러한 조치를 취하였고, 경찰력을 강화하고 교도소를 신설하는 데 많은 예산을 사용하였다 이나미 2001.

또 현재 자유민주주의보다 자유주의가 더 강조되고 있는데, 이 역시 대단히 의미 있는 현상으로 이미 예견된 것이라 할 수 있다. 이제는 '자유민주주의'에서 장식용으로 있던 '민주주의'를 버릴 때가 된 것이다. 사실상 자유주의와 민주주의는 본래 어울리기 어려운 이념이다. 동서양 역사를 통틀어 볼 때 민주주의는 통치자가 경쟁에서 이기기 위해 더 많은 민을 확보하여야 할 때 생겨났다. 즉 통치자가 자신이 민을 위한다고 주장하는 것만이 살길이라고 여겼을 때 민주주의가 작동한 것이다. 민주주의의 황금기라 불렸던 고대 그리스 시대에 페리클레스가 민주주의를 주장한 이유는 많은 재산을 가지고 지지자를 모았던 경쟁자 키몬에 대항하여 자신은 민주주의에 대한 지지를 내세워 더 많은 지지자를 모아야 했기 때문이다. 동양의 애민愛民 사상은 춘추전국 시대에 등장하였는데 그때는 여러 군주가 난립하여 서로 전쟁을 일삼던 시대로, 각 군주는 얼마나 많은 병사를 확보할 수 있는가로 승리를 점쳤다. 그 병사는 바로 민에서 나오는 것이었고, 그래서 천하를 얻으려면 민심을 얻어야 한다는 말이 나오게 된 것이다. 서구에서 자유주의자들이 자유민주주의를 부르짖은 이유는 사회주의자들과의 경쟁에서 나온 것이다. 그러나 이제 사회주의라는 경쟁자는 사라졌고, 따라서 이제 더 이상 민주주의를 얘기할 이유가 없어졌다. 더 많은 다수의 복지를 의미하는 민주주의는 이제 자유주의자들에게 거치적거리는 존재일 수밖에 없다. 그래서 이제는 자유민주주의가 아닌 자유주의가 주장되는 것이다 이나미 2001.

이렇듯 자유주의 이념의 재등장은 신자유주의적 질서의 독주와 더불어 비롯된 것이다. 그런데 신자유주의는 복지를 버리자고 주장하면서 등장한 것이므로 어쩐지 냉정한 느낌이 든다. 그래서 그 누구도 자신을 신자유주의자라고 자처하지 않는다. 신자유주의 대신 자유주의를 주장하는 것이 더 인간적으로 느껴지기 때문일 것이다. 자유주의는 비록 일부 유산자 계급의 해방만을 추구하였다 하더라도 어쨌든 봉건적 질곡을 뚫고 나타난 것이다. 그러나 자유주의는 등장하자마자 아동 노동을 비롯한 비인간적 노동 착취를 일삼았고, 제국주의 전쟁의 서막을 열었다. 오늘날의 자유주의자 역시 비정규직 등 현대판 노예 노동을 '노동의 유연성'이라는 이름으로 미화하고, '국가 경쟁력 강화'라는 이름으로 현대판 제국주의 전쟁을 정당화하고 있다 이나미 2001.

뉴라이트를 비롯하여 우리 사회의 보수 단체는 자유주의 이념을 내세우고 있다. 자유민주주의를 주장한다고는 하나 민주주의가 만병통치가 아님을 강조하는 이들은 자유주의가 제대로 실현되어야 정상적인 자유민주주의를 이룰 수 있다고 주장하며 민주주의보다는 자유주의를 강조한다. 기득권 집단의 민주주의 폄하는 동서고금을 막론하고 공통된 것이다. 서양 역사에서 민주주의는 가난한 다수자의 지배를 의미하며, 이 '가난한 다수'는 서구 정치사상사의 출발부터 현재까지 우려의 대상이 되고 있다. 사회계약론자들이 구상한 '계약을 통한 국가'라는 것은 민주주의를 이상으로 삼은 것이 아니라 대의정체, 공화국이 목표였다. 프랑스 혁명 당시 가장 과격한 사람도 공화제를 주장했을 뿐 민주주의라는 용어는 사용하지 않았다. 즉 민주주의와 대의정체, 공화국은 서로 다른 것이다 이나미 2001.

그러나 앞서 언급하였듯이 자유주의는 사회주의와의 경쟁에서 더 많은 민심을 확보하기 위해 민주주의를 수용하였으며, 사회주의적 민주주의와 다르다는 점을 표출하기 위해 자유민주주의로 변모하게 된다. 탈몬J.L. Talmon은 민주주의를 크게 자유민주주의와 전체주의적 민주주의로 나누면서 그 분리가 18세기 이후부터 시작되었다고 본다. 그리고 그 분리의 기준은 자유의 가치를 확신하느냐 아니냐가 아니라 실용주의, 경험주의, 상대주의, 탈정치적인 태도를 갖느냐 혹은 절대적, 배타적, 메시아적, 정치 중심적 태도를 갖느냐에 따라 자유민주주의와 전체주의적 민주주의를 나누었다Talmon 1952. 이렇듯 '자유민주주의'는 '다른' 민주주의가 있다는 것을 의미하며 그것과의 구별을 위한 이념이다. 2차 대전 후 소련을 비롯한 동구권은 서구 민주주의와는 다른 이념에 기반한 체제를 형성하였으며, 서구의 식민 지배를 받던 신생 독립 국가들 역시 서구적 민주주의를 거부하였다. 이들 국가들에서 프롤레타리아 민주주의, 인민민주주의, 아시아 · 아프리카 민주주의라는 이름의 혁명이 발생하자, 서구 민주주의는 이들과 구별되는 이름이 필요해졌다C. B. 맥퍼슨 1984. 따라서 자유민주주의는 처음부터 긍정적인 그 무엇이 아닌, 자신과 다른 것을 구별짓기 위한 소극적 · 방어적인 이유로 출발하였다고 할 수 있다. 그러나 사회주의라는 경쟁자가 사라지면서 자유민주주의는 다시금 자유주의로, 더 나아가 과거의 보수주의로 회귀하는 듯한 모습을 보여주고 있다.

(3) 귀족과 주변인

자유주의 이념을 신봉하는 현재의 보수적 사회는 여전히 귀족 사회를 유지하고 있다. 귀족 사회는 사람들 간의 불평등을 당연시하는 사람들의 머릿속에, 그리고 현실적으로 존재한다. 우리 정치계에서 '사회의 주류,' '명문 학교를 나온 좋은 가문 출신'을 강조하고, 특정 계급 내의 인맥, 혼맥, 학맥과 '서민 대 귀족'의 구도가 존재한다면 우리 사회 역시 귀족 사회이다. 또 만일 한 사회 내에서 품위, 온정주의, 노블레스 오블리주, 자선 등의 용어가 범람한다면 그 사회는 귀족주의 사회이다. 이러한 사회는 못 가진 자가 국가와 사회에 당당히 제 몫을 요구하는 것이 아니라 가진 자에게 구걸하게 한다. 보수주의의 특징이 온정주의인 이유는 여기에 있으며, 우리 사회의 보수주의자들이 곧잘 '따뜻한 보수'를 언급하는 이유도 여기에 있다.

보수주의가 지배 계급은 귀족이 되어야 한다고 주장한다면 수구파는 하늘이 정해준 절대 권력자의 지배를 주장한다. 반동주의자는 군주제를 주장하였고, 근본주의자들은 메시아의 지배를 희망한다. 수구 이념은 변화에 대한 강한 저항과 과거로의 복귀를 주장하므로 카리스마를 기대할 수밖에 없다. 유인석은 "하늘의 기수를 따라 부득불 일치일란이 있기 마련인데 난세에는 반드시 이에 대처할 사람을 보내어 대강대변이 땅에 떨어지지 않게 한다"고 하였다윤대식 2002. 특히 말년에 유인석은 제왕 · 성현의 이상 국가를 실현함으로써 서양이 흠모하고 복종하도록 하려 하였고, 그 방법으로 도의 실현을 도울 제왕과 성현이라는 특출한 인물의 출현을 기대하였다김형찬 1993. 현대에 들어와서도 영도자의 절대 권력을 주장한 이념들이 있다. 일민주의, 주체사상, 한국적 민주주의는 이승만, 김일성, 박정희를 절대적 영도자로 추켜세우고 있는데, 이 모두는 수구 이념이라고 할 수 있다.

보수주의 이념의 지지 계층이 귀족이라면 수구 이념의 기반은 주변인이다. 사실상 수구 이념은 귀족 등 사회의 주류가 지지하는 이념이 아니며 널리 일반인의 공감을 얻는 이념도 아니다. 각기 다른 특징을 가진 여러 근본주의가 갖는 공통점은 특정 사회 계층에 호소한다는 점이다Bruce 1989. 근본주의는 특히 주변적secondary 남성 엘리트의 운동으로 알려져 있다Lawrence 1990. 많은 경우 실업자이거나 불완전 고용의 상태로서 "실패한 엔지니어, 불만이 있는 의사, 의미 없는 공공 업무를 하는 봉급 못 받는 관리" Lawrence 1990; Antoun, 2001 등이 주요 지지 계층이 된다. 로렌스는 개신교, 이슬람, 유대교 근본주의자의 충원이 "모두 주변화된marginalized 남성 엘리트들" Lawrence 1990에 의해 이루어진다고 보았다. 브루스 역시 근본주의에 있어서 '주변화'가 중요한 개념이라고 하였다.

또 이들은 권위주의적인 심성을 가진 우둔하고 자신감 없는 백인일 가능성이 높다. 한완상에 의하면 세상을 "선과 악, 정통과 이단, 백로와 까마귀, 천당과 지옥, 선명과 '사꾸라', 천사와 악마"로 나누는 심성을 아도르노Theodor Wiesengrund Adorono는 권위주의적 심성이라고 규정하였는데, 이는 특히 인종 차별, 외국인 혐오증, 쇄국주의로 나타난다. 이러한 "우둔한 백인들, 즉 자신을 잃어가고 있는 폐쇄적인 백인들이 이와 같은 심성을 강하게" 가지며 흑인을 심하게 차별한다는 것이다. 이들은 순수와 정통의 이름으로 온갖 차별, 학대, 착취를 자행하는데, 이는 "심리학적 투사를 통해서 자기의 허약이 경직된 이분법적인 사고로 나타난" 것이라고 한다. 이러한 사람들은 "변화하는 상황에 적응하지 못하는 자기 자신을 탓하지 않고 바깥 상황만을 욕하고 저주"하는데, 이들이 변화를 두려워하는 이유는 "변화의 소용돌이 속에서 자기의 존재 기틀이 무너질까 염려하기 때문이다." 한완상 1978.

또는, 근본주의자는 이중적인 사회 · 경제적 지위를 갖고 있다. 최근 권력에서 배제되거나(미국 기독교) 또는 최근 신분 상승은 했지만 그들의 높아진 기대를 완전히 충족시키는 것은 차단된 상황(이슬람)에 처한 사람들이 주요 구성원이 된다 Mernissi 1993. 19세기 한국에서 일어난 여러 가지 민란은 몰락한 양반과 불우한 지식인이 주도하여 농민, 노동자가 뒤따른 운동 한완상 1978이며, 뒤이은 항일 의병 항쟁도 주로 지방의 선비들에 의해 추동되었다. 그러나 이들이 세상의 변화에 전혀 무지하여 완고한 사람들이었다고 보기는 어렵다. 예를 들면 유인석의 경우 서구의 정치, 문화에 대해 잘 알았으며 의병 활동을 위한 내부 역량이 부족하다는 현실적 인식을 하고 있었고, 그렇기 때문에 중국으로 망명하여 의병 활동을 하려고 하였다 박민영 1995. 이슬람 근본주의자들 역시 가장 비참한 사람들이 아니라 어느 정도 서구와 접촉이 있었던 사람들로서 불공평한 세계체제에 의해 거부당한 것을 알고 있는 사람들이었다 Bruce 1989.

우리 사회의 대표적인 수구 집단 중 하나는 실향민 집단이다. 우리 사회의 지역 갈등은 영 · 호남 간 갈등이고 보수성을 대표하는 지역은 영남인 듯하지만 실제로 드러나지 않은, 그러나 매우 완고한 보수적 지역민들은 실향민, 즉 분단과 더불어 남하한 사람들이다. 이들은 주로 북한의 급진적 토지 개혁의 결과 축출된 지주와 부농들이기 때문에 남한 사회에서 가장 강고한 수구 세력을 형성하게 된다 최장집 2002. 대표적인 단체로 실향민중앙협의회가 있는데 이들은 최장집 교수의 한국전쟁관과 관련해 국방부에 여순사건, 제주4.3사건에 대한 공식적 입장을 밝히라고 요구하여 이 사건이 공산 분자의 폭동이라는 국방부의 답변을 얻어내기도 하였다. 이들은 한나라당에 대한 평가를 묻는 질문에는 "국민의 기대에 부응하지 못하는 자칭 보수당"이라고 하면서 "그들은 '입으로만 보수' 일 뿐 '행동하는 보수' 가 아니"라고 답변하여 온건 보수와는 분명히 입장이 다르다는 것을 밝혔다 〈신동아〉 2003.10. 그러나 이들은 김대중 정부의 이산가족 상봉 추진 정책 이후 태도가 많이 달라졌다.

또 하나의 대표적 수구 집단은 전역 군인 단체이다. 한국 정계에서 군부 세력이 물러나고 민간 정부가 들어서면서 과거 역사에 대한 반성과 더불어 전역 군인들은 자신들이 소외되고 있다고 느끼고 강한 집단적 유대의식을 가졌을 것이다. 이들 역시 과격한 발언과 행동을 서슴지 않는다. 예를 들면 1995년 4월 창립된 "육해공군해병대 예비역 대령연합회"가 있는데, 최근 '문근영 색깔론' 으로 화제에 오른 지만원 역시 대령 출신으로 이 단체의 회원이다. 이들 대령연합회 측은 자신들에 대해 "별을 못 달아 한풀이하는 집단이 아니"라고 하면서 "대령 계급은 군의 엘리트 간부이기 때문에 국가 안보가 위기에 처한 상황에서 예비역 대령들이 앞장서는 것은 지극히 당연한 일"이라고 하였다. 이들은 "보수를 가장한 회색분자인 자유총연맹을 앞으로 보수 진영에서 완전히 배제할 것"〈신동아〉

2003.10이라는 발언을 통해 온건 보수와는 분명히 선을 그었으며, 명계남 등 조갑제에게 항의하는 사람들에게 가스총을 발사하는 과격함을 보이기도 하였다. 이밖에 육사 3 · 7 · 8 · 9 · 20기 총동창회, 갑종 157기 · 164기 동기회, 공군전우중앙회, 대한민국해군동지회, 베트남참전전우회 등 전역 군인 단체들이 주를 이루고 있는 국민행동본부가 있다. 이 단체에서 2004년 군 쿠데타를 부추기는 발언이 나왔다.

유엔 안보리에 천안함 관련 보고서를 제출한 참여연대 앞에서 욕설, 폭행, 가스통 위협, 심지어 오물 투척까지 하는 집회를 주도한 단체 역시 참전용사전우회, 고엽제전우회 등이다. 이들은 그동안 소외되어 온 극우 세력으로 평가될 수 있다황춘화 2010. 고엽제 피해자들과 일명 '가스통 할배' 라고 불리는 북파 공작원들은 국가에 의하여 오랫동안 숨겨져 오고 외면되어 온 집단이다김보근 2010. 고엽제 후유증을 앓고 있는 한 시위자는 "우리는 공산주의를 무조건 막아야 한다고 배웠던 사람이야. 그래서 베트남전에 갔다 와서 이런 후유증도 앓게 되었다고. 우리가 이렇게 해서 경제가 발전된 거 아니야? 우리는 애국자야. 그런데 요즘 우리가 받는 대접이 뭐야. 젊었을 때나 지금이나 난 여전히 한국 사람인데 우리가 왜 이런 취급을 받아야 하냐고."허재현 2010라고 발언하였는데, 이를 보면 국가 및 사회로부터의 소외가 이들이 불만을 갖는 주요 원인임을 알 수 있다.

또 청년 수구 단체들도 있는데 이 역시 청년들의 주변인화가 한 원인이 되었다고 할 수 있다. 한 단체의 회원은 "기득권을 가진 민주화 운동 세력과 친북 세력이 나라를 망치고 있다."면서 "경제가 어려워져 취업난이 계속되면 젊은 세대의 보수화는 더욱 심화될 것"〈한겨레21〉 2003.5.22이라고 전망하였다. 이로써 수구화와 청년 실업 문제가 무관하지 않음을 알 수 있다. 이는 2차 세계 대전 후 실업자들의 자기 절망이 나치즘 지지로 이어졌던 것을 연상시킨다. 몇몇 과격한 사람들은 거의 '직업적' 수구파로서 과격한 퍼포먼스를 개발하고 시위 분위기를 고조시키는 역할을 하는 등 수구 행위를 생계의 수단으로 삼고 있는 것 같다.

이명박 정부 집권 이후 주목을 받고 있는 단체가 '대한민국어버이연합'이다. 이들은 주로 70대 이상 노인들로서 사회와 가정에서 소외받는 대표적 집단이라고 할 수 있다. 사실상 우리 사회에서 과격한 극우 집회의 대다수 참여자는 이러한 노인들이다. 이들은 MBC 피디수첩 무죄 판결 등에 불만을 갖고 이용훈 대법원장을 '빨갱이'라 부르며 대법원 공관에 달걀 세례를 퍼부었다. 심지어 국립 현충원 앞에서 김대중 전대통령의 묘소를 파헤치는 행위극을 벌여 시민들의 지탄을 받기도 하였다. 허재현에 의하면 이들은 세계에서도 유래를 찾기 힘든 과격 노인 시위대로서 대부분 한국전쟁에 참여했으며, 베트남전쟁에 참여한 노인들도 많다. 이들은 "노인네들 빨리 죽으라 그러면 화가 나. 무슨 얘기를 해도 우리 말은 무조건 무시해.", "자식들이랑은 대화가 안 통해. 여기 나와야만 그나마 숨통이 트여. 우리가 맘속에 있는 것을 속 시원하게 들을 수 있는 곳은 여기가 유일해."라고 말하는 등 소외감을 느끼고 있다고 토로한다 허재현 2010.

따라서 이처럼 한국 사회에서도 주로 주변화된 집단이 수구적으로 되었다는 것과, 이들은 주류 계급인 보수주의자와도 선을 긋고 있다는 것을 알 수 있다. 그런데 수구 이념은 보수주의의 주된 관심인 경제 발전의 차원에서 보아도 전혀 도움이 되지 않기 때문에 앞으로 도태될 수밖에 없다. 예를 들면 오스만주의는 기업인과 중간 계급의 성장에 도움을 주지 않았다. 터너에 의하면 이들은 단지 정부, 종교, 전쟁, 농업에 관련한 4가지 직업군만 인정하였다Turner 1974. 또 이들은 외국인들과 외국인들을 접촉하는 사람들을 경멸함으로써 경제 약화를 가져왔다Bruce 1989. 베버에 의하면 이들은 '부르주아적 상업적 공리주의'를 경멸하는 봉건적 인식을 공유하였다Max Weber 1968. 따라서 상업과 산업은 비모슬렘의 과제로 되었다. 그 결과 경제의 실패를 가져왔고, 이것은 다시 더 큰 실패의 원인이 되었다. 왜냐하면 경제가 악화되면서 부자들은 외국에서 상품을 사들이고, 이것이 다시 산업을 약화시키는 악순환이 되었기 때문이다. 결국 1875년 오스만 제국은 실패를 선언하였다Bruce 1989. 조선 시대의 수구파 역시 경제 발전에는 도움이 되지 않는 이념이었고, 따라서 부를 중시하는 보수주의자들에게서 환영받지 못했다. 무엇보다 수구 세력은 변화하는 사회에 대처하는 능력이 떨어지므로 결국 도태될 수밖에 없다고 할 수 있다.

(4) 사회 변화에 대한 태도

만하임Karl Mannheim은 보수주의의 근본 성격을 3가지로 요약한다. 첫째는 추상성의 거부와 더불어 실제적이고 구체적인 것에 대한 집착, 둘째는 총체적인 변혁보다는 부분적인 변화의 선호, 셋째는 과거로부터의 연속성 강조양승태 1994이다. 즉 추상적이고 거대한 변혁보다는 구체적이고 부분적인, 또 과거와 연속성이 있는 변화를 선호한다고 할 수 있다. 하버에 의하면 보수주의자는 건전한 관습과 전통의 존재가 사회 안정을 가져온다고 믿으며, 만일 변화가 반드시 이루어져야만 한다면 그것은 점진적인 개혁이어야만 한다고 주장한다.

보수주의자들이 제한적이나마 개혁을 지지하는 이유 중 하나는 혁명을 방지하기 위함이다. 즉 현 제도가 폐지의 위험에 처할 때 개혁하게 되는 것이다. "이 점에 있어서 국가의 대부분의 문제에서처럼 중도는 존재한다. 그곳에 완전한 파괴 또는 개혁 없는 존재의 단순한 선택보다는 다른 그 무엇이 존재한다는 것이다."라고 버크는 말한다윌리엄 하버 1994. 또 그는 변화와 개혁 사이에는 두드러진 구별이 있다고 주장한다. 변화는 "새로운 것"으로서, "대상 자체의 내용을 변경"하고 모든 악뿐 아니라 선까지 제거하는 것이다. 그러나 개혁은 "대상의 내용이나 최초의 양식에서의 변화가 아니라 불평되어온 것에 대한 치료의 직접적 적용"이다이수석 1990. 어떤 의미에서 보면 보수주의자의 '개혁'은 개혁 그 자체를 위한 것이라기보다는 혁명을 막기 위한 것이 우선적인 목표라고도 할 수 있다. 예를 들면 이승만이 토지 개혁을 실시한 것은 '혁명을 예방하기 위해서'라도 '개혁'이 필요하다고 본 것이다임영태 2008. 따라서 보수주의자의 '개혁'은 역설적이게도 모든 것을 파괴하고 새로이 건설하고자 하는 혁명적 열망이 존재해야만 그것을 피하기 위해 작동되는 원리라는 것을 알 수 있다. 즉 개혁을 위해서도 혁명적 열망은 필요하다고 할 수 있다.

송복에 의하면, "보수는 개혁하지 않으면 정체하고, 정체하면 망하게 마련이며, 망하지 않기 위해서는 문제가 있는 부분을 보수補修해야 한다."고 주장한다.■ 진보에 대해서도 사회 구조에 부조리가 있는 한 진보의 비판은 계속되어야 하고, 그러한 비판을 열린 마음으로 받아들이는 것이 '참보수'라고 정의한다. 그것을 받아들이지 못하면 극우가 된다는 것이다. 그러나 그는 진보가 인류 역사에서 보면 어디까지나 지류이지 본류는 아니라고 한다. 역사의 본류를 이루어 온 것은 보수로서, 지류가 있어서 강물이 더욱 풍부해지듯이 지류인 비판 세력이 있어서 보수주의가 더 풍부해진다는 것이다. 더 나아가 진보는 새로운 지식을 창조해내는 것이 아니라 보수가 생산한 지식을 비판하는 것으로, 보수의 창조적인 산물들을 무조건 비판하는 사람들에 대해 "그들은 아무것도 생산하지

■ 최상용에 의하면, '보수(保守)'는 '보수補修'이다.

못한다. 지적으로도, 노동으로도….”라고 한 칼 마르크스Karl Heinrich Marx의 표현을 빌어 ‘지식인 기생충’이라고 말한다. 박근 역시 개혁보수주의를 주장하면서 보수주의는 현존 체제를 변화 없이 그대로 유지하겠다는 것이 아니라 시대의 요구, 역사의 흐름에 맞게 변화시켜 나가는 것을 의미한다고 말한다. 그러나 그 변화는 기존 질서에 대한 근본적 변화가 아니라 정체성을 유지하는 변화로서, 개혁보수주의는 권력을 가지고 현실을 바꾸겠다는 것이 아니라 탈규제, 자유시장경제 이념 확산, 언론 · 출판 · 집회 · 결사의 자유 강화, 교육 자유화 · 시장화를 통해 권력을 축소시킴으로써 국민의 자유를 확보하겠다는 것이라고 규정한다.

일체의 변화를 반대하는 논리는 설득력을 갖기 어렵다는 점에서도 보수주의는 개혁을 지지하지 않을 수 없다. 반동주의자인 드메트르는 일체의 혁신을 반대하였으나 오늘날 그의 이론은 생명력을 갖지 못하고 있다. 버크는 보수주의의 입장을 계통적으로 제기한 최초의 사람으로 권위주의적인 드메트르와 달리 입헌주의자, 의회주의자, 발전적 보수주의자로 불리며, 이러한 보수주의자는 변화가 불가피한 현실과 타협한다. 드메트르의 사상은 엄격한 군주주의적 경향 때문에 오늘에 와서는 많이 잊혀졌지만 버크의 융통성 있는 보수주의는 현재 미 · 영 양국의 각 정당 안에 침투해 있어 이전보다도 그 세력이 더 크다피터 비레크 1981. 진보 또는 개혁을 반대하는 것은 아무래도 논리적으로 빈약할 수밖에 없고 영향력을 갖지 못하기 마련이다. 개혁적 보수주의는 보다 많은 범위의 사람들을 포섭할 수 있다. 또 일체의 변화를 반대한다는 것은 어차피 불가능한 일이다.

:실리주의 대 원리주의

반동주의자인 드메트르는 혁명에 단순히 반대하는 것이 아니라 "혁명의 반대 상태를 건설"해야 한다고 주장하였다로버트 니스벳 2007. '반동적' 이라는 것에 대한 정의는 어떤 사상이나 운동에 있어 그 내용이 바람직하지 않다는 판단은 말할 것도 없고, 역사적 대세의 흐름에 역행하는 것이 궁극적으로 불가능함에도 불구하고 이를 추구한다는 실현 불가능성에 대한 판단이 내포되어 있다고 할 수 있다차하순 1990; 강정인 1997.

수구 · 반동의 이러한 특징은 그것이 원리를 중시하기 때문이다. 보수가 실리를 중시한다면, 수구는 원리를 중시한다. 보수주의의 특징 중 하나는 특별한 원칙을 신봉하지 않는다는 것이다. 따라서 앞서 살펴본 바와 같이 보수주의는 심지어 이념이 아닌 어떤 심리 상태나 욕망으로 정의되기도 한다. 하버에 의하면 보수주의는 실용주의와 밀접한 관련을 갖는다윌리엄 하버 1994. 실용주의는 인생이나 역사에 있어 특정 가치와 목적을 추구하지 않는다. 이와 유사한 것이 실리주의로서, 보수주의자들이 추구하는 원칙이 있다면 그것은 실리주의이다. 실리주의는 최대의 효율성을 추구하는 것이 중요한 내용이 되는 원리이다. 보수주의와 자유주의가 갖는 공통점 중 하나는 둘 다 실리주의를 추구한다는 점이다. 앞서 언급했듯이 보수주의가 인간 이성과 유토피아니즘에 대한 불신을 갖게 되면 점진적 개혁의 길을 추구하게 되는데, 이러한 사고의 바탕이 되는 것이 실리주의이다. 황태연에 의하면 실리주의는 흔히 공리주의utilitarianism로 번역되는 개념의 보다 적절한 번역이다. 공리주의는 흔히 자유주의 2세대라 불리는 벤담과 존 스튜어트 밀의 사상으로, 바로 이러한 공리주의 내지 실리주의적 특징이 보수주의와 자유주의의 공통점이라 하겠다.

자유주의 또는 신자유주의의 중요한 전제는 인간 이기심의 긍정이다. 서구의 자유주의자들인 사회계약론자와 공리주의자 들은 모두 자신의 행복을 최대화하려는 인간의 본성을 당연시하였다. 특히 공리주의의 경우 사회 규범을 포함한 추상적 원리의 존재 가치는 개인의 이익을 극대화하는가 아닌가에 따라 판단된다. 또 보수주의는 인간의 자연적 불평등을 인정하므로 개인 불행의 원인을 개인에게 돌리며, 그 원인을 사회적 환경에 두는 것에 반대한다. 따라서 보수주의자는 재산을 자랑으로 여기며, 실리주의 정신을 중시한다. 보수주의자들은 재산 분배에 있어서의 불평등을 인간에게 자유롭도록 허용된 자연적인 결과라고 본다. 보수주의 경제 사상은 개인들 간의 본질적 불평등과 생활 상태를 개선시키기 위해 노력하는 데 있어 필요한 자유를 신봉하는 것과 더불어 시작한다김용민 1999; 피터 비레크 1981; 월리엄 하버 1994.

로시터Clinton Rossiter는 다음과 같이 언급한다월리엄 하버 1994.

재산은 경제력의 확산을 위한 가장 중요하고도 유일한 기술이다. 재산은 사회의 자연적인 단위인 가족의 존립에 필수적이다. 재산은 생산적 작업을 위한 주된 동기를 부여한다. 현재에 있어서나 미래에 있어서나 재산을 획득하고 유지하려는 인간의 본성은 진보에 필수적이다. 마지막으로 재산은 사회를 안정시키는 데 도움이 될 그러한 기질을 지지하고 물질을 제공하는 하나의 강력한 보수적 대리인이다.

비레크에 의하면 보수주의에 반대하는 사람들이 사유재산을 종종 공격하며, 사회주의자나 때로는 많은 자유주의자들까지 재산을 다소 부끄러운 것으로 간주한다. 그러나 보수주의자는 재산을 자랑으로 여기며 사유재산은 한 계층뿐 아니라 모든 계층을 혼란으로부터 지키는 방위 진지라고 주장한다. 따라서 재산으로부터 거액의 이익을 얻고 있는 사람이 비판을 당할 때는 당연히 재산을 옹호해주는 보수주의자의 논지에 도움을 구하게 된다. 보수적이라는 말에 종종 주어지는 악명의 원인이 여기에 있다. 또 비레크는 자산가의 맹목적 보수주의는 무책임하며, 따라서 오히려 종종 혁명을 도발하는 원인이 되었다고 한다. 그에 의하면 좀 더 책임감 있는 보수주의자는 재산을 사회의 봉사, 즉 도덕적 기초와 관련 있을 때만 보호하였으며, 전통적인 뿌리가 있는 재산과 탐욕스럽고 뿌리 없는 재산을 구별하였다 피터 비레크 1981.

보수적 사회일수록 여성의 순결이 강조되는데, 이 역시 재산을 보호하는 것과 관계가 있다. 가장은 유전적으로 확실한 자신의 아이에게 재산을 물려줘야 하기 때문이다. 니스벳에 의하면, "여성의 순결에 대한 엄격한 강조, 부인의 부정에 가해진 가혹한 형벌을 포함하는 중세의 가족 및 혼인법 거의 모두는 재산과 재산의 정당한 상속에 대한 거의 절대적인 존중에서 나온 것"이다R. 니스벳 · C. B. 맥퍼슨 1997. 엥겔스Friedrich Engels 역시 일부일처제는 재산을 확실하게 자신의 씨에게 물려주고자 하는 의지에서 나왔다고 보았다.

보수주의자들이 가정을 중시하는 이유 역시 가정과 재산의 영속이 깊은 관련을 갖기 때문이다. 버크에 의하면 우리 가족들에 있어서 재산을 영속화하는 힘은 가족들이 속하는 가장 가치 있고 흥미 있는 환경 중의 하나이며, 그것은 사회 자체를 가장 영속화시키는 경향이 있다윌리엄 하버 1994. 니스벳도 다음과 같이 말한다.

> 보수주의가 가족을 존중하는 주된 이유는 가족과 재산 간에 존재하는 역사적 친화력 때문이다. 어느 가족이든 자식과 그 구성원의 이익을 가능한 극대화하고자 하는 것이 상례이다. 가산을 장자에게 그대로 상속하게 하고 … 재산의 탕진과 파편화를 방지해주는 가능한 최선의 보호 수단으로서 가족에 대하여 높은 존중을 요구했던 것이다. 세금이나 기타 다른 형태의 재분배를 통해서 가족 소유로부터 재산을 이완시키려는 법적 위협에 대해 싸운 것처럼 보수주의자가 자유주의자 및 사회주의자에 대항하여 필사적으로 투쟁한 문제도 없다R. 니스벳 · C. B. 맥퍼슨 1997.

뿐만 아니라 가정은 귀족적 정신을 재생산한다. 사회의 민주화와 더불어 학교 교육은 보통교육을 지향하므로 평등을 가르치며 더 이상 귀족을 재생산하지 않는다. 따라서 불평등한 귀족의식을 심어주는 곳은 가정밖에 없다. 그러나 사회가 자유화할수록 사립학교의 등장과 더불어 다시금 사회가 귀족을 재생산하는 경향을 갖게 되었다.

보수주의와 실리주의의 밀접한 관계는 대표적인 보수주의 국가인 영국과 미국의 지배적 정신이 실리주의라는 점에서도 확인할 수 있다. 비레크에 의하면 보수주의는 '영국적인 것'을 의미한다. 예를 들면 영국 국교회의 탄생 자체가 이혼과 같은 세속적인 이유에서였다고 할 수 있다. 이후 엘리자베스 1세는 국교회를 좀더 세속적으로 바꾼다. 그녀의 다른 여러 가지 개혁은 거대한 변혁을 피하기 위한 실용적인 책략으로 평가된다. 과연 목표가 달성되자 그녀는 개혁을 위한 모든 제안을 거절하였다 제임스 맥그리거 번스 2006.

미국은 이러한 영국인이 건너가서 만든 나라이다. 토크빌 Alexis de Tocqueville에 의하면 프랑스는 '원칙'이, 미국은 '이익'이 지배하는 사회이며, 미국에서는 언론의 자유, 결사의 자유와 같은 고매한 원칙도 실리적인 목적으로 이용되고 있다 A. 토크빌 1986. 미국인의 법 준수 역시 실리적인 이유로 시작되고 유지되고 있다. 미국인의 법 준수 관행은 현상금을 타기 위한 총잡이들의 범인 사냥에서 출발하였으며, 토크빌도 이러한 사실을 『미국의 민주주의』에서 인정하고 있다. 미국의 이라크 침공이 석유 등 경제적인 이유에 의한 것임을 미국인 절반 가량이 인식하고 있다.

따라서 보수주의자는 실리 이외에 고수해야 할 원칙이 없으므로 변화하는 현실에 맞추어 언제든지 변신할 수 있다. 보수주의자는 고수할 원칙이 없을 뿐 아니라 원칙 자체를 미워한다. 버크는 프랑스 혁명에 반대하면서 자신들은 프랑스와 전쟁하는 것이 아니라 자코뱅주의와 전쟁하는 것이라고 하였다. 그는 "우리는 원칙과 전쟁 중이다."라고 하였다R. 니스벳 · C. B. 맥퍼슨 1997. 원칙을 부정하고 변화하는 현실에 맞추어 변신하는 것, 이것이 보수주의의 힘이다. 버크는 변화가 불가피한 현실과 타협하였다는 점에서 반동주의자인 드메트르와 차이가 있다. 그리고 변화하는 시대에도 살아남아 큰 영향력을 행사하는 보수주의의 힘은 그러한 '타협'과 '변화를 용인하는 것'에 있다고 할 수 있다. 버크에 의하면 변화는 불가피한 자연적 현상의 일부이며이수석 · 김병곤 2002 "변화할 수단을 갖지 않은 국가는 보존을 위한 수단도 없는 법"이다. 그는 국가가 그러한 수단을 갖고 있지 않으면 보존하고자 하는 헌정을 상실하는 위험에 빠질 수 있으며, "보존과 교정이라는 두 원리는" 위기의 시기에 강력하게 작동했다고 주장하였다에드먼드 버크 2008. 현재 아무도 드메트르를 비롯한 완고한 비타협적 반동주의자를 기억하는 사람은 없다. 이는 항일 독립 투쟁의 이념 중에서 의병 운동의 유교 이념이 사라진 것과도 일맥상통한다 하겠다. 역사적으로 볼 때 우리의 수구는 외부의 억압이나 민주주의의 이식을 통해서가 아니라 민의를 통하여 자연적으로 사라졌다고 할 수 있다.

반면 친일파의 거두 이완용의 경우 본래 위정척사파로서 갑신정변을 강하게 비판하였으나 시대에 따라 친러, 친미, 친일로 변신하면서 당시 가장 강한 세력에 편승하여 살아남는 묘기를 보여준다. 보수주의의 주요 내용인 실리주의만이 그의 원칙이었다. 또 변화에 대한 관점도 비교가 된다. 이완용은 변화해야 살아남는다고 하였으나 유인석은 "시대의 변화에 따라 변통하는 것이 필요하지만, 조선이 조선일 수 있는 까닭만은 결코 버려서는 안" 된다고 하였다 김남이 2003.

이렇듯 수구는 어떠한 경우에도 지켜야 할 원리가 있으며, 특히 경전이 존재한다. 그리고 그것은 무오류이고 완전한 것으로 인정된다. 기독교 근본주의의 특징은 성경의 모든 세부적인 구절이 완전히 하나님의 말씀을 나타내는 것이라고 믿는 것이며, 이슬람 역시 코란은 모든 문자가 신의 영원한 말이라고 본다 Bruce 1989. 중세에 성경은 신성한 것으로 여겨졌으나 근대 이후 성경은 연구의 대상이 되면서 여러 가지 해석이 가능해졌다. 근본주의는 이러한 도전에 대한 반작용이라고 할 수 있다 Bruce 2000. 경전 구절은 일상생활 중에, 토론 중에 인용되며 특정 믿음과 실천을 정당화하는 데 사용된다 Antoun 2001. 유교의 경우 마찬가지로 인정되는 경전이 있다. 위정척사파 학자들은 정통 유학의 계승자임을 자부하였다. 그들은 유가의 경전들을 종교적 성전으로 받아들였으며, 모두 사실로 인식하였다 장현근 2003.

현재 한국 사회에서 과격한 시위를 벌이는 단체들이 보수 단체인지 수구 단체인지 구분하는 방법 중 하나는 이들이 돈을 받는지 또는 돈을 내는지를 알아보는 것이라고 생각된다. 이것은 이들이 실리주의자인지 원리주의자인지 구분할 수 있는 방법이기 때문이다. 실제로 많은 보수 단체들이 기업 등 후원을 받아 시위를 벌이고, 노인들의 경우 돈을 받거나 식사를 제공받기 때문에 시위에 참여한다. 또는 국가의 보상을 바라고 그러는 경우도 많다. 반면 회비를 내면서 적극적으로 참여하는 이들도 있는데, 예를 들면 어버이연합 같은 단체이다. 이들에게서는 '뒷돈 받고 움직이는 사람들' 에게서 찾아보기 힘든 적극성이 보인다고 한다. 이들은 대체로 반공주의를 철저히 교육받은 세대로 "목숨을 걸고 한국전쟁에 참여"했으며, 현재 "그렇게 목숨을 걸고 싸웠던 것이 한꺼번에 무너지고 있는 것 같아 답답하다."고 토로한다허재현 2010. 즉 이들은 실리가 아닌 반공이라는 원리에 의하여 행동하는 것이며 따라서 어떤 의미에서 보면 이들 역시 극단적 반공주의의 희생자라고 할 수 있다.

:온건주의 대 극단주의

경전의 원리를 고수하기 위해 실리의 문제뿐 아니라 생사의 문제까지 뛰어넘고자 하는 것이 수구의 중요한 특징 중 하나이다. 보수는 안전을 중시하므로 위험을 감수하지 않고 기회주의적으로 대세에 따른다. 그러나 수구는 죽음을 불사하면서까지 변화를 용인하지 않으므로 극단적이다.

유인석은 "이기고 지는 것과 이득과 손실은 내 알바가 아니요, 의리의 길을 갈 뿐이라." "지금 저 왜의 잔학함으로 인해 백성들은 절치부심하여 읍읍마다 봉기할 것을 생각하고 있다. 차라리 일본을 죽이고 진사盡死하기를 원한다."『칠실분담』; 김남이 2003고 하였다. 외세의 공격에 직면한 약소국의 경우 민족주의적인 근본주의가 보다 강화되는 측면이 있으며, 구한말 조선의 위정척사파 역시 그러한 경우에 해당된다고 볼 수 있다.

따라서 근본주의는 급진주의와 의미도 같으며 행동 양식도 같다 Bruce 1989. 전통주의와는 오히려 다르다. 전통주의자라면 옛 종교가 보존되어 그들에게 영감과 상징을 제공해주면 충분하다. 그러나 근본주의는 단지 과거가 사라지지 않았다는 것으로는 불충분하며 과거를 재생시켜야 하는 것이다. 그들은 전통의 지속을 위협하는 변화를 맞이하게 되면 과거를 급진적으로 재해석한다. 이런 의미에서 그들은 반동적이라고 할 수 있다. 이들은 전통을 보수하고자 하는 것이 아니라 과거를 다시 실현하고자 하는 것이다. 전통을 위협하는 것에 대한 저항의 목적은 초기 신앙 공동체의 열광과 맹세를 다시 구현하려는 것이다Bruce 1989.

이러한 수구의 이념은 극단주의로 표현되기도 한다. 하버는 보수주의를 영미식 온건한 보수주의와 대륙식 극단적 보수주의로 구분한다. 그에 의하면 "보수주의 사상은 극단적인 것을 피한 균형과 중용의 개념을 대단히 강조"하는데, 프랑스나 독일의 경우 "가끔 반동주의, 비합리주의 및 파시즘과 같은 다양한 형태로 타락한 보수주의 사상을 주창"해왔다는 것이다. 예를 들면 버크와 드메트르를 비교해볼 때 둘 다 "계몽적 합리주의에는 비판적이며, 종교적 신념을 옹호하고, 인간 존재의 비합리적 측면을 강조"하며 변화에 대해 비판적이고 국가의 권위를 옹호하나, 드메트르는 버크를 능가하여 "마침내 보수주의 사상의 주류로부터 그의 사상을 분리한 일종의 신학적 환원주의, 비합리주의, 반동주의 및 국가숭배주의"로까지 나아갔다는 것이다. 이와 같이 "대륙의 보수주의자들은 때때로 기본적인 보수주의 원리를 매우 극단적인 공식으로 발전"시켰다 윌리엄 하버 1994. 반면 보수주의가 종교를 요청하는 것은 단지 인간은 자유롭지도 선량하지도 않은 존재이므로 인간을 "선량하게 만드는 지주支柱"가 필요하기 때문이다. 즉 "자아에 대한 사회의 전통적인 속박"이 요청되는 것이며 그것은 인간을 안정시키고 영속하는 틀 안에 순응시킨다 피터 비레크 1981. 보수주의는 종교를 중시하고 신적 질서에 인간이 종속되어야 한다고 주장하지만 "어떤 신적인 비전에 따라 세계를 재구성하려는 노력의 일환으로 종교적 열정을 부추기려고 시도하는 사람들을 불신"한다. 버크는 정치에 강렬한 열정과 열광을 부여하는 광신자들을 두려워하였으며, 성직자를 불신하였다. 그는 사회 정치적 문제가 종교적 표현과 정열로 환원되는 것을 막고자 하였다. 따라서 보수주의자의 특성은 종교의 영향을 받기는 하지만 모든 것을 종교의 지시에 따르지는 않는다는 것이다. 이것은 극단적 보수주의, 즉 근본주의의 입장일 것이다. 버크와 비교되는 드메트르는 보수주의를 신학적 체계로 변형시켰다 윌리엄 하버 1994.

근본주의는 극단적 보수주의, 가장 보수적인 종교 집단의 입장으로 이해되고 있으며 대체로 비난의 성격이 짙은 개념이다. 특히 자유주의자들이 종교인의 지적 미성숙을 지적하기 위해 이 용어를 쓰기도 한다. 따라서 이 용어의 사용은 기피되며, 전통주의 또는 이슬람주의라는 말을 쓰는 것이 제안되기도 하고, 또는 급진주의나 극단주의 등이 쓰이기도 한다. 그러나 이미 근본주의는 확고하게 자리 잡은 용어라서 이를 제거하기는 어렵다Bruce 1989. 또 미국의 복음주의적 개신교 집단은 극우적인 입장에서 미국 정치에 많은 영향을 끼치고 있다. 이들은 2차 대전 후 남부의 백인우월주의에 긍정적인 신학적 해석을 주도하기도 하였으며 공산주의가 미국의 외교 정책에 있어서 극단적인 냉전 체제를 영구화시켰다고 맹렬히 공격하고 있다이봉희 1996. 현재 미국에서 가장 빠르게 성장하는 기독교 세력이 바로 복음주의 교파로서 신도 수가 증가하여 수위권을 차지한 반면, 세속화하고 진보적인 교파는 위축되고 있다. 과거 조지 W. 부시George Walker Bush 행정부를 주도했던 신보수 강경파가 전통적인 가족의 가치를 강조하고 종교 교육 강화 등을 주장한다는 점에서 이러한 기독교적 입장과 거의 일치한다. 김지석에 의하면 미국의 신보수 세력은 1990년 중반 의회를 장악하여 이른바 보수 혁명을 이룬 뒤 부시 정권을 창출하는 데 성공하였는데, 60년 이상 계속된 민주당의 의회 지배를 단숨에 뒤집은 1994년 중간 선거의 배경에는 근본주의 기독교의 성장이 있었다김지석 2002.

03

한국의 보수와 수구

■ 이 장은 『한국 자유민주주의의 전개와 성격』(민주화운동기념사업회 2004)의 제3장 및 필자의 관련 주제 논문들(뒤의 참고문헌 참조)을 수정 · 보완하여 쓴 것이다.

1. 보수 이념의 역사

(1) 자유주의와 자유민주주의

II장에서 살펴보았듯이 보수주의가 자기 논리를 갖추게 되면서, 또 시대가 변화하면서 귀족 계급을 유산자 계급이 대체하게 되었고, 그럼으로써 보수주의는 자유주의적 특성을 갖거나 자유주의로 변모하게 된다. 이러한 자유주의가 사회주의와 경쟁하게 되자 더 많은 민심을 확보하기 위해 민주주의를 수용하게 되었으며, 동시에 사회주의적 민주주의와는 다르다는 점을 표현하기 위해 자유민주주의를 강조하게 된다. 그러나 사회주의권 붕괴 이후 경쟁자가 사라지면서 자유민주주의는 다시금 자유주의로, 더 나아가 과거의 보수주의로 회귀하는 듯한 모습을 보여주고 있다. 이는 바로 현재 한국 사회의 모습이기도 하다. 자유주의 및 자유민주주의는 한국 보수주의 역사에 있어서 가장 많이 강조된 이념이나, 동시에 가장 빈약하게 실천된 이념이라고 할 수 있다.

:개화파의 자유주의 수용

서구에서는 보수주의자들이 부분적 개혁을 수용하면서 자유주의를 받아들인 반면, 한국에서 자유주의는 대부분의 비서구 지역들과 마찬가지로 자생적으로 싹텄다기보다는 서구의 문물과 사상이 소개되면서 수용·전파되었다. 유교는 본질적으로 자유주의 사상과는 화해하기 어려운 점이 많으므로 자유주의 사상의 수용 과정은 유교와의 단절, 따라서 전통과 단절하는 과정이라고 할 수 있다. 그런 의미에서 이 시기에는 유교를 고집하는 수구파와 부분적 개혁을 시도한 개화파가 서로 갈등 관계에 있었다고 할 수 있다.

당시의 개화파를 보수주의자로 규정할 수 있다고 보는데, 그 이유는 이들이 서구의 보수주의자처럼 입헌군주제 등은 받아들였으나 민에 의한 근본적인 사회 개혁에 대해서는 철저히 반대하였기 때문이다. 특히 아래로부터의 민중 운동이었던 동학에 대해서는 극단적인 혐오를 보여주었으며, 기본적으로 우민관을 갖고 있었다. 또 이들은 보수주의에 대해 호의적인 생각을 갖고 있었다. 〈독립신문〉은 "보수적 성향"을 "애국심, 모국에 대한 애착, 혈족애"라고 규정하면서 이에 대해 "대체로 가장 훌륭한 인간의 품성들"이라고 하였다. 또 "정직한 보수주의"에 대해 언급하면서 "보수주의자들 중에도 죄를 짓지 않은 사람들이 정부의 모든 관직을 채울 만큼 충분히 있다."고 하였다 이나미 2001. 이 같은 언급은 개화파가 수구파를 비판하면서 자신들과 같은 보수와 당시 수구파를 구분하기 위해 '정직한 보수주의'를 제시한 것으로 생각된다. 이는 오늘날 보수주의자들이 자신을 수구와 구분하면서 '개혁적 보수,' '합리적 보수' 등으로 표현하는 것과 유사한 방식이라고 하겠다.

자유주의가 수용된 과정을 보면, 자유주의를 비롯한 서구 사상은 19세기 박영효, 유길준 등에 의해 조심스럽게 소개되다가 서재필 등의 독립협회 활동과 〈독립신문〉 발간을 통해 적극적으로 홍보되기 시작한다. 그러나 이때 '자유주의'가 직접 거론된 것은 아니었다. 그 당시 '자유주의'라는 용어는 소개되지 않았으며 '자유'라는 말 자체도 일반인에게 있어서 익숙한 것이 아니었다. 본래 중국에 있던 자유自由라는 개념은 오늘날 방종放縱에 가까운 부정적 의미를 갖고 있었다. 사실상 그 당시 동양에서 '자유롭다'는 것은 그 자체로 별로 바람직한 것이 아니었다. 자유가 주는 나쁜 어감 때문에 처음에는 자주自主, 자립自立이라는 말이 사용되다가 일본에서 존 스튜어트 밀의 『On Liberty』가 『自由之理』라는 제목으로 번역되면서 널리 퍼졌다 김현철 2000.

'민주주의'와 '공화주의'는 독립협회 내부에서 소개되었으나 왕정을 부정하는 불온한 개념으로 알려져 공개적인 곳에서는 논의되지 않았다. 윤치호는 독립협회 회장을 맡을 당시에 회중이 지켜야 할 조건을 선언하였는데, 그 중 첫 번째가 "우리는 황제와 황실을 사랑한다. 황제와 황태자, 황실에 불경한 말을 엄금하며 민주주의와 공화주의를 옹호하는 것을 금지한다."는 것이었다. 이 당시 민주주의와 공화주의는 거의 동의어로 사용되었다고 할 수 있다.

〈독립신문〉은 서구 '민주국'의 실상을 소개하는 간접적인 방법으로 민주주의를 전파하였다. 〈독립신문〉이 소개하는 '민주공치供治국'의 내용을 보면 대체로 삼권 분립 등 제도적 · 절차적 민주주의의 내용을 담고 있다. 예를 들면 민주국에서 입법은 여러 가지 공론을 반영하되 행정은 일사불란하게 시행되고 있다고 소개하는 것을 들 수 있다. 독립협회는 공식적으로 공화주의와 민주주의를 반대했음에도 불구하고 공화제를 추진하려고 한다는 수구파의 음해로 인하여 강제 해산된다. 이러한 독립협회의 사상은 이후 자강 운동과 실력양성 운동으로 이어졌다. 구한말 급진적인 자유주의자, 공화주의자들은 서구 및 서구를 따르는 일본에 호의적이었으므로 조선 왕조의 멸망을 바라는 이들 강대국의 입장을 대변한 측면이 없지 않으며, 일부 인사는 일제 강점 후 친일 인사로 변신하였다 이나미 2001.

:일제의 식민주의와 자유주의

일본에서는 자유주의 시대라 불리는 1920년대에 미국 민주주의 교육의 영향으로 듀이의 철학과 진보주의적 교육 운동이 성행하였다. 조선에 추진된 식민지 교육 정책에도 교육령기와 대정大政기에 자유주의 교육이 잠시 선을 보이기도 하였다 김용일 1999. 그러나 무엇보다 자유주의 사상은 일제가 조선을 강점하는 데 기여하였다. 명치明治 초기 서구 사상이 수용되면서 일본의 식민주의는 자유주의의 영향을 받았다. 아담 스미스의 주요 저서가 번역되면서 간다 다카히라神田孝平와 후쿠자와 유키치福澤諭吉에 의해 서양의 자유주의적 식민 사상이 소개되었는데, 이 사상은 개인의 이기심과 독립심을 식민의 원동력으로 삼았다 박성진 1994.

논리적으로 식민주의, 특히 경제적 식민주의는 자유주의와 매우 친화적이다. 거주 · 이동의 자유, 상품과 노동력 이동의 자유라는 명분으로 식민주의는 정당화될 수 있다. 자유주의적 식민주의에 의하면 이민과 식민은 명확히 구별 짓기 어렵다. "이민은 많은 경우 식민의 선구자이고, 민족 팽창에 수반한 세력 신장의 첨병"이다. 왜냐하면 "그들이 줄을 지어 해외에 한 뼘의 토지를 점유한다면 고국에 그만큼의 토지를 연장하고 기부하는 행위가 되기 때문"이다 平元兵吾 1926. 따라서 일제는 조선 강점 후 토지 조사 사업을 벌여 땅을 대대로 소유하였으나 그것을 증명할 서류를 갖추지 못한 조선 농민들을 몰아내고, 그 토지를 일본인들에게 나누어주는 '합법적인' 방식으로 조선의 토지를 일본화하였다. 그리고 땅을 잃은 조선 농민에게 만주로 갈 것을 권유하여 그곳의 척박한 땅을 개간하게 함으로써 이중의 이득을 보았다. 하와이도 진주만 공격의 실패 이래 일본인들이 꾸준히 땅을 사들여 현재는 경제적으로 하와이가 일본 땅이라고 해도 과언이 아닐 정도이다.

식민주의가 자유주의에 의해 지지되는 것은 대표적인 자유주의·공리주의 사상가인 벤담과 밀의 사상을 보아도 알 수 있다. 이들은 식민주의를 지지하였으며, 실제로 식민지 경영에 직간접적으로 관여하였다. 존 스튜어트 밀은 인도 최고위원회에 인도인을 포함시키는 데 반대하였고, 그러면서도 영국이 인도를 통치함에 있어서 "그 동기가 가장 순수할 뿐만 아니라 인류가 이제까지 보아왔던 것 중에서 가장 유익한 정책을 실제로 폈다."고 하였다. 벤담의 사상을 계승한 마콜리Thomas Babington Macaulay는 영국의 인도 관리로서 벤담의 사상을 반영하여 『형법전』을 저술하였는데 이는 인도의 전반적인 사법 체계와 법전을 마련한 것이었다. 마콜리를 비롯한 자유주의적 개혁자들은 대체로 인도에서 개혁이 시급히 이루어져야 한다는 것과 그 개혁의 이념은 인도의 것이 아닌 서양의 이론을 그대로 따라야 한다는 것을 주장하였다. 그는 "영국과 인도 양국에 걸쳐서 영국 자유주의의 가장 대표적 존재"로 꼽혔으며, 그의 태도는 '자유주의적 개혁주의'로 규정되었다이태숙 1988.

공리주의에 의하면 모든 개인은 쾌락을 추구하고 고통을 회피하려

한다. 그리고 모든 인간 행위, 규범, 사회, 국가는 이 같은 원리에 기초해 있어야 정당한 것이다. 각각의 개인은 자신의 행복에 관한 한 최선의 판단자이므로 각각에게 자유를 허용할 때 사회 전체의 행복의 양은 최대가 되는 것이다. 이럴 때 자신의 국가에 대한 충성, 정의에 대한 관심은 그것이 개인 자신의 이익을 최대화하는 것이 아닌 한 의미가 없으며 허구에 불과한 것이다. 이렇듯 자유주의, 공리주의의 가장 중요한 전제는 애국심을 약화시킬 수 있기 때문에 식민화에 기여할 수 있다.

자유주의가 식민화에 기여한다 하더라도 대체로 영국의 자유주의적 식민주의는 자치를 허용하였기 때문에 동화주의적 식민주의에 비해 덜 억압적인 것으로 평가되곤 한다. 그러나 영국이 그러한 정책을 취한 것은 그것이 더 실리적이었기 때문이었다.

> 우리 자신의 이익만을 고려한다고 해도 인도인들이 잘못 통치되고 우리에게 예속되어 있는 것보다 잘 통치되며 우리로부터 독립해 있는 쪽이 훨씬 낫다. 인도인들이 영국인 세리와 관리에게 허리를 굽실거리지만, 너무 무식하여 영국 상품의 가치를 모른다든지 너무 가난하여 영국 상품을 구입하기 어렵다면 (우리에게) 이익이 없다. 차라리 인도인들이 인도 왕의 지배를 받으면서 영국제 섬유를 입고, 영국제 철 제품을 사용하여 일하는 것이 우리에게 훨씬 바람직하다. 문명화된 국민들과 교역하는 것이 야만인을 통치하는 것보다 훨씬 수지맞는 일이다 이태숙 1988.

따라서 식민지의 문명화를 도모하거나 식민지의 자치를 허용하는 것은 식민지인의 자유를 위해서가 아니라 지배국의 이익을 위해서이고, 이것이 자유주의의 본질이다. 사실상 이후 영국은 '인도의 독립'이 아닌 '인도에 대한 통치'를 택했고, 그 이유 역시 그것이 이익이 되기 때문이었다. 영국은 인도를 지배하는 데 드는 모든 비용을 인도인의 납세로 충당하였고, 영국 정부는 아무런 경제적 부담도 지지 않았다. 인도에 진출한 영국인들은 일자리와 재산 획득의 기회를 가졌으며, 이들이 영국에 송금하는 돈의 양은 막대하였다. 인도는 영국이 극동과 근동으로 진출하는 데에 기지 역할을 하였을 뿐 아니라 제국 확장에 필요한 인적 · 물적 자원을 제공하였다. 예를 들어 영국이 중국과 교역하는 아편 역시 인도에서 재배되었다이태숙 1988.

일본 역시 조선을 경제적으로 이용하기 위해 식민화하였다. 데라우치寺內正毅 총독은 1913년 "내가 조선의 식민 정책으로서 갖고 있는 생각은 시정 방침의 하나인 통일 정치하에서 조선을 일본민의 이주지, 더 나아가서 일본인 자본가의 투자지화投資地化하는 것"이라고 하면서, 이 방법으로 조선의 산업이 발전하고 조선인의 이익과 행복도 증진될 수 있다고 주장하였다「寺內總督談 - 植民政策」, 〈매일신보〉 1913. 6. 27. 나아가 일본은 경제적인 것뿐만 아니라 모든 면에서 조선을 이용하기 위해 조선을 식민화하였다. "일본 국민 생활의 불안정, 경제 기초의 불확실, 사상의 포화, 산업계의 부진, 농촌의 황폐, 국민 정신의 침체, 범죄자의 격증, 빈부의 격차 등 모든 원인을 해결할 수 있는 정책"으로서 식민 정책을 제시하였다平元兵吾 1926.

제국주의 국가들이 약소국으로부터 사실상 이익을 취하고 그들을 침략, 식민화하면서 이를 위해 자유, 해방, 평화 이념을 활용하는 것은 매우 전형적인 것이다. 서구 제국주의 국가들은 초기 식민지 쟁탈 시기와는 달리 1차 세계 대전 이후에는 차차 선전과 교육 등 이데올로기의 중요성을 인식하기 시작하였다. 이때 서구, 특히 미국의 식민지 지배 이데올로기를 자유민주주의라고 할 수 있다.

이러한 자유주의 사상을 일본은 조선을 식민화하고 지배하기 위한 이데올로기로 활용하였다. 일본의 자유 민권 운동은 정한론征韓論과 관련이 깊었다. 19세기 말, 일본 재야의 정당들이 정부의 전쟁 준비를 용인하면서 이웃 나라에 대한 침략을 민중의 눈으로부터 가려주는 구실을 하였다. 이러한 전통이 대정데모크라시 시대에는 '안으로는 입헌주의, 밖으로는 제국주의'라는 슬로건으로 나타난다. 1892년 일본의 자유당, 개진당, 국민협회는 국권 확장을 위한 강경 외교를 주장하였으며, 민족자본을 옹호하면서 국내 모순을 대외 침략으로 전환시키려는 동기를 가졌다 강동진 1991; 김운태 1986. 이 시기 일본은 근대화 과제와 더불어 '탈아론' 등 서구화를 지향하였고, 서구 열강과 협조하면서 그들의 묵인하에 조선을 강점하였기 때문에 서구 문명과 서구 자유주의에 대한 평가도 호의적이었다. 또 일본은 '문명 개화=자본주의화=서구화'라는 단선적 발전 코스를 유일 최상의 목표로 생각하여 전통적 유교 문화권을 공격하였다. 즉 일본은 아시아의 야만적 대오를 벗어나 서구에 끼어야 한다는 것이었다 김운태 1986.

개인의 자유, 권리, 행복을 강조하고 국가의 간섭을 배제하고자 하는 자유주의 사상은 애국심을 약화하는 데 기여할 수 있으며, 일본 역시 이러한 자유주의의 본질을 충분히 활용하였다. 즉 일본은 병합 이전에 조선인의 애국심을 약화시키고 식민화로 유도하기 위해 자유 민권 사상을 조선에 전파하는 데 노력하였다. 특히 일본의 대표적인 자유민권론자 후쿠자와 유키치福澤諭吉는 일본에 온 조선 유학생들을 지도하면서 그들에게 자유주의 사상을 가르쳤고, 이후 이들을 일제 강점에 협조하는 세력으로 키웠다 최덕수 1997; 최덕수 1991; 이태진 1997. 자유주의 사상은 왕의 절대적 권력에 대한 비판이었고, 이러한 비판은 조선의 국권 약화로 이어질 수 있는 것이었다. 따라서 후쿠자와 유키치는 조선에 대해서는 군권君權 비판 사상을 유포하였으면서 정작 자국인 일본에 대해서는 그 사상을 적용하지 않았다. 위기 시 이러한 사상은 국론 분열 등 체제 약화에 기여하는 사상이기 때문이다. 조선 강점 이후에도 '탈조선화'를 완성하기 위한 애국심 비판은 계속되었다. 일제의 식민주의 정책은 그 시기에 따라 크게 '식민화'와 '식민주의 공고화'로 나누어 볼 수 있다.■ 전자는 주로 병합을 전후로 한 시기부터 전시 동원 체제 이전까지, 후자는 본격적인 전쟁 수행을 위한 파시즘의 시작부터 일제 패망까지 시행된 것으로 볼 수 있다. 그리고 식민화를 위해서는 자유주의를, 식민주의 공고화를 위해서는 국가주의 이데올로기를 활용했다고 할 수 있다.

식민화(탈조선화)와 식민주의 공고화(일본화)를 나누는 것은, 제대로 된 염색을 하기 위해서는 탈색부터 해야 하는 원리에 비유할 수 있다. 즉 일본은 조선인을 완전히 일본인으로 만들기 위해서는 그 전에 조선인 내면에 조선에 대한 충성부터 없애야 한다는 사실을 알았다. 완전한 식민주의 공고화, 말하자면 일본화를 이루기 전에 우선 조선인을 조선으로부터 분리하는 것이 필요했다. 조선인에게 조선에 대한 증오심을 키워 기존에 갖고 있는 애국심을 완전히 탈색시키고 나서 일본에 대한 애국심을 심어주어야 한다는 것이었다. 즉 일본 식민주의의 본질은 국가주의이지만 일본에 대한 섣부른 애국심의 강조는 효과가 없는 것이므로 우선은 다른 대책을 필요로 한다고 하였다. "한국인에게 충군애국의 사상을 고취함은 동화의 수단이 아니고 결과"라고 하면서 "결과를 가지고 수단이라고 잘못 생각하고 그리하여 다른 필요한 수단을 소홀히 할 경우에는, 이른바 한국인 동화책이란 부질없이 지칠 대로 지친 위선적 애국자를 제조하는 것 이외에 아무것도 아니"라고 지적되었다 강동진 1987.

■ '공고화' 라는 개념은 민주주의 공고화 이론에서 빌려온 것으로, 민주주의 공고화는 형식적 선거를 통한 '민주화' 이후에 국민들이 민주주의 이념을 내면화, 생활화하면서 이루어진다. 따라서 식민주의 공고화는 병합을 통한 형식적 '식민화' 이후에 일본이 조선인들에게 식민주의 이데올로기를 내면화시킴으로써 완전한 일본 식민지인으로 만드는 것을 가리키기 위해 사용하였다.

또 '한일 병합'이 조선인의 자유로운 동의와 계약에 의한 것임을 강조하였다.■ 즉 '한일 병합'은 "조선이 희망한 것"으로 "평화적 병합"이고 "주권의 양도를 포함한다고 인정"되는 것이었다. 또 병합은 "쌍방의 국가 의사에 기초하는 것으로, 피병합국인은 그 국적에 있어서 피병합국의 행위에 따르지 않을 수 없다."는 것이다. 더 나아가 병합은 조선의 지배측이 '자각'해서 "일본에 의지하여 안전을 지키고 존엄을 유지하는 길밖에 없음을 깨닫고" "그들이 주권과 영토를 통틀어 전부 이것을 우리 천황 폐하께 바치는 것이 도리어 조선의 이익임을 알게 된" 결과로서 "병합은 한인에 대한 평화 · 질서 · 진보 등의 가장 확실한 보장을 부여하려는 것"이라는 것이다강동진 1987.

또 일제는 자국이 조선 정부의 악정으로부터 조선인의 생명과 재산의 자유를 지켜주기 위해 병합하였다는 논리를 펴고 있는데, 악정에 대한 비판과 생명권 · 재산권은 자유주의 사상의 핵심 내용이다.

나라가 생긴 후 밖으로는 항상 대국에 복속하여 그 압제를 받아왔으며, 안으로는 악정 밑에 신음하여 정신이 위축됨으로써 분발 노력하려는 활기를 상실하

■ 이밖에 일진회장 이용구는 을사 5조약, 정미 7조약, 사법권 위탁 각서 등을 "한일협약"이라고 보고, 이는 우리의 외교 · 군사 · 사법의 3대 권한을 모두 일본에 위임한 것이라 하고 있다.(임종국 1987)

였기 때문이라고 볼 수밖에 없다. 생각하면 실로 가엽기 그지없다고 해야 할 것이다. 이제야 조선인은 다행히도 至仁至愛하신 천황 폐하의 신민으로서 생명, 재산의 자유가 절대적으로 확보된 이 마당에 있어서 … 「조선인의 풍속」 〈東京日日〉; 강동진 1987.

일본은 사실상 강점기 훨씬 이전인 1885년부터 이런 논리를 유포시키기 시작하였다. 즉 1885년 〈시사신보〉에 발표한 「조선 인민을 위하여 기국其國의 멸망을 하賀함」에서 "조선 정부는 인민의 생명과 재산을 보호할 능력이 없으므로 인민에게는 차라리 조선이 노서아나 영국 등의 외국에게 점령되는 것이 낫다."고 주장하고 있으며 "외국 정부에 멸망되는 것은 망국의 민으로서 심히 안된 일이지만 전도前途에 희망 없는 고계苦界에 침몰하여 종시 내외의 모욕 속에서 죽느니보다는 오히려 강대 문명국의 보호를 받고 적어도 생명과 사유私有만이라도 안전히 하는 것이 불행 중의 행이 될 것"이라고 하고 있다. 후쿠다 도쿠조福田德三은 (조선의) 토지와 인간을 낡은 전통적 사회로부터 해방하고 토지의 사유화, 자본화, 노동자와 기업가와의 계급 분화를 촉진할 것을 주장하며 일본인이 수행하여야 할 사명은 "부패 쇠망의 극에 달한 민족적 특성을 근저로부터 소멸"시키고 "일본 자신에 동화시켜야 할 자연적 명운과 의무를 가진 유력우세한 문화의 사명의 중대함을 담임하여야 할 것이 아닌가."라고 주장하였다 김운태 1986. 〈매일신보〉에 의하면 "조선 민족은 문명한 법률하에서 생명과 재산을 보호하고, 총독이 선정을 베풀어서 지식과 산업의 증진을 도모하여 지식과 부력이 내지인과 동일하게 될 자격과 권리를 획득"하게 되었으며, 〈동경조일〉에 의하면, "종전의 한국의 악정 가운데에"는 "정과 사가 뒤범벅이 되고, 그릇된 것과 바른 것이 뒤바뀌고, 생명 · 재산의 보장은 전혀 없었으며, 인간이 생존에 아무런 희망도 주지 않"았다. 따라서 조선인들은 "통감 정치하에서 생명, 재산이 확실히 안전을 보장받게 되었음을 알게 되었다."는 것이다강동진 1987.

이와 같은 생명권과 재산권의 강조는 중산층의 이해관계와 관련이 깊다. 서구의 신흥 유산자 계급은 구상층 계급과는 달리 권력을 갖지는 못했으나 부를 획득하게 되면서 이 부에 대한 법적 · 정치적 보장을 요구하게 된 것인데, 그것이 자유주의 사상이라고 할 수 있다. 사회계약론의 핵심은 자유로운 인민의 동의에 의한 국가 건설이지만, 이때 정치에 참여하는 인민이란 하층민까지 포함하는 모든 인민이 아니다. 하층민, 여성에게까지 주어지는 보통선거권이 서구에서도 최근에서야 실시되었다는 사실이 이를 증명한다. 자유주의뿐만 아니라 자유주의적 식민주의 역시 중산층과 관계가 깊다. 영국의 자유주의적 식민주의자는 인도를 개혁함에 있어 중산층을 특별히 중시해야 한다고 주장하였다. 영국이 중산층을 통해 근대화된 것처럼 인도 역시 중산층을 통해 근대화해야 한다는 것이다이태숙 1988.

일본 역시 조선 내 식민주의의 협조자로서 중류 이상의 계급을 꼽았다. "어떤 나라 어떤 시기든지 특정 사회는 중류 이상 계급이 주도하는 것으로" 현재 "日鮮人의 중류 이상 계급이 진정으로 융화하면 그 이하의 사회는 저절로 쫓아간다."는 것이었다〈매일신보〉 1915. 6. 20; 박성진 1994. 사실상 조선의 친일 개화파 역시 중인 계급에서 주로 나타났다. 사회 계층 내에서 중간 계급은 대개 기회주의적이며, 상층 계급보다 더 상층을 지향하고 하층과의 구별을 더 뚜렷하게 하기 위해 노력한다. 상층과 중산층의 많은 사람이 일제에 적극 협력한 반면 조선의 보통 백성들은 합병에 크게 반발하였고, 일본 역시 그 사실을 다음과 같이 시인하고 있다.

> 그러나 이를 조선 측에서 관찰하면, 우리나라에 대한 불평이 없을 수 없다. 명치 이후의 일들을 우리 측에서 본다면 의거이지만 의거의 결과 조선이 일본의 영토로 편입된 사건은, 그들이 매우 불쾌하게 여기고 있는 바이다. … **세계의 대세를 모르는 일반 인민이 조국의 멸망을 슬퍼함**은 도리어 아름다운 마음씨의 발로라 하겠다 中野正剛 『동화정책론(상)』; 강동진 1987(강조는 필자).

사회주의가 소개되기 시작한 1920년대에 이르러 조선에서도 자유주의는 중산층의 이념이라는 인식이 보이기 시작하며, 조선 지식인들은 자유주의에 대한 객관적 또는 비판적인 글을 쓰기 시작하였다. 그전까지는 '자유권' 등 자유주의적인 내용들이 소개되기는 하였으나 '자유주의' 그 자체에 대한 인식은 아직 보이지 않았다. 그렇기 때문에 서구 자유주의적 개념들에 대해서 막연한 동경이나 혐오를 보이고 있을 뿐 객관적으로 거리를 두고 평가하는 단계까지는 이르지 않고 있었다. 그런데 이 시기에는 마르크스주의의 전파와 더불어 일본의 대정데모크라시, 3.1운동 후 일제의 문화 통치로 인한 많은 정치적 학설에 대한 소개와 평가가 눈에 띈다. 자유주의가 등장하게 된 역사적 배경과 그것이 갖는 계급적 한계가 비판되기도 하였다나산 1926.■

이는 일제에 협력한 많은 자유주의자들에 대한 비판과 관계가 있다고 할 수 있다. 자유주의자 이광수는 모든 억압으로부터 해방된 인간상을 제시하였는데장동진 2004, 이 시기에 대부분의 사상가들이 해방과 독립을 위해 '민족'을 강조한 것과 대조가 된다. '개인'을 강조한다는 것은 민족주의 운동과 거리를 두는 것일 수 있다. 이후 이광수를 포함한 많은 자유주의자들이 적극적인 친일 인사로 변신하였다는 점이 이를 증명한다. 식민지 조선의 자유주의자들은 일제에 저항하기도 하였으나 어디까지나 실력양성론 등 온건하고 제한적인 저항에 머물렀으며, 더 나아가 의병 활동과 같은 급진적인 저항에 비판적 태도를 취하기도 하였다. 특히 이들이 제시한 자치론과 같은 논리는 일제의 지배를 정당화하고 지속시키는 역할도 수행할 수 있는 것이었다.

■ 나산은 송산 김명식의 필명임.

:일제 강점기 자치론

일제 강점기에 등장했던 자치론에 대해서는 현재 뉴라이트 계열의 학자들에 의해 재평가되고 있으므로 집중해서 검토해 볼 필요가 있다. 뉴라이트 학자들은 다른 식민 국가의 경우 자치론이 저항의 논리가 되었다는 것을 강조하고, 조선은 왜 그렇게 되지 못했나에 주목하고 있다. 박지향의 경우 자치론이 지지를 얻지 못한 것은 우선 조선이 유교 문화의 영향으로 실리보다 명분을 중요시했기 때문으로 본다. 이 같은 주장은 자치론의 대표적 글인 이광수의 「민족적 경륜」의 내용과 유사하다. 이광수는 그 글에서 조선 민족에게 정치적 생활이 없는 이유 중 하나는 "병합 이래로 조선인은 일본의 통치권을 승인하는 조건 밑에서 하는 모든 정치적 활동, 즉 참정권 자치권의 운동 같은 것은 물론이요, 일본 정부를 대수對手로 하는 독립운동조차도 원치 아니하는 강렬한 절개 의식"이 있기 때문이라고 하였다이광수 1924. 차이점은, 박지향이 '명분'이라는 표현을 씀으로써 비실용적 · 비합리적 요인을 강조하였다면 이광수는 '절개 의식'이라는 표현을 사용함으로써 비타협적 · 도덕적 요인을 더 강조하였다는 점이다. 이렇게 볼 때 오히려 친일파 이광수가 뉴라이트보다 조선인들의 의식을 더 높이 평가하였다는 것을 알 수 있다.

자치권은 참정권과 더불어 정치적 자유를 주장하는 자유주의 이념의 내용으로 여겨진다. 그러나 참정권과 자치권은 그 근본 원리에 있어서 서로 반대되는 개념이다. 일제 강점기에 조선인들이 참정권론자와 자치론자로 나뉘어 서로 비판하였다는 것이 그 증거라 하겠다. 참정권이 통합을 지향한다면 자치권은 분리를 지향한다. 참정권을 주장하는 것은 정부의 일에 적극 참여하겠다는 의지의 표명이지만, 자치권의 주장은 기본적으로 중앙 정부에 대해 불신하며 간섭받지 않겠다는 뜻이다. 즉 참정권의 확산은 한 사회의 시민이 '국민'으로 전환되는 국민 형성 과정의 핵심이지만 조찬수 2002, 자치는 특정 지역 또는 집단에게 중앙 정부의 영향으로부터 부분적 독립을 인정해주는 것이다 Heintze 1998. 따라서 참정권이 국민 국가를 건설하려는 근대의 논리라면, 자치권은 개별 집단의 특수성을 강조하는 탈근대의 논리이다. 그러므로 참정권은 일치, 단결, 애국심을 강조하고 자치권은 차이, 다양성, 다문화주의를 강조한다.

때로 자치주의의 이러한 분리주의적 성격은 통치 세력에 저항하는 여러 세력이 서로 단결하는 것을 방해함으로써 통치자의 지배를 도울 수 있다. 즉 지방 자치를 포함하여 자치 등의 분권화는 집권자 입장에서는 분할 통치의 효과를 가져올 수 있는 것이다. 이러한 이유로 미국은 자국에 연방주의를 채택하였으며, 실제로 효과적으로 반대 세력의 통합을 막고 있다. 이라크에 실시한 연방주의도 마찬가지 이유에서 적용된 것이라고 할 수 있다. 이렇게 볼 때 일제 강점기 조선에 행해졌던 지방 자치는 조선의 독립이나 더 나아가 자치와도 전혀 관계가 없거나 오히려 방해되는 요인으로 작용할 여지도 있다. 따라서 이 시기 지방 자치가 확대되어 조선 자치로 갈 수 있었다고 하는 일부 주장은 위와 같은 점을 고려할 때 별로 설득력이 없다. 오히려 지방 자치는 그 논리상, 한 지방이 한 국가의 일부임을 분명히 하는 것으로 동화주의라고 할 수 있다.

또 참정권과 자치권이 식민지에 적용될 경우, 그 의미의 맥락은 독립국에서의 경우와 달라지게 된다는 점에 주목하여야 할 것이다. 독립국이 아닌 식민지의 경우, 보다 궁극적인 정치적 목표는 '독립'이라고 할 수 있다. 즉 식민지에는 독립이라고 하는 보다 중요한 목표가 존재하게 되므로 이때 참정권과 자치권은 독립이라고 하는 상위 목표의 하위에 자리 잡게 된다. 그리고 이것이 독립과 어떤 관계를 갖게 되는가에 따라 그 평가가 달라지게 된다. 즉 참정권과 자치권은 독립을 지향하는가, 아닌가에 따라 상호 간의 관계와 평가가 결정된다. 따라서 이러한 측면만 놓고 보더라도 하나의 주권 국가 내에서 행해지는 참정권 · 자치권의 근대성 · 민주성 논리가 그대로 식민지에 적용될 수 있는 것이 아니라는 것을 알 수 있다.

조선인을 비롯한 식민지인의 참정권 주장은 제국 국민이 갖는 정치적 권리를 똑같이 달라고 하는 것으로 식민지의 독립을 명백히 부정하는 것이며, 식민지와 본국 간 동화를 통한 식민지의 완전한 소멸을 희망하는 것이다. 즉 조선의 참정권론은, 조선이 이미 일본이 되었으므로 일본인과 같은 권리를 달라고 하는 것이다. 반면 자치론은 조선이 일본과는 다르다는 것을 강조하는 것이다. 그러나 독립운동가들처럼 조선이 다른 나라와 같이 평등한 독립 국가여야 함을 주장하는 것이 아니라, 조선이 '식민지' 임을 분명히 하고 있는 경우이다. 따라서 참정권론이 동화주의의 입장이라면 자치론은 식민주의를 표방한 것이라고 할 수 있다. 즉 자치론은 조선이 독립 국가가 아님을 인정하면서 일본과 다르다는 것을 분명히 한 것이라고 했을 때에, 이는 조선의 특수한 '식민지성' 을 강조한 것이므로 자치주의야말로 진정한 식민주의라고 할 수 있다. 따라서 일부 연구자들이 참정권을 주장하는 것은 일본에 협조하는 것인 데 반해 자치는 독립으로 나아가는 전략으로 이해하였으나, 이처럼 자치론의 본질적 내용은 식민주의임을 분명히 해야 한다.

조선의 자치 운동을 인도의 자치 운동과 비교하여 조선의 자치 운동 역시 인도의 경우처럼 독립운동의 하나로서 긍정적으로 평가될 수 있는 것이었는데, 당시 조선의 상황으로 인하여 그렇게 되지 못했다는 주장이 있다. 그러나 이는 조선과 인도의 역사적, 사회적 맥락의 차이를 무시하고 단순 비교한 오류를 범한 것이라고 하겠다. 즉 '상대적 등가성' 을 무시한 오류이다. 인도와 조선은 매우 다른 조건하에서 식민지가 된 나라이다. 인도의 경우 '자치' 나 평화적 비폭력 운동마저도 매우 급진적인 것이 될 수 있는 나라였다. 오랜 세월 인도 민족은 분열되어 있었고, 늘 타민족의 지배하에 있었기 때문에 특별히 영국의 지배가 불만스러울 이유가 없었다. 인도인들은 그들이 가장 중요시하는 종교적 실천을 위반하는 행위를 강요당하자 비로소 저항하기 시작하였는데, 그것이 세포이의 난이다. 당시 〈신민〉에 나타난 인도에 관한 글도 그러한 인식을 보여준다. 즉 "민중에게는 무기가 없고 기율이 없고 결합력이 없어 상호 신임의 관념이 乏"하였기 때문에 영국 정부와 서로 싸워서는 승산이 없다는 것을 깨달아 간디는 비폭력 운동을 전개하였다는 것이다〈신민〉 1927.

따라서 인도의 '자치'는 조선의 '자치'가 아닌 조선의 '독립'과 등가성을 갖는다고 보아야 한다. 즉 인도의 자치 개념과 조선의 자치 개념을 동일선상에서 비교할 수 없고, 인도의 '자치'와 조선의 '독립'을 비교해야 한다. 앞서 언급한 인도의 조건으로 인하여 인도에서는 자치보다 상위 개념인 '독립' 개념이 조선의 경우처럼 강하게 주장되지 않았다. 네루를 비롯한 급진론자들이 자치가 아닌 독립을 주장하긴 하였으나 이는 후에 등장한 것이고, 그 세력도 크지 않았다. 자치를 주장한 간디를 비롯한 국민회의의 영향이 훨씬 컸다고 볼 수 있다. 즉 "배영排英 운동의 최고조라 할 것은 간디의 전성기, 즉 1921년경"이었다〈신민〉 1927. 따라서 인도의 '자치'는 조선의 경우처럼 '독립' 개념의 하위에 위치했다기보다 독립 개념을 대신한 개념이었다고 할 수 있다. 이는 심지어 당시 자치를 주장한 〈동아일보〉의 인식에서도 드러난다. 인도인들이 지향한 자치는 캐나다와 같은 것이라고 할 수 있는데, 〈동아일보〉 역시 캐나다, 호주, 남아프리카공화국은 독립국이나 다름없는 자치령이라는 것을 인식하였다〈동아일보〉 1921. 6. 27; 강명숙 2001. 다음의 글에서도 같은 인식을 볼 수 있다.

> 영국의 통치가 필경은 그들 피치자의 이익될 것을 선언하여 왔으나 장래는 그들로 하여금 그들의 **자치**를 처리케 할 것이다. … 인도를 **해방**하라 인도를 **독립**케 하라는 소리는 각 방면의 英人들도 부르짖게 되었다. … 해방 운동의 여걸 사로지니 나이듀 여사가 높이 인도 **해방**의 노래를 부른다. 거룩한 예언자의 거룩한 말을 들으라. 너희들이야말로 **제왕**이며 너희들이야말로 **주권자**이다〈신민〉 1927(강조는 필자).

〈신민〉에 따르면, 영국은 인도에 새 의회를 개설하기로 하였으나 "피로써라도 완전한 자치를 얻고자 하는 인도인의 만족을 사기에는 어림없었"으며 많은 군중이 모여 "영국 정치의 소멸, 인도 자치의 도래를 축복하였다."고 하였다. 이를 보면 인도의 자치 운동은 타협 운동이 아닌 저항 운동이며 독립운동이었다고 할 수 있는 것이다. 또 결과적으로도 인도의 자치 운동은 독립운동으로 나아갔다. 이는 조선의 경우 자치 운동이 참정권 운동으로, 더 나아가 완전한 황민화로 나아간 것과는 반대의 길을 갔다고 할 수 있다.

인도의 자치, 즉 '스와라지' 개념은 독립 개념의 위상을 가질 뿐 아니라 그 이상의 매우 넓은 의미를 지니고 있다. 스와라지는 제국 내 자치령에서 완전한 자치, 즉 독립까지 이르는 넓은 개념이며 또 개인적 자율까지 뜻하는 정신적 의미마저 갖고 있다. 따라서 이러한 자치 운동을 우리의 자치 운동과 같다고 할 수 없다. 이러한 스와라지 운동은 조선의 자치론자처럼 참정권론자, 즉 동화론자로 변절하지 않았다. 이들은 인도 대표가 영국 의회에 참여해야 한다고 주장한 적이 없다. 또 이들은 조선의 협력자들이 일본화를 외친 것처럼 영국화를 외치지 않았다. 간디가 영국적 전통을 존중하긴 했으나 궁극적으로는 인도화를 강조하였으며, 더 나아가 영국도 인도화할 것을 주장하였다. 간디에 의하면 영국 것은 하나도 본받을 것이 없었다. 그러나 조선의 정치 참여론자는 그들이 참정권론자이건 자치론자이건 간에 기본적으로 일본을 본받아야 한다고 생각했고, 결국은 일본화를 주장하였다.

조선에 자치론이 처음 등장하게 된 계기는 윌슨Thomas Woodrow Wilson의 민족자결주의와 관련하여서이다. 이후 일부 민족주의자들은 당시 자유, 평등을 강조한 국제 사조에 고무되어 조선 독립을 위해 외국의 지원을 얻고자 하였으나 기대가 무산되자 독립청원 운동에서 실력양성 운동으로 전환하게 된다. 실력양성 운동은 주로 교육과 경제 분야에 한정된 것이었는데, 이들은 경제적 자유를 위해서는 최소한도의 권력, 즉 정치적 권리가 필수 불가결하다는 것을 깨닫고 총독부에 접근하여 자치 의회의 개설과 같은 최소한의 정치적 권리를 얻어보자는 타협적 자치론을 제창하게 된 것이다. 이들은 "정치와 경제는 호상 분리치 못할 관계가 있는 것이니 정치권을 박탈당한 자에게 경제권이 없으며, 경제권이 없는 자에게 정치권이 없을 것은 당연한 원리 원칙"이라고 주장하였다〈동아일보〉 1923. 3. 26. 즉 〈동아일보〉를 포함하여 자치론자들이 등장한 이유는 민족의 완전한 독립을 지향해서라기보다 정치 권력 없는 경제적 실력 양성이 어렵다는 것을 절감하였기 때문이다. 이러한 〈동아일보〉의 입장은 "그 사상의 기조를 부르주아 자유주의에 두고 민족이란 간판을 억지로 붙들고 있다."고 비판받기도 하였다 강정민 2005.

민족자본의 성장에는 보호 관세, 금융 자본의 지원, 외래 자본의 투자 제한이 필수적이다. 1922년 10월 〈동아일보〉의 주필 장덕수는 "사업을 하려 해도 자금을 융통할 수가 없다. 선은鮮銀이나 식산은행은 과연 조선인을 위해 세운 것인가. … 공업도 산물도 기술도 없다. 농업은 수전水田의 3분의 1이 일본인의 손에 있다. 먹을 길이 없기 때문에 불평이 일어난다. 우선 첫째로 조선인이 발전하기 위하여 보호를 해주지 않으면 안 된다."고 하였다. 이때 민족개량주의자들과 민족자본가들은 두 가지 입장을 취하였는데, 첫째는 일제의 지배를 인정하면서 자치권 등 일정한 정치적 권리를 요구하는 것이고, 둘째는 독립을 지향하면서 일단 경제적 실력 양성에 열중하는 것이었다. 대자본가들은 첫째, 즉 예속의 길을, 중급 규모의 자본가들은 두 번째 실력 양성 우선을 택하였다 박찬승 1989.

이렇듯 자치론을 주장한 인사들의 대부분은 자산층 인텔리였다. 이들은 외국, 특히 일본 유학을 경험한 지식층이며 국내에서 상당한 사회적 지위를 총독부로부터 인정받아 당시 지배 계급적 성격을 갖고 있던 인사들이고, 또 주로 토지 자본가적 위치에 있었던 인사들이었다. 이들의 이러한 지위와 계급적 이해관계는 민중의 역량에 대한 불신으로 이어지고, 민족적 투쟁을 통한 독립이 어렵다고 인식하게 된 것이라 할 수 있다.

이들은 자신이 갖고 있는 부와 사회적 지위를 보존하는 한에서 가능한 방법을 모색하였는데, 이는 주식회사 설립을 완료할 당시 〈동아일보〉 발기인 55명의 배경을 보면 알 수 있다. 대부분 일제 문화 정치의 회유 대상자인 박영효 등 상층부 한말 귀족과 대지주 및 대자본가들로 채워졌다. 이들의 참여는 우연적으로 된 것이 아니라 김성수 개인과의 친분과 그의 권유로 이루어졌다. 따라서 시종일관 〈동아일보〉가 문화주의를 내걸고 자치 운동의 기관지 역할을 했다고 하였을 때, 이러한 자치 운동의 본질이 무엇인가 하는 것은 자명하다 하겠다. 이들이 열성적으로 추진한 물산장려 운동도 "민족의 이익이니 혹은 대중의 이익이니 농가의 이익이 아니라 경성방직 등 대규모 방직회사의 창립과 융성을 도우는 것이라" 하겠다.▪

또 이후 대체로 많은 자치론자들이 동화주의로 귀결했다는 것이 이들의 친일 증거이다. 아베가 총독에게 보낸 1921년 11월 29일자 편지에는 다음과 같은 내용이 있다.

> 앞서 이광수라는 자의 안을 보여드렸던 조선인 개량 문제는 문화 운동파로 그 방향을 전화토록 암시를 주셨는데 피차 서로의 이득이라고 생각됩니다. … 오

▪ L생, "썼던 탈을 벗어나는 물산장려" 〈개벽〉(1923년 10월호); 유효종 1984

늘날의 형세로 보아 민원식 · 선우순 따위의 운동으로는 도저히 일대 세력을 이룩하기에는 어렵고 간접 사격으로 설설 조선인 사이에 열망이라든가 신용 있는 인사와의 사이에 양해를 얻도록 일을 꾸미는 외에 좋은 방책이 없다고 생각되와 여쭙는 것입니다. 여기에는 이번에 가출옥한 위인들 중 특히 최린이 안성마춤의 친구입니다강동진 1980.

위 편지에 언급된 최린은 이광수와 마찬가지로 결국 종국에 대동방주의를 제창하였다. 그는 현하의 국제 정세하에서 동아 제민족은 일본을 맹주로 하여 매진할 것, 특히 조선으로서는 내선 융합, 공존 공영이 민족갱생의 유일한 길이라고 주장하는 전향 선언을 하였다. 또 조선인에게도 징병제를 실시해야 의무교육과 참정권을 요청할 수 있고, 온갖 차별로부터 탈출할 수 있다고 주장한다. 그는 1934년 4월 중추원 참의에 취임하였고, 1934년 총독부의 후원하에 시중회라는 친일 단체를 발기하였는데 그 강령은 신생활의 수립, 신인생관의 확립, 내선 일가의 결성, 근로신정의 체행, 성경신의 실천 등 친일 정신을 강조한 것이었다박찬승 1989. 그는 결국 자치 운동에서 출발하였으나 완전한 일본인이 되기 위한 참정권 획득 노력으로 귀결하였고, 그것을 위해 조선인에게 제국주의 전쟁에 나가라고 권유하였던 것이다. 최린은 조선인이 황국 신민이 된 것을 기뻐하며 일본을 위해 "있는 힘을 다 바치자."고 다음과 같이 강조하였다.

우리들 반도 민중은 창씨도 하였고 기쁜 낯으로 제국 군인이 되어 무엇으로 보나 황국 신민이 된 것이다. 이제부터는 있는 힘을 다하여 연성을 쌓아서 군국의 방패로서 부끄럽지 않은 심신을 만들어두지 않으면 안 된다〈매일신보〉 1942. 5. 10; 임종국 1987.

이렇듯 자치 운동은 독립운동의 전제라고 주장되었으나 실제로는 일제 지배하에서의 일정한 정치 권력을 획득하는 것이 목적이었다. 단계적 운동론은 단지 구실에 지나지 않았으며 사회적 지지 기반도 갖추지 못하였다. 민족자본가 상층조차 이러한 운동에 합류하는 것을 망설였다는 것이 그 증거라 할 수 있다. 또 일제의 자치제 실시 구상은 독립으로 가려는 길을 열어주려는 것이 아니라 오히려 막으려는 것이었으므로 현실성이 부족했다고 할 수 있다. "만일 영국 국민이 1886년 글래드스턴의 최초 자치 법안을 의회에 제출한 때에 허가할 아량을 가졌던들 금일 애란 자유국과 같은 사실상의 독립국을 만들 필요는 없었다."는 언급에서도 이는 시사된다박찬승 1989.

이러한 점은 참정권론자들의 공통점과 차이점을 보여준다. 양 민족의 상호 융합 단결이라는 면에서는 같은 입장이나 조선은 조선인의 조선으로 남아있어야 한다는 것이 다른 점이다. 이는 일제의 조선 지배를 인정하면서 일본과의 차이를 주장하는 것이라 하겠다. 즉 조선의 특수성을 강조한 것인데, 이는 동시에 조선의 열등성을 인정한 것이라 하겠다. 유민회는 "조선 민족은 스스로 특수한 역사, 문화, 언어, 풍속, 관습 등을 가지고 있기 때문에 이를 무시하고 일본 민족에 동화시킨다는 것은 도저히 불가능하다."고 하였다. 또 "일본인의 조선 지배는 강자가 약자를 지배하는 것이므로 공평한 지배라는 것은 근본적으로 불가능하다."고 하면서 "공평한 지위를 부여한다 하더라도 지력과 부력이 불평등한 조선인으로서는 영원한 열등 신세를 벗어날 수 없다."고 보았다.

이에 유민회가 제시한 대안은 다음과 같다. (1) 조선은 조선인에 의해 다스려져야 한다는 방침을 중외에 선포하여 민심을 안정시켜야 한다. (2) 최단기간 내에 조선 의회 설치 (3) 조선 총독의 감독 아래 조선 정부 설치 (4) 언론 출판 집회 결사의 자유 인정하고 이에 저촉되어 시행되고 있는 특별 법령 폐지 (5) 교육 제도 확장: 보통교육, 의무교육, 고등교육 기관 완비.

이는 한말 보호국 체제와 흡사한 것으로, 이러한 유민회의 자치 구상은 국민협회 김상회에 의하면 기본적으로 독립을 염두에 두지 않은 속령 자치로 파악되었다. 즉 내지 연장주의 외에는 모두 반대한 국민협회가 이 구상을 식민지 지배에 부합하는 것이라고 평가한 것이다 이태훈 2001.

:미군정기 미국식 민주주의 교육

해방을 맞아 미군정은 남한에 민주주의 교육을 실시하고자 하였다. 그 이유는 한반도 및 아시아에서 소련과 경쟁하는 상황에서 남한 국민에게 미국식 가치관과 친미 의식을 확고하게 주입시켜 이데올로기적 우위를 점하기 위해서였다. 1946년 7월 16일자 서신 "트루먼 대통령이 파리에 있는 에드윈 W. 포레 대사에게" 중에는 다음과 같은 내용이 있다.

> 친애하는 포레 대사에게. 나는 1946년 6월 24일자 한국 상황에 관한 귀하의 유익한 서한에 대해 많은 고려를 해왔다. 나는 귀하가 적절하게 표현했듯이 한국이 '아시아에서 우리의 성공 전체가 달려있을 지도 모를 이데올로기적 전쟁터'라는 데 동의한다. … 우리는 한국인들에게 우리 형태의 민주주의를 보급할 목적으로 홍보 및 교육 캠페인을 수행할 것이며, 이들 목적을 위해 미국인 교사를 한국에 파견하여 한국인 학생들 및 교사들을 우리나라에 보내게 할 작정이다 김국태 1984; 손인수 1990.

위에서 '우리 형태의 민주주의를 보급'이 의미하는 것은 다른 형태의 민주주의가 존재하나 한국에는 미국식 민주주의, 즉 사회주의 소련을 비판하기 위해 평등보다는 자유가 강조되는 영·미식 자유민주주의를 심어주자는 것이다.

그로부터 미 군정청 문교부에 가서 자료를 얻어 보니 이게 웬일인가. 미국의 어느 한 주의 초등학교 사회 생활과 교과 과정을 번역하여 우리 학교에 시달하고 있는 것이었다. … 일제하 교육이 우리 땅에 일제 문화를 옮겨 심고 있었다면 미군정하 교육은 미국 문화를 옮겨 심고 있었던 것이다성내운 「분단 시대의 한 · 미 교육 교류」; 손인수 1990.

이때부터 한국에서 민주주의는 오로지 영 · 미식 자유민주주의만이 민주주의인 것으로 이해되어 왔으며 미국은 다른 나라의 번영을 바라는 좋은 나라인 것으로 교육되었다. 예를 들면 1950년대 박관숙 · 육지수가 지은 『국제생활』 교과서 80쪽에 미국이 자신의 민주주의 지원과 원조를 홍보한 것이 다음과 같이 반영되었다손인수 1990.

민주 국가는 자기 나라의 번영을 원하듯이 남의 나라의 번영을 원하고, 그를 위하여 협조하는 것이 미국을 비롯한 여러 나라가 우리나라를 원조해 주게 되는 원인이다. 민주주의의 확립과 발전을 위하여 원조해 주는 것이다.

미국식 민주주의를 교육시키기 위해 미군정은 미국 교육을 받은 사람을 찾아 지도층으로 발탁함으로써 교육 지도층을 미국 지향적으로 재편성하였다. 따라서 미국 교육을 받은 사람들에게 유리해진 사회가 되었으므로 이는 다시 미국 유학 붐을 일으켰고, 그 결과 학생들에게는 지속적으로 민주 교육, 과학적 교육, 실증적 연구 등 미국적인 교육 연구 경향과 인식 관점이 널리 보급되었다이종각 1990; 손인수 1990.

그렇다면 미국식 민주주의의 내용은 무엇인가. 1947년 3월 21일 미 국무장관이 민주주의를 번역한 번역문이 라디오 방송에서 소개되었는데 그 내용은 다음과 같다.

> 본인은 민주주의라는 용어에 대하여 여러 가지로 해석한다는 것을 잘 알고 있다. 미국 정부나 시민들은 민주주의에 대한 기본적 의미를 가지고 있다. 인간은 박탈될 수 없는 기본적 권리, 즉 누구에게 주거나 빼앗길 수 없는 권리를 가지고 있다고 우리는 믿는다.
>
> 이러한 권리는 남의 권리를 해치지 않는다면 두려움이나 억압으로부터 자유롭게 자신의 방법에 따라 모든 개인이 마음이나 영혼을 발전시킬 수 있는 것을 포함한다. 만일 다른 사람의 권리를 존중하는 사람이 가정이나 가족으로부터 소외될 두려움 없이 자기의 신념이나 의식한 것을 표현하지 못한다면 그 사회는 우리 미국인의 생각으로는 민주주의적이라 할 수 없다.
>
> 우리가 법적 인정을 받는 시민이 일할 권리를 부정당하거나 생활, 자유 및 행복의 추구를 박탈당할까 하는 두려움 속에 산다면, 이는 자유 사회라 볼 수 없다김동구 1995.

이 당시 이러한 미국 민주주의 철학에 비판적인 사람들도 있었다.

그 중 민주교육연구회는 독일 유학자 중심으로 이루어졌는데, 이들은 미국 유학자들과 갈등 관계에 있었다. 이들은 "미국의 민주주의 교육 철학은 우리에게 안 맞는다."고 하면서 "나쁜 의미로 본다면 한국 사람들이 과거의 도덕이나 전통을 그대로 지키다가는 자기네 말을 안 따를 수가 많을 터이니, 이것을 어떻게든 파괴한다면 자기네 말을 잘 듣게 될 것이라는 생각"으로 민주주의를 교육시켰다는 것이다손인수 1990. 또 이들은 자유주의와 민주주의를 동일시하는 데서 벗어나 양자를 분리하여 이해하는 경우도 보여주고 있다.

자유주의 교육 정신의 또한 중대 내용은 가지각색의 개성을 자유롭게 발휘케 하는 데 있겠다. 민주주의의 정신은 자유로운 개성보다도 평등한 개인을 주장하기가 보통이다. 그런데 평등이란 것은 오히려 이성적 정신의 요청일 뿐이요, 사실의 세계에 있어서는 거의 실재하지 않는 것이다. 그러므로 그것은 있는 것이기보다는 있어야 하는 것이다. 이에 대해서 자유주의의 교육 정신은 옳고 나쁘고 거짓 의미의 평등 관념(가령 답안 내용의 여하를 불문하고 똑같은 성적을 주어야 한다는 식의 평등 관념)을 단연 청산케 하고, 반드시 똑같을 수 없는 개성을 본연의 개성 그대로 속전束縛, 방해하지 않고 발양하도록 애쓰는 정신이다. 그리고 이러한 교육 태도로부터 사실은 옳고, 좋으며, 참다운 의미의 평등(공정)의 존재가 가능할 수 있는 것이다. 우리는 정치적, 법률적 견지에 있어서 사회의 모든 개인에게 평등한 권리를 인정하고, 모든 개인을 차별 없이 평등하게 다루려고 하는 민주주의 정신을 결코 몰각하지 않으나, 그와 아울러 교육적 · 사회적 견지에서 여러 개인이 여러 개성과 여러 가치를, 자유롭게 불평등하게 발휘하려 하는 자유주의적 정신을 또한 지극히 중시하고자 하는 자이다 최재희 1947.

위의 주장 역시 민주주의보다 자유주의를 옹호하고 있는 것이며, 이는 그 당시 대다수 교육자들에게서 볼 수 있는 태도라고 하겠다. 자유를 강조하는 민주주의는 이후 강한 반공주의를 표방하는 이승만 정권에 의해 더욱 강조되는 정치적 이념이 되었으며, 이후의 정권 역시 냉전 질서를 이용하기 위해 이러한 정치 이념을 표방해왔다.

이렇듯 미군정이 자국에게 유리하도록 조선인에게 서구식 자유민주주의를 '이식'했다는 점을 강조할 때, 이것이 결과적으로 일제 강점기와 미군정기 사이에 단절이 있었던 것처럼 결론지어져서는 안 될 것이다. 이길상은 미군정의 『주한미군사』에서 "한국 교육의 근대화에 관한 일본 측의 시각도 별 여과 없이 반영되었다"고 보고 있다. 즉 통감부의 설치는 결정적으로 한국 교육의 개혁과 보통교육의 확산 및 실용 교육의 발전을 가져왔다는 일본 측의 주장을 그대로 인용함으로써 식민지 교육학의 논리를 그대로 수용하였다는 것이다. 즉 "일본 교육에 대한 비판이나 문제점 지적보다는 한국 교육의 근대화를 지향한 일본의 노력을 긍정적으로 제시함으로써 이후 미군정의 교육 정책이 식민 교육의 극복보다는 신식민지적 구도에 의한 식민 교육의 의도적 전승으로 나아가는 인식적 기반이 되었음을 알 수 있다."는 것이다 이길상 2002. 더불어 실용주의, 탈정치화 등 미국의 정책이 일제의 정책과 흡사한 측면이 있다는 것도 지적되어야겠지만, 그보다 더 중요한 것은 미군정이 일제에 협조한 조선인 관리들을 그대로 기용하는 등 과거 청산을 하지 않았다는 점이다.

그러나 비록 일본인에 대한 한국인들의 증오가 믿어지지 않으리만치 격렬하긴 하지만, 미군이 감시를 게을리 하지 않는 한 한국인들이 폭력에 의지할 것이라고는 생각되지 않습니다. 일본인 관료의 해임은 여론의 견지에서는 바람직하겠으나 당분간은 이루어지기 어려울 것입니다. 그들은 명목상으로는 추방되겠지만 실제로는 계속 업무를 수행케 되지 않을 수 없습니다 "재한국 정치고문(베닝호프)이 국무장관에게" 1945.9.15; 김국태 1984; 김인걸 외 1998.

미군정은 일본인 행정 관료가 없어짐에 따라 거의 모든 행정을 한민당 당원들로 충원된 '통역자 정부'에게 넘겨주었다. 이들 한민당의 대다수는 일제 협력자이며 보수주의자였는데, 교육 문제 역시 이들이 주도하였다. 다음의 글은 한국의 보수주의자들에 대한 미국의 인식을 잘 보여준다.

정치 정세 중 가장 고무적인 유일한 요소는 연로하고도 보다 교육받은 한국인들 가운데 수백 명의 보수주의자들이 서울에 존재하고 있다는 점입니다. 그들

중 많은 수가 일제에 협력하였지만, 그러한 오명은 결국 점차로 사라질 것입니다. 이러한 인사들은 임시정부의 환국을 지지하고 있으며 비록 다수를 구성하고 있지는 않더라도 아마 가장 규모가 큰 단일 그룹일 것입니다"재한국 정치고문(베닝호프)이 국무장관에게" 1945.9.15; 김국태 1984; 김인걸 외 1998.

김성수, 유억겸, 백낙준, 김활란, 오천석 등은 미군이 진주하기 전에 이미 교육 문제를 거론하였고, 한민당 발기대회에 참여하였다손인수 1990. 미군정은 학무국장대리에 김성수, 학무과장에 오천석, 경성대학 총장대리 겸 법문학부장에 백낙준을 임명하였다. 이에 대해 경성대학 학생자치회에서는 "적어도 대학 총장과 학부 부장은 심오한 학식과 고결한 인격으로 만인의 흠모를 받아야 하겠거늘 10년 전 연희전문 교수를 사한 일개 뿌러커브로커로 또는 일본 제국주의의 주구로서 활약한 백씨를 총장으로 맞을 이유가 없다."는 요지의 성명을 발표하여 반대하였다〈週報 建設〉 제1호 1945. 11. 이어서 법문학부 교수 중심의 조선문화건설중앙협의회에서도 백 총장의 취임 거부 성명을 발표하는 등 학무국과 교수 및 학생들 사이에 갈등이 표면화되어 결국 미 해군 대위 알프레드 크로프츠가 경성대학 총장으로 임명되었다이길상 1999.

그러나 이들 보수주의자들이 주축이 되어 한국교육위원회를 구성하였고, 1945년 11월에 조선교육심의회를 조직하였다. 이들 중에는 미국, 영국, 일본 등 유학 경험자와 기독교인들이 많았다. 많은 기독교인들이 항일 투쟁에 앞장섰으나 "기독교 신자들 중에는 예외도 적지 않게 있었으니, 중산 지주들이나 군인, 경찰, 관료들은 친일로 민족을 반역하는 경향이 뚜렷했었다." 또 "하필이면 이들이 미군 군정하에 관리로 뽑혔었다는 것이고, 당시의 통치자인 하지 중장의 고문들 속에도 끼었다."성내운 1983; 손인수 1990. 성내운은 군정의 인사 정책을 비판하면서 다음과 같이 교육 부문에 동원된 한인들의 성향을 언급하고 있다.

미군정 당국은 한반도가 분단되느냐 않느냐 하는 처절한 민족의 현실을 놓고, 이러한 상황에 적극적으로 대처해서 통일된 민족 사회를 구성하려는 생각이 없이, 그저 미국의 이익을 대변해서 분단에 순응할 사람을 고르는 것이었지요. 그래서 교육도 많이 받은 사람, 해방된 민족 앞에서 민족 반역자로 죄책감을 가져야 했던 사람들이 골라지게 된 것이지요 한국기독교사회문제연구소 1983; 김용일 1999.

이러한 친일 세력에 의한 인사 등용은 당시 반미적 풍조를 낳을 소지가 있었는데, 이는 다음과 같이 풍자되기도 하였다.

민주주의 정책을 실시함에는 천백의 법령을 설정하는 것보다도 먼저 진정한 민주주의적 지도자를 정치 요로에 두어야 할 것이다. 히틀러에게 민주주의 정책 실천을 주문하는 것은 독수리에게 병아리를 잘 양육해 달라고 부탁하는 것과 같은 일이니 … 임헌영 1985; 손인수 1990.

이렇게 '인적' 청산이 되지 않은 것은 '이념적' 청산도 하지 못하게 되었다는 점을 지적해야 할 것이다. 더구나 미국은 초기에 한국 내에서 이데올로기적 갈등이 첨예하다는 것을 이유로 교육과 정치의 분리를 기본 정책으로 하였다. 따라서 논란이 되는 모든 문제를 교과서 내용에서 제외시키기로 결정하여, 그 결과 이데올로기적 의미를 내포하는 요소는 교과서 내용에서 빠지게 되었다. "한국은 정치적으로 분열되어 있어 교과서 문제는 모든 논쟁적인 의심을 피해야만 했다. 마침내 문교부는 이솝 우화와 미국 교과서에 나오는 구절들을 번역하기로 결정했다."는 기록에서도 확인할 수 있다『주한미군사』 4권; 김용일 1999. 그리하여 교과서에는 주로 서정적 산문이나 운문, 자연 현상, 일상생활과 관련된 것들을 다루게 되었다.

언더우드Horace Horton Underwood는 1947년에 한 보고서를 통해 미군이 한국을 점령하면서 뿌리내리고자 했던 민주주의 이념을 기대하였던 것만큼 교과서에 반영시킬 수가 없었다고 서술하고 있다오욱환 · 최정실 1993. 그러나 이에 대해 이길상은 "기본적으로 정치적 중립성이 요구되는 초중등 교육용 교과서를 집필하는 과정에서 한국인들의 정치적 분열을 이유로 미국이나 서양 교과서 내용을 모방했다는 주장은 쉽게 납득하기 어렵"고 "미국 중심 교과 과정 편성을 합리화하기 위한 지적으로 보인다."고 평하였다이길상 2002.

:이승만 정권 시기 자유민주주의와 민주주의

한국에서 '자유민주주의'라는 담론이 주목받기 시작한 것은 1950년대 중반부터이다. 1955년 당시 민의원 의원이었던 신도성은 〈사상계〉에 「한국 자유민주주의의 과제」라는 제목의 글을 실으면서 "요즈음 유행하는 '자유민주주의'란 용어는" "공산주의자들이 스스로 민주주의를 참칭하는 데 대하여 개념의 혼동을 피하기 위해서" 쓰이는 것 같다고 하였다. 또 "요사이 흔히 '자유민주주의'를 들추는 인사들 중에는 이것을 '사회민주주의' 내지 '사회주의'를 부정하기 위한 소극적 개념으로 정립하려는 듯한 경향이 있다."고 쓰고 있다(신도성 1955). 이렇게 볼 때 우리 역사에서 자유민주주의는 서구에서 등장한 배경, 즉 반공 내지 비공非共이라고 하는 맥락에서 시작되었다고 할 수 있다.

반공으로서의 자유민주주의는 이승만에 의해서 더욱 강조된다. 1959년 공보실에서 펴낸 『우리 대통령 리승만 박사』에서 "리승만 대통령 각하의 정치 이념은 철저한 자유민주주의이며 이에 반하는 어떠한 독재주의나 침략주의도 이를 용인하지 않는 것이다."라고 쓰여 있다. 이때의 독재주의나 침략주의는 공산주의를 의미한다. 이승만은 "몸소 체험과 시범을 통하여 여기에 자유민주주의의 이론을 사상 체계화하시게 되었"으며 "세계적인 대사상가로서" "이 위대한 지도자는 우리 민족으로 하여금 '민족의 진로'를 명시한 것이니 그것은 '반공 · 자유 · 민주주의'에 입각한 민족 국가를 완성해야 된다는 것이다." 이승만에 의하면 공산주의는 '자유 인민의 적이요, 인류의 적' 이다공보실 1959.

이러한 이승만의 반공으로서의 자유민주주의는 '대사상가,' '위대한 지도자' 라는 이승만에 대한 묘사에서 단적으로 드러나듯이 서구의 자유민주주의와 달리 권위주의적 성격을 갖는다. 1959년 〈사상계〉의 「한국 자유민주주의의 위기」라는 글은 한국의 자유민주주의가 가부장적 성격을 갖고 있는데, 이는 그릇된 자유민주주의라는 것을 주장한다.

> 현재 우리 사회의 국시로 간주되고 있는 그 자유민주주의의 한국적 성격은 과거의 전제 군주 시대의 가산家産, 국가적 관념에 입각하고 있는 데에 그 특색이 있다. … 그것이 바로 公私의 무분별이며, 그것이 바로 민주주의에 대한 집권자의 유권적 해석의 경우이다. 사실 우리 사회에 있어서는 이러한 그릇된 관념이 모든 사회 단체로 하여금 여당의 산하 단체로 하게 하여 … 한태연 1959.

또 이승만 독재 정권을 물리친 4.19혁명이야말로 '자유민주주의 혁명' 이라고 주장되었으며, 그 혁명의 의미는 "진정한 자유민주주의를 발전시키는 것"이었다민석홍 1960. 이승만의 자유민주주의는 비민주적인 내용을 갖는 것으로 인식되었으므로, 민주주의는 반대 세력과 야당의 대항 담론으로 전유되었다. 이들에게 있어서 민주주의는 '사수되어야' 할 만큼 절박한 것이었다. 이들은 "마산 사건에서 총부리 앞에 민주주의를 목이

메도록 외치다가 쓰러지고"〈동아일보〉 1960.4.18; 고영복 1986, "이 땅의 민주주의를 수호하기 위하여 피를 바칠 때가 온 것"이라고 주장하였다 동아대학교 성명서 1960.4.19; 고영복 1986. 이렇듯 당시 구호는 '민주주의를 사수하자.' 였으며 이승만 정권을 물리친 4.19혁명은 "한국민이 스스로의 힘으로 자발적으로 전취한 '자유민주주의 혁명' 으로 인식되었다 민석홍 1960. 그리고 그 이유와 의미는 다음과 같이 제시되었다.

그러면 우리는 어떠한 이유로 4월 혁명을 '혁명' 이라고 부르는가. 첫째 이유는 그것이 독재 정권을 타도하였기 때문이요, 둘째 이유는 이와 결합되어 있던 특권적인 재벌이나 기업가층의 몰락의 바탕을 마련하였기 때문이다. 그러면 그것의 적극적인 의미는 무엇인가. 첫째는 진정한 의미의 자유민주주의를 발전시키는 것이요, 둘째로는 국민의 총체적인 부를 증진시키고 중산 계급의 건전한 성장을 가능케 하는 합리적인 근대적 경제 체제를 확립하는 것이다 민석홍 1960.

야당에 의해서도 민주주의는 무엇보다 독재를 반대하는 것으로 이해되었으며 내각제, 자유로운 분위기, 공정한 선거를 의미하였다. 야당은 공약으로 "인권을 옹호하며 자유 분위기를 보장하는 데 특별히 주력할 것이며, 이리하여 국민들이 부드러운 공기 속에서 보람 있는 삶을 영위할 수 있도록 최선의 노력을 하고자 한다."고 제시하였다. 또 "모든 민간 단체들을 관권의 지배로부터 해방시켜 각자의 자주적 입장에서 진정한 민주적 발전을 도모할 수 있도록 하고자 한다."고 하였으며 "모든 급의 선거에 있어서 관권의 간섭을 일체 배제하고 자유 분위기를 확보"하겠다고 하였다. "실로 자유롭고 공정한 선거는 이 나라를, 데모크라시의 낙원으로 만드는 데 기본적인 요소가 되는 것이기 때문"이라는 것이다〈동아일보〉 1956. 4.15; 허동현 1999.

이렇듯 야당에 있어서 민주주의는 정치적 자유가 그 중요한 내용임을 알 수 있다. 자유당과 민주당의 민주주의에 대한 인식은 비슷하나 미묘한 차이가 있다. 자유당에 의하면 '인간의 존엄성' 이 민주주의의 핵심적 요소이고, '권리와 의무를 법으로 보장받은 각 개인의 힘이 곧 민주정치의 기초' 이다. 또 '언론의 자유와 다수결의 원리', '상대주의', '관용성과 조화성', '대동소이한 정치적 견해를 일괄적으로 통합' 하는 국회, '공산주의에 대항하는 것' 이 민주주의의 중요한 요소이다. 반면 민주당에 의하면 '민주주의는 정치의 주재자가 국민' 이고 '백성이 제일이요, 백성이 주장하는 나라' 이며 '국민 전체의 손으로 좌우되는 정치', '법치주의', '의회 정치', '정당 정치', '권력 분립 정치', '여론 정치' 등이 있다. '대통령은 주권자인 국민의 공복' 이 되는 국가가 민주주의 국가이다. 이렇게 볼 때 자유당은 민주주의에 대해 개인주의, 자유, 상대주의, 타협의 정신 등을 강조함으로써 민주주의를 개인주의화, 탈정치화하고 투쟁성을 약화시키는 방향으로 해석하였다. 자유당이 주장한 '언론의 자유' 는 절대적인 자유를 의미하는 것이 아닌 것으로 언론 자유에 대한 제약 역시 합리화되었으며, '다수결의 원리'는 다수당인 자유당이 자신의 정치 활동을 정당화하기 위한 주장이었다백운선 1981. 반면 민주당은 민주주의 개념에 있어서 국민을 강조함으로써 정치적인 면을 분명히 강조하고 있다.

:장면의 민주주의관

장면은 한국에서 민주주의의 실현이 지체된 근본적 원인은 제도의 결함이나 국정을 담당한 인물의 결함에서 기인하는 것이라기보다는 "선거민 자신들의 역량 문제에 귀착하는 것이며 민주주의의 후진성"에, 실질적으로는 "대의 정치가들의 민주 정신의 불철저 내지는 실천력의 결핍"에 기인하는 것으로 보았다. 이에 한국이 진정한 의미의 민주주의를 수립하기 위해서는 먼저 "선거민과 대의사"들의 의식 개혁과, "개별적·분화적인 시민의 의사와 이익을 공공의 일반 의사 내지 이익으로 통합해 대표"하는 정당, "노동조합, 협동조합 혹은 제종諸種 단체 연합" 등 '사회 대중 운동'의 건전한 발전과 같은 제도적 장치의 기능 발휘가 필요하다고 보았다장면 1956; 허동현 1999. 따라서 그는 제2공화국 시기의 계속되는 데모는 국민들이 진실한 자유와 민주주의를 배우는 데 필요한 것으로 보아 억누르지 않는 것이 좋다고 생각하였다. 따라서 "연일 계속되는 데모로 인해 사회가 혼란에 빠졌지만, 민주당이 집권한 후 집권 전의 공약을 위배할 수가 없었"고 "'총검에 의한 외형적 질서' 보다는 '자유 바탕 위의 질서' 가 진정한 민주적 질서라고 믿었기 때문에, 오랫동안 자유당 정권하에 억눌렸던 국민들이 자유가 허락된 이때에 쌓이고 쌓였던 울분을 한 번은 마음껏 발산시키고 나서야 가라앉을 것은 어찌할 수 없는 뻔한 일" 이라고 보아 "은인자중"하였다.

'국민이 열망하던 자유를 한 번 주어보자.'는 것이 민주당 정부의 이념이었다. 갈수록 혼란을 더해가는 사회 상황 속에서 우리는 철권으로 억압하는 대신 시간으로 다스리고자 했다. … 귀와 입으로 배운 자유를 몸으로 배우게 하려는 의도였다. 이론과 학설로 배운 자유는 혼란을 일으키지만 경험으로 체득한 자유는 진정한 민주주의의 단단한 초석이 되는 것이다. 자유가 베푼 혼란과 부작용에 스스로 혐오를 느낄 때 진실한 자유를 얻는 것이다 장면 1956; 허동현 1999.

군사 정권마저도 제2공화국에 대해서 "방종이나 무질서에 가까웠던 것이기는 하나 국민의 자유가 거의 최대한으로 인정받을 수 있었던 시기"로 평가하였다 『한국군사혁명사』 한국군사혁명사편찬위원회 편 ; 허동현 1999. 그러나 이와 같은 민주주의에 대한 그의 신념에도 불구하고, 보수 정당으로서 민주당의 한계와 끊임없는 파쟁, 부정 선거 관련자에 대한 미온적 태도로 인해 민의를 얻지 못하였다. 또 당시 혁신계 정치 세력과 학생들의 민족 통일 열망에 대해 적절한 방안을 제시하지 못하였고, 오히려 데모 규제법과 반공법을 제정하여 이에 대처하려 하였다 강만길 1994. 장면은 민주주의자이긴 하였으나 민족주의적인 사람은 아니었다. 따라서 당시 국민의 강한 민족주의적인 열망을 충족시킬 수 있는 사람이 아니었다.

> 그는 미국 쪽 문헌에는 지적이고, 유능하며, 합리적이며, 유순하며, 수많은 한국인들의 특징인 강경한 민족주의가 결여되어 있다고 거의 한결같이 묘사되어 있다. 제2공화국으로 알려진 이승만 사임 후의 정부를 이끄는 동안 그는 미국 대사관과 서울 주재 CIA 책임자와의 상의 없이 중요한 조치를 취한 적이 거의 없었다. … 그의 미국인들과의 관계는 사대의 전형적인 예를 보여주었다 브루스 커밍스 2001.

제2공화국의 민주주의 실험은 경제적 침체, 미국에 대한 의존, 정치적 불안정 등으로 인해 어려운 상황 속에 있었다. 그럼에도 불구하고 1961년 초반부터는 정치적 분위기가 비약적으로 개선되었다 브루스 커밍스 2001. 따라서 이후 쿠데타로 집권한 박정희 정권을 정당화하기에는 당시 상황이 이미 안정을 찾아가고 있었다. 쿠데타 당시 데모도 사그러들기 시작하였으며 경찰의 방어력도 강화되었다. 사실상 시위는 1961년 4월 이후에 줄어들었고 심지어 4.19 1주년도 평화롭게 지나갔다 서중석 1994. 박정희를 포함한 군부 일부는 이미 이승만 정권 시기부터 미국의 지원을 받아 쿠데타를 일으킬 계획을 갖고 있었고, 몇 번의 기회를 놓친 후 강만길 1994 이제는 더 이상 때를 놓칠 수 없다는 생각에 서둘러 쿠데타를 일으켰다고 볼 수 있다. 따라서 박정희는 자생력 있는 민주주의의 가능성을 짓밟았다는 비판을 면하기 어렵다. 또 장면 및 윤보선도 박정희 쿠데타에 너무 나약하게 대응하였다. 장면은 도피에 급급했고, 윤보선은 순순히 박정희의 뜻에 따랐다.

:이승만의 자유방임주의와 장면의 경제제일주의

이승만의 반공주의와 북진통일론은 경제 문제도 부차적인 것으로 미루어지게 하였다. “우리나라 현금에 가장 급하고 중대한 문제가 남북통일이고 그 다음이 경제 안정”이라는 이승만의 발언은 경제 발전에 대한 그의 무관심을 보여준다. 이승만 정권의 경제 정책은 오로지 미국의 원조에만 의존한 것으로 경제 문제는 바로 원조 문제라는 인식을 보여준다. 이승만 정권은 자유방임주의를 신봉하여 “우리 경제상 문제를 경제상 원칙적으로 해결하자는 작정으로 정치상 관련이나 법제상 위력으로 강제력을 쓰려는 것은 다 없애고 자유방임주의의 순리를 따라서 나가자.”고 하면서, 주요 기간산업과 지하자원 등에 국유를 명시하는 등 ‘국가자본주의적’ 요소를 상당히 갖고 있었던 제헌헌법을 1954년 자유시장경제 원칙에 맞추어 수정하고, 귀속 재산 불하, 은행 민영화 등을 과감하게 시행하였다. 이승만의 경제관 및 경제 정책을 볼 때 이는 자유주의에 대한 신념이라기보다는 제3세계적 현실을 무시한 무지의 소산이라고 할 수 있다(손호철 · 김윤철 2003). 민주당 역시 창당 때부터 사회주의를 반대하는 '자유 경제 원칙'을 제시하였다. 신당 발기 취지문의 "사회 정의에 입각한 수탈 없는 국민 경제 체제의 확립"에서 '수탈 없는'이라는 어구는 사회주의를 의미하기 때문에 부당하다는 의견이 있어 대신 '자유 경제 원칙'이라는 용어가 첨가되어 "자유 경제 원칙하에 생산을 증강하고 사회 정의에 입각하여 공정한 분배로써 건전한 국민 경제의 발전을 기하며"로 바뀌었다(백운선 1981).

그러나 그렇다고 해서 이승만 정권이 경제를 독점하지 않았던 것은 아니었다. 오히려 당시 경제의 관료 독점이 비판되었다. 즉 야당은 관권이 "금융 기관, 귀속 사업, 특수 회사 등을 지배"하고 있다고 비판하고, 따라서 "민간 자유 기업을 조장 · 육성하여 허가 · 인가 등의 제도를 가능한 최대한도로 철폐하고 인정 과세 폐지 및 기타 세제를 혁신하여 산업의 자주적 발전을 조장할 것"을 강조하였다. 따라서 야당 역시 자유로운 기업 활동을 보장할 것을 촉구했다는 측면에서 자유방임주의에 접근하였다고 볼 수 있으나 경제를 무정부 상태로 방치하는 것에는 비판적이었다.

장면 부통령의 경우 이승만과 달리 공산주의보다 불안과 빈곤이 더 위기를 가져온다고 하여 경제 문제를 강조하였다. 이 나라의 경제 조건을 개선하는 것이 한국 통일에 대한 제1보로서, 불안과 공포로부터의 해방을 위한 민주주의의 실현과 이를 담보할 경제적 번영을 위해 외국 경제 원조를 이용해야 한다는 것이었다(허동현 1999). 1960년 7.29 총선 유세에서는 다음과 같이 말하였다.

> 민주주의 경제는 경제 활동이 유력한 동기로서 또는 경제 발전의 유력한 추진력으로서 개인의 창의, 재능, 식견, 경험을 존중하는 것이지 결코 경제계를 무정부 상태로 방치하여 부익부 빈익빈의 불평등한 사회를 만들자는 것이 아니다. 하물며 민주주의 이념이 자유에만 있는 것이 아니라 평등과 우애에 있다는 것을 상기함에 있어서랴. … 어쨌든 민주 정치가 성장하기 위해서는 '배고파 못살겠다.' 고 아우성치는 백성을 그대로 두고는 가능성이 없다. 생산력을 증강하여 근로하는 국민 대중에게 공정하게 분배됨으로써 국민의 생활이 안정되며 그 수준이 향상되는 것이 '데모크라시' 의 전제 조건이다.

위의 글에서 보이는 바와 같이 장면은 이승만이 경제를 무정부 상태로 방치한다 하여 그의 자유방임주의를 비판하고 이것이 부익부 빈익빈의 불평등한 사회를 가져올 것이라는 것, 민주주의는 자유뿐 아니라 평등과 우애를 존중하는 것, 생산의 증강과 공정한 분배가 민주주의의 전제 조건이라고 주장하였다.

이후 제2공화국을 이끌었던 장면 정부는 경제제일주의를 내세워 경제 개발 계획을 추진하였다. 1961년 신년사에서 장면은 경제가 우선이고 통일은 다음이라고 천명하였다. 건설, 전력, 광공업, 중소기업 등 인

프라 건설에 주력하였으며, 일반적인 국토 개발 계획과 더불어 소양강 댐 등 5개 댐 건설을 통한 전력 증강 계획을 세웠다. 이러한 국토건설대에 공채로 학사 2000명을 선발하였다. 7개년 전원 개발 계획, 8개년 석탄 개발 계획, 산업 철도, 도로 항만 확충 계획도 세웠다. 이를 위해서는 무엇보다 재원 확보가 시급했으며, 미국의 대외 정책이 무상 원조에서 차관으로 전환되면서 기존 경제 정책의 틀을 바꿀 수밖에 없었다. 따라서 한일 관계의 개선이 필요했으므로 재일동포 재산, 일본인 자본 반입, 미국 및 서독과의 기술 원조와 장기 차관을 추진하였다 서중석 1994.

그때 추진했던 국토 개발 사업, 경제 개발 5개년 계획 등은 정권이 몰락한 이후에도 계승되어 시행되었다 전재호 2000. 사실상 5.16 군사 정권은 장면 정부의 계획을 그대로 가져갔다고 할 수 있다. "방법론은 물론이고 세부 항목까지 거의 같은데, 달라진 부분은 성장 목표를 연 6.1퍼센트에서 7.1퍼센트로 높인 것 뿐"이라고 증언되었다 허동현 1999.

:전두환 정권의 '단임 정신'과 자유화 조치

박정희 정권은 그 오랜 집권 기간에도 불구하고 자유주의 또는 자유민주주의에 대한 옹호를 찾아보기 어렵다. 차라리 광주 시민의 피로써 등장한 전두환 정권이 마치 자신의 죄를 씻고 싶어하듯, '평화적 정권 교체' 등 민주주의의 토착화를 강조하였다. 그는 취임사에서 "본인은 민주주의를 이 나라에 토착화하기 위하여 헌법 절차에 의한 평화적 정권 교체의 전통을 반드시 확립할 것"이라고 강조하였다〈제11대 대통령 취임사〉 1980.9.1. 즉 폭력적인 정권 창출을 합리화하고 또 하나의 영구 집권 시도라고 하는 의혹을 무마하기 위해 전두환 정권은 기존 정권과의 차별화를 모색하였는데 그것 중 하나가 정권 교체의 보장, 즉 대통령직의 중임 금지였다. 이는 '단임 정신' 이라고 불릴 정도로 강조되었던 것으로, 그의 민주주의론의 가장 중심적인 내용이다. 물론 '정권 교체' 는 민주주의의 중요한 내용으로, 이승만 정권의 장기 집권 이래 민주화 세력에 의해 지속적으로 강조되어 온 것이지만 폭력적으로 집권한 세력에 의해 평화적 정권 교체가 주장되었다는 점이 특이하다. 한배호에 의하면 이러한 목표 설정은 전두환 정권의 태생적 결함을 자인하는 것으로, '단 7년만 참으면 된다.' 고 국민을 달래는 전략이며 정권에 대한 국민의 저항감을 누그러뜨리기 위한 '어설픈 정당화' 였다한배호 1994.

전두환에 의하면 박정희는 경제 건설의 업적에도 불구하고 민주주의적 지도자라는 것을 이해시키는 데 실패하였으며, 서구 민주주의를 그대로 직수입할 수 없다는 그의 주장은 정당하지만 민주주의를 지향하지 않고서는 안정과 발전을 이룰 수 없고, 따라서 참다운 민주주의의 토착화는 그 시대의 절대적인 요청이라는 것이다. 그리고 그 해답은 바로 '통치자의 한시적 권한' 이었다이규호 1983. 전두환은 1980년 9월 헌법 개정안 공고에 즈음해서 "지난 개헌사를 반성하면서" 자신이 "중임 금지를 발의

하는 최초의 현직 대통령으로서 이 조항의 성공 여부가 민주주의 토착화의 사활을 가름하는 분수령임을” 강조하였다이택휘 1983. 즉 민주주의의 보편적인 기본 이념은, 항구적인 주권은 국민에게 있고 통치자는 한시적인 권한을 책임 있게 행사하는 데 있기 때문에 제5공화국의 출범을 보장한 헌법에 대통령 임기를 7년으로 하고 단임제를 규정하였다는 것이다. 따라서 국민 주권의 항구성과 이에 대한 통치 권한의 한시성이 민주주의 제도의 핵심으로 떠올랐다이규호 1983.

또 전두환 정권은 박정희 정권이 자유방임주의를 비판하고 국가 개입을 정당화한 것과 달리 기업 활동의 자유를 중요시하였으며, 실제로 경제 부문에 각종 자유화 조치가 취해졌다.

> 정부는 앞으로 기업의 창의성을 존중하고 자유롭고 정상적인 기업 활동을 최대한 보장하는 동시에 지금까지의 기업에 대한 과잉보호를 지양하고 지원 시책을 재검토 정비하여 기업 체질을 강화해 나갈 것입니다. 즉, 경제 운용 방식을 민간이 주도하는 방향으로 발전시키며 기업은 대소를 막론하고 경영 결과에 대해 스스로 책임을 지는 풍토를 조성할 것입니다〈제11대 대통령 취임사〉 1980.9.1.

이는 박정희 정권의 경제 정책 실시 결과 조성된 국가-자본 간의 힘의 관계의 변화가 전두환 정권에 들어오면서 국가에 대한 자본의 자율성이 강조되는 데 이르렀음을 의미한다손호철 · 김윤철 2003. 마찬가지로 강조되고 있는 '복지' 개념은, 박정희 시절에도 자주 등장한 개념으로, 부의 재분배라는 의미보다는 경제적 성장 특히 양적 성장을 통한 '잘 살기', 즉 실용주의적 차원에서 주장된 것이다. 전두환은 "지속적인 경제 성장과 발전이야말로 복지국가 건설의 밑거름"이라고 하면서, 복지 실현의 주체는 국가가 아닌 개인으로 보았다.

> 옛날부터 사람들은 누구나 … 일생을 행복하게 살 수 있는 복지 사회를 간절하게 원하였다. 그러나 복지 사회는 복지 정책만으로 이룩되는 것이 아니다. 복지 사회의 실현은 궁극적으로는 사회 성원 한 사람 한 사람의 생활 태도에 달려 있다 문교부 1988.

전두환 정권은 집권 후 정치인들을 투옥하고 철저하게 저항 세력을 봉쇄하다가 1983년 아웅산 참사 후 제적 학생들을 복교시키고 해직 교수들을 복직시키는 등 유화 정책을 취하였다. 이후 전국적인 학생 조직이 결성되고 민주노조가 재건되면서 재야 단체의 활동이 어느 정도 활성화되었다 한배호 1994. 1985년 총선에서 김영삼과 김대중의 신민당은 여당인 민정당을 누르고 제1야당으로 등장하면서 재야 민주 세력과 연대하여 대통령 직선제를 요구하기 시작하였다. 대통령 직선제하에서 여당이 재집권하기 어렵다고 판단한 전두환 정권은 호헌을 발표하였고, 이에 학생들과 시민들의 데모가 격렬하게 전개되었다. '6.10 민주항쟁'을 선포한 민주헌법쟁취국민운동본부는 전국적인 시위를 주도해갔으며 미국의 압력까지도 가중되자 집권 세력은 분열되기 시작하였다. 이에 전두환은 노태우로 하여금 대통령 직선제 개헌을 수락하는 6.29 선언을 발표하게 하였다. 그러나 개정된 헌법하에서 실시된 1987년 대통령 선거에서는 후보 단일화에 실패한 야당이 패하고 민정당의 노태우 후보가 당선되는 결과를 가져왔다강정인 1999.

이 시기 저항 세력의 이념에 특징적인 점은 그동안 의심 없이 받아들여졌던 자유민주주의가 재고되기 시작했다는 것이다. 그것은 광주에서의 미국 책임에 대한 문제 제기와 더불어 반미주의가 등장하고, 학생운동 출신들이 노동 운동에 투신하면서 실질적 민주주의와 사회주의 사상에 대한 관심이 높아졌기 때문이다. 그러나 재야 세력과 많은 학생들은 여전히 형식적 민주주의의 회복을 촉구하였고, 박종철 치사사건과 전두환의 호헌 조치는 운동 세력 내의 다양한 이념적 성향에도 불구하고 호헌 철폐와 직선제 쟁취라는 목적으로 결집되었다. 그리고 이로 인해 6월 민주화 투쟁은 성공하였다. 그러나 6.29 선언 이후 각 세력들은 형식적 민주주의의 제도화에 참여하는 세력과 자본주의 체제의 변혁을 통한 실질적 민주주의로의 전환을 추진하는 변혁 운동 세력으로 분열되었다전재호 2000.

:노태우 정권 시기 민주주의론

1987년 시민들의 저항으로 이룬 직선제 개헌을 통해 출범한 제6공화국은 비록 야당의 분열로 등장한 것이기는 하지만 더 이상 정통성 문제를 고민하지 않아도 되었고, 따라서 과거 역대 정권들처럼 민주주의의 '자기식' 해석을 통한 왜곡이 필요 없는 상황을 맞이하였다. 이러한 상황은 민족주의를 강조한 '우리식' 민주주의 지양, 절차적 정당성 확보에 기인한 '절차적 민주주의' 강조, 절차의 강조에 따른 폭력에 대한 강한 비판 및 '보통사람론'으로 이어진다.

우선 노태우 정권은 민주주의야말로 '우리의 지침'이라고 강조할 수 있게 되었다. 노태우는 "민주주의로 가는 길이 아무리 험난하다 해도 나는 민주주의만이 인간의 자유와 행복을 실현해 준다고 믿습니다."대통령공보비서실 1991라고 하면서, '거침없는 민주주의', '남에게 꿀릴 것 없는 민주주의' 등의 표현을 사용하였다.

> 민주주의야말로 모두가 자유롭게 살며 자유롭게 참여하는 사회, 사람이 사람답게 사는 사회로 우리를 이끌 것이기 때문입니다. 물량 성장과 안보를 앞세워 자율과 인권을 소홀히 여길 수 있는 시대는 끝났습니다〈제13대 대통령 취임사〉 1988. 2. 25.

> 온 국민의 한결같은 기대와 소망이 모여져 이루어진 것 … 사면·복권을 통

해 묶인 사람은 풀렸고 언론은 자유로와졌습니다. 인간의 존엄성과 국민의 권리를 억누르는 힘이나 제도도 철폐되었습니다. 모든 정당과 단체의 활동은 자유로와졌고 자치 · 자율의 기풍은 모든 분야로 확산되었습니다. 이처럼 구미 어느 나라에 부럽지 않은 민주 헌정 체제로 합의 개헌이 이루어지고 거침없는 민주주의의 길이 열렸습니다. 우리 역사상 그 유례가 없는 자유로운 선거를 통해 국민 여러분은 대통령을 직접 뽑아주셨고, 그래서 정통성 있는 정부가 들어섰습니다. 국회는 강력히 정부를 견제하고 사법부는 누구의 간섭도 없는 독립성을 누리게 되었습니다. 우리도 남에게 꿀릴 것 없는 민주주의를 한다는 드높은 국민의 힘이 하나로 모아져 …노태우 1989.

노태우는 연설문마다 "진정한 민주주의"를 강조하였는데 이는 첫 평화적 정권 교체로 취임하였음을 강조하는 것이다. 억압은 사라지고 인권 유린과 고문도 사라졌다고 하면서, 두려움 없이 말하고 각자의 견해에 따라 비판하는 언론의 자유가 만개하였다고 하였다. 자유와 자율의 새로운 질서가 도래하였다고 하면서 무리한 집권 연장과 1인 장기 집권 시대에 종언을 고하고, 국민을 분열시킨 체제 논쟁과 정통성의 시비는 씻어졌다고 하였다. 독재냐 민주냐 하는 흑백 논리도 해소되었으며, 이것이 진정한 민주주의 시대이고, 경제의 기적을 이룬 한국이 이제 정치의 기적을 이룩하였다고 강조하였다. 현재는 "민주화의 구호가 더 이상 호소력을 잃은 상황"이며, 또 "정통성의 시비, 왜곡된 체제로 오도되고 굴절된 정치"가 아님을 시사하였다."대통령공보비서실 1991.

교과서에서도 다음과 같은 변화를 보였다.

> 정치편에서는 다음의 몇 가지에 내용 구성의 주안점을 두었다. 첫째 민주주의의 원래의 이념을 중심으로 하였다. 공민 영역 그 중에서도 정치편은 민주주의와 뗄래야 뗄 수 없는 밀접한 관계에 있었는데도, 그 간의 우리 사회의 여러 가지 사정 때문에 민주주의의 원래의 뜻이 부각되지 못하고 '한국적인 것', '특수한 것'이 강조되어 왔다. 그러나 민주주의를 특수한 것으로 이해하기보다는 보편적인 것으로 이해하는 방향으로 나아가야 할 것이다문교부 1989b.

> 한 가지 유념하고자 하는 것은 종전처럼 민주주의를 지나치게 우리의 것과 결부시켜서는 안 되겠다고 하는 것이다. 민주주의의 역사적 전개가 서양에서 비롯되었음을 인정하고, 그 근본 원리를 객관적으로 이해시키도록 하는 데에 노력하여야 한다. 민주주의의 의미하면 흔히 고대 그리스에서 시작된 정치 형태의 하나로서의 그것과 듀이가 말한 생활 방식으로서의 민주주의 두 가지를 말하는데 여기서는 민주주의가 '다수의 지배'라고 하는 정치 형태에서 출발한 그 근본의 이해에 중점을 둔다문교부 1989b.

이렇듯 민주주의의 보편성의 강조와 더불어 그동안 관심사에서 배제되었던 '민주주의 자체'에 대해 초점이 맞추어졌다. 현장 교사들은 "민주주의에 대한 전반적 내용이 거의 다루어지고 있지 않다. 이 점에서 자유민주주의의 기본 이념과 실제, 특히 정의적 측면에서 민주적 생활 양식에 대한 내용이 다루어져야 한다."문교부 1989a고 요구하였으며 "우리는 민주주의 사회 속에서 생활하고 있으면서도 민주주의가 구체적으로 무엇을 의미하며, 민주주의 사회가 추구하는 기본 원리가 무엇인지를 잘 모르고 있다."고 하였다. 따라서 "먼저 민주주의 기본 이념과 이러한 이념을 구현하기 위한 제도, 그리고 이러한 제도를 효과적으로 운영하기 위해 요구되는 원리에 대해 살펴"문교부 1989a보아야 한다고 주장하였다.

즉 민주주의의 본래 이념이 중시되기 시작한 것인데, 예를 들면 과거 1975년 교과서는 민주주의는 남의 것이 아니라 우리의 인본정신에서 찾을 수 있다고 강조되었다윤건영 1990. 이것이 박정희의 한국적 민주주의라고 할 수 있으며, 마찬가지로 전두환도 이를 이어받았다. 그러나 제6공화국에 들어와 민주주의 관련 내용에서 전통의 강조와 민족주의 · 국가주의적 경향이 사라지기 시작한 것이다. 구 교과 과정에서는 국민윤리의 교과 목표가 "우리 민족의 문화적 전통과 국가적 현실에 대한 이해를 바탕으로 국가 사회 발전과 조국 통일에 기여할 수 있는 건전한 가치관을 가지게 한다."였는데, 신 교과 과정의 목표는 "자유민주주의 국가의 국민으로서 우리나라의 전통 및 사회적 · 국가적 현실에 대한 이해와 미래에 대한 예견을 바탕으로 자신의 발전과 인격의 완성을 위해 노력하며, 국민 공동생활의 향상과 조국 통일에 기여할 수 있는 윤리관을 형성하게 한다."로 변화되었다. 우리 민족의 문화적 전통과 국가적 현실만 강조되다가 자유민주주의, 미래에 대한 예견, 자신의 발전과 인격의 완성 등이 추가된 것이다. 이러한 개정의 이유는 "우리가 추구하는 사회가 자유민주주의 사회이고, 국민윤리 교육은 바로 이러한 자유민주주의 국민으로서 생활하는 데 요구되는 원리들에 관한 교육"이기 때문이라고 제시되었다 문교부 1989a.

또 같은 맥락에서 서구적 민주 시민 교육과 전통적인 인간관계 덕목 간 강조점의 차이를 해소시켜야 한다는 요구가 있었다. 그 요지는 현재의 교과서가 "수직적 인간관계와 장유유서를 강조하는 전통적인 충효관"에 치중하고 있다고 비판하고, 앞으로는 "호혜적 인간관계를 바탕으로 한 서구적 민주 시민 교육"으로 전환되어야 한다는 것이다 문교부 1989a. 구 교과 과정의 목표 중 하나인 "우리 민족의 사상과 윤리적 전통을 이해하며 민족 공동체의 융흥에 기여할 수 있는 윤리관 형성의 기초를 마련하게 한다."라는 부분은 "우리 민족과 동서양의 윤리적 전통을 이해함으로써 민족 공동체의 발전과 인류의 번영에 이바지할 수 있는 윤리관 형성의 기초를 마련하게 한다."로 변화되었는데, 그 차이는 서양의 윤리가 추가되었고, 민족뿐 아니라 인류의 번영으로 관심이 넓혀졌다는 것이다. 또 국민윤리의 교과 목표는 "국가 존립과 발전의 정신적 기반을 이해하고 우리의 여건에 알맞은 민주주의의 발전과 복지국가 건설에 기여하는 태도를 가지게 한다."에서 "국가 존립과 발전의 정신적 기반을 이해함으로써 민주 복지국가의 건설과 국가 간의 협력을 위해 노력하는 자세를 가지게 한다."로 변화되어문교부 1989a '우리 여건에 알맞은 민주주의'라는 부분이 삭제되었고 국가 간의 협력 부분이 추가되었다. 그동안 중요한 국가 이념이었던 민족주의에 대해서는 다음과 같이 비판되었다.

근대 이후 본격적으로 대두하게 된 민족주의는 근대 국가 건설이라는 긍정적 기능을 수행하기도 했으나 정치적 이데올로기로서 민족주의가 지니는 취약점 또한 적지 않음을 통해 우리가 추구하는 민족주의의 바람직한 방향이 무엇인가를 알고 … 문교부 1989a.

또, 앞서 언급했듯이 절차적 정당성을 확보한 제6공화국은 민주주의에 있어 '절차성'을 강조하기 시작하였다. 예를 들면 이 시기부터 삼권 분립이 모양을 갖추기 시작하였는데, 삼권 분립과 민주주의에 관한 내용이 교과서에서 강조되었다. 1988년 문교부는 다음과 같이 교과서에 민주주의 내용을 담을 것을 지시하였다.

두 번째는 민주주의의 내용 그 자체뿐이 아니라 그 절차나 방법에 대해서도 중요시하는 방향에서 내용을 구성하였다. 이것은 1955년 교과 과정에서 강조된 것인데, 그 뒤 1979년 학문 중심 교육 과정에서 덜 강조된 내용 구성의 방향이다. 그러나 우리 사회가 진정한 의미에서 민주화가 되려면 그 절차, 방법이 민주화되어야 할 것이다문교부 1988.

교과서는 민주주의적 신념에 기초하는 정치 제도로서 입헌 제도, 대의 제도, 권력 분립, 선거 제도, 정당 제도, 단원제와 양원제, 대통령제와 의원 내각제를 제시하였으며, 민주주의의 운영 원리로서는 다원주의, 경쟁과 타협, 합의와 다수결, 참여를 제시하였다조남국 외 1991.

이와 같은 절차적 민주주의의 강조는 그 외 시위 등 다른 방법의 민주주의에 대해 비판하는 논리로도 기능하였다. "정부의 정책에 반대하는 사람은 법의 테두리 안에서 민주적 절차에 따라 자신의 견해를 밝히는 방법을 터득해야" 한다고 하였고, "국민의 모든 욕구, 어떠한 의사도 이제는 거리가 아니라 이 의사당 안으로 수렴"해야 한다고 하였다대통령공보비서실 1991. 따라서 폭력에 대해서는 적극 반대하는 입장을 밝혔다.

> 민주 정치는 그것이 어떠한 형태든 폭력을 부정하는 전제 위에 이루어집니다. … 저와 대의민주주의를 신봉하는 여러분 정치 지도자 모두가 어떠한 폭력도 배제한다는 확고한 입장 위에서 자유민주주의 체제의 수호를 심각히 생각해야 할 때입니다대통령공보비서실 1991.

> 따라서 국민의 뜻에 어긋나는 법은 지키지 않아도 된다는 지난날의 생각은 이제 통용될 수 없습니다. 민주 사회는 폭력과 불법 · 무질서가 용서되지 않는 사회이며, 그러한 것이 법에 따라 응분의 처벌을 받는 사회입니다. 더욱이 민주주의 체제 자체를 계급 혁명으로 뒤엎으려는 세력의 폭력 파괴 행동은 더 말할 나위 없

습니다. 법과 질서를 바로 세우는 일이 모처럼 열린 민주 헌정을 지키고 발전시키는 길이기 때문입니다노태우 1989.

이렇듯 저항 세력을 일부 소수 폭력 집단으로 규정하면서 법과 질서를 특히 강조했다는 것을 알 수 있다.

제6공화국에서는 세계적인 자본주의화의 흐름을 강조하면서 우리 사회의 변화를 촉구하는 저항 세력들에 대해 "계급 혁명의 환상에 사로잡힌 소수" 또는 "극소수 극렬 집단"이라 하여 이들이 '소수' 임을 강조하는 담론이 많이 나타난다. 현재의 "흐름을 외면한 우리 사회의 계급 혁명의 환상에 사로잡힌 소수가 문제를 일으키고 있는 것은 시대 역행적"노태우 1989이며, "극소수 극렬 집단의 폭력 파괴 활동"이 민주주의에 위협이 된다고 주장하였다대통령공보비서실 1991. 이러한 법과 질서의 강조가 암시하듯, 자유민주주의를 강조하는 노태우 정권하에서 구속된 양심수의 숫자는 전두환 정권 때보다 오히려 3배 가까이 늘어났다. 정권 출범 후 1991년 11월 10일까지 하루 평균 4.4명(총 5186명)의 양심수–전두환 독재 통치 7년간 구속된 양심수의 숫자는 4700여 명으로 하루 평균 1.61명으로 집계–가 양산되었던 것이다조현연 2003. 또 변칙적인 3당 합당을 통해 다시 거대 여당을 회복함으로써 각종 쟁점 법안들을 야당의 반대를 무릅쓰고 통과시켜 정권을 유지해갔다강만길 1994.

저항 세력을 일부 소수 극렬 집단으로 폄하하는 것은 노태우 정권의 특유한 담론인 '보통사람론'으로 이어진다. 이는 민주주의의 기초로서 중산층을 중시하고 실리주의가 강조되면서 저항 세력을 고립화하는 효과를 가져온다고 할 수 있다. 이는 중산층 포섭 전략으로 민중의 힘 빼기 전략이며, 탈정치화 전략이라고 할 수 있다.

> 점차 늘어나는 중산층이야말로 한국에 있어서 민주주의의 튼튼한 기초이며, 자유민주주의를 확고히 뿌리내리게 하는 힘이 될 것입니다 대통령공보비서실 1991.

중산층의 중시와 더불어 1987년도에 교과서는 전반적으로 '민주시민'의 관점을 부각시켰다. 첫 번째로는 시장 경제의 우월성을, 두 번째로는 '민주 시민의 자질'을 강조하는 방향에서 내용을 구성하게 되었다.

> 공민 교육의 근본 이념에 관계되는 것으로는 '민주 시민'의 양성과 '국민'의 양성의 두 가지 입장이 있는데 1955년 교과 과정은 '민주 시민' 양성을 목표로 한 대표적인 것으로, 1974년 교육 과정은 '국민'의 양성을 목표로 한 대표적인 것으로 볼 수 있는데, 1988년 교육 과정에서는 '민주 시민' 양성을 내걸었다 문교부 1989b.

이 같은 민주 시민이 지배 권력에 저항하는 적극적이고 정치적인 시민을 의미하는 것이 아님은 물론이다. '보통사람론'에 의하면 "보통사람이 주인이 되어 스스럼없이 참여하고 그들의 꿈을 이루는 위대한 시대는 민주주의 속에서만 가능한 것"이다 일본 국회 연설 1990.5.25; 『참용기』 1993. "부의 부당한 축적이나 편재가 사라지고 누구든지 성실하게 일한 만큼 보람과 결실을 거두면서 희망을 갖고 장래를 설계할 수 있는 사회가 바로 '보통사람들의 위대한 시대'"라면서, 어느 뛰어난 한 사람에 의한 시대가 아닌 어느 누구라도 나라에 보탬이 될 수 있는 시대가 보통사람들의 시대라는 것이다 대통령 공보비서실 1991. 이러한 보통사람론은 과거 군사 정권의 압제와 특권 의식을 비판하는 효과와 더불어, 영웅시되는 민주 인사 또는 부정의에 저항하는 도덕적이고 용기 있는 시민상을 폄하하고, 역사 의식이나 비판 의식이 없는 소시민을 미화하는 담론이라 할 수 있다.■ 앞서 보았듯이 히틀러의 집단 학살 명령을 묵묵히 수행한 '보통사람' 아이히만의 경우처럼, '보통사람론'은 정권의 부당한 정책에도 아무 불만 없이 '나라에 보탬이 될 수 있는' 사람을 만드는 이데올로기인 것이다.

:뉴라이트와 기업의 자유주의론

사실상 우리 사회에서 보수주의라는 담론은 1990년대 중반 이후에

■ 교과서에서도 저항권에 관한 소개가 등장하는 것은 한참 이후이다.

야 명시적으로 등장하기 시작하였다. 그전에는 별로 주장되지 않았는데, 그 이유는 역설적이게도 우리 사회가 확실하게 보수적인 사회였기 때문이다. 즉 그동안 우리 사회는 '보수'라는 말이 필요 없을 정도로 보수적인 사회로서서병훈 1999, 보수적 집단은 이데올로기로 무장할 필요가 없었다. 권위주의적인 국가가 확실하게 그들의 이익을 보장해주었으므로 자신을 정당화하거나 변호할 필요가 없었기 때문이다. 이는 서구의 보수주의 철학의 등장과 같은 특징을 보인다. 서구에서도 귀족 정치가 특권을 비판받지 않던 시절에는 그들의 특권이 정당화될 필요가 없었다. 주요한 보수주의 철학 논문이 나타난 것은 프랑스 혁명과 그 평등주의적 합리주의가 귀족적 전통주의를 위협하기 시작한 후가 된다피터 비레크 1981.

그러나 한국의 보수주의자들에게도 위기는 왔으며, 자신들을 옹호할 이데올로기를 필요로 하게 되었다. 1987년 민주화 운동과 1993년 김영삼 정부 출범 이후에 보수주의 담론이 등장하였으며, 제한적이나마 여러 가지 개혁을 시도해 본 김대중 정부에 이르러 그 담론이 활짝 꽃피우기 시작했다는 것이 그 증거이다. 그러므로 보수주의 담론의 등장은 보수 세력의 불안과 두려움을 나타내는 징표라고 할 수 있다.

이들의 보수주의에 대한 규정을 보면 경제자유주의, 신자유주의라는 것을 알 수 있다. 경제자유주의자로 자처하는 임광규는 "잘하는 사람에게 박수를 치는 것이 보수주의"라고 하면서 경제자유주의란 기회 균등 속에 자유롭게 경쟁하면서 잘하는 사람에게 보상을 많이 해주고 잘 못하는 사람에게 보상을 적게 해주는 공정한 규칙을 수립해서 서로 열심히 경쟁하게 하는 것을 의미한다고 말한다임광규 2000. 이들이 절대적 가치로 내세우는 것은 자유방임적 시장경제이며 특히 정부의 간섭을 최소화하고 노동자에게 불이익을 주는 신자유주의를 옹호하고 있다. 1990년 이회창은 대표적인 악법이었던 제3자 개입 금지의 법률적 근거를 만들었고, 보수적 잡지인 〈한국논단〉은 노조가 적색 파괴분자에 의해 주도되고 있다고 주장하며, 국가 경쟁력에서 고임금 구조와 탄력성을 잃은 노동시장이 문제의 본질이라고 지적한다손혁재 1997; 서병훈 1999. 또 노동 정책에 관해서는 김대중, 노무현 정부 역시 보수주의적이라고 할 수 있다. 단병호 위원장의 구속과 노조에 대한 탄압이 그 예이다.

보수주의자들이 신자유주의를 지지하는 이유는 정부의 개혁 능력을 의심하는 것이며, 더 나아가 인간 이성에 대한 회의인데 이는 전형적인 보수주의 철학인 것이다. 박근에 의하면 "보수주의는 '인간은 천사도 아니고 악마도 아니며 그 능력에 한계가 있다.'는 생각에서 출발"한다. 따라서 권력을 맹목적으로 신뢰하지 않는다는 것이다. 국민의 생명과 재산을 보호하기 위하여 최소한의 권력을 필요로 하지만 권력의 힘으로 경제 · 사회 발전을 이룰 수 있다는 생각을 거부한다박근 2000. 임광규는 "인류가 수천 년을 살아오면서 쌓아온 지혜를 존중하는 것이 보수주의라면 나는 보수주의자"라고 하면서 '자본주의'를 그러한 지혜로 묘사한다. 즉 자본주의는 특정한 천재의 머릿속에서 나온 사상이 아니라 오랜 경험을 통해 축적된 '생활의 지혜' 라는 것이다. 자본주의는 결함이 있는 인간이 살아가는 방법이기 때문에 인간의 결함이 드러나 있는 제도로서 "인간만큼 나쁜 제도"이다. 그러나 인류가 발명한 '인간을 자유롭고 풍요하게 만드는 방법' 중에서는 가장 덜 나쁜 제도라고 주장한다임광규 2000. 따라서 그에 의하면 지금 우리 사회에서 지켜져야 할 전통 중 하나는 바로 자본주의이다.

이들은 또한 민주주의를 믿지 않는다. 박근에 의하면 민주주의는 민에 의한 지배, 다수에 의한 지배를 의미한다. 이러한 민주주의는 다수의 의사에 의해 종교의 자유를 폐지하는 것도, 재산을 몰수하는 것도, 반대당을 해산하는 것도 가능하여 절대적 통치로 흘러갈 우려가 있다. 자유민주주의는 바로 다수의 이름으로 자유라는 기본 가치를 희생시킬 수 없는 민주주의를 말한다. 자유민주주의는 다수의 결정권이 제한되는 민주주의이다. 이 논리는 '민주주의는 제한되어야 한다' 는 존 스튜어트 밀을 비롯한 많은 자유주의자들의 견해와 같다Mill 1951. 특히 우리나라에서 자유민주주의는 냉전 체제하에서 공산주의와 대치하면서 우리가 지향하는 민주주의가 공산주의자들이 내세우는 민주주의와 다르다는 것을 보여줄 필요가 있었다고 한다. 그러나 우리는 박근의 우려와 달리 사회주의의 민주주의와는 다른 식으로 자유를 과도하게 강조하는 민주주의를 이미 미군정 시기부터 충분히 교육받아왔다. 그래서 우리에게는 평등을 지향하는 민주주의, 사회주의적 민주주의라고 하는 개념이 전혀 익숙지 않다박찬표 1997.

보수 세력은 또 포퓰리즘이라는 용어를 통해 민주주의를 공격한다. 포퓰리즘은 다수의 지배이며 중우 정치라는 공식을 끌어냈는데홍윤기 2006, 이를 보면 결국 민주주의에 대한 불신이라는 것을 스스로 드러낸 셈이다. 더 나아가 보수 세력은 인민민주주의, 민중민주주의 등의 용어를 사용하여 김대중-노무현 정부가 이념적으로 자유주의와 시장경제에 적대적인 좌파 정부라는 색깔론을 끌어내려고 하였다강정인 2008.

그러나 이들은 과거와 달리 '반공' 보다는 '자유' 를 더 강조한다. 결국은 같은 내용이지만 진부하게 보이지 않기 위해서이다. 박근에 의하면 과거의 보수주의는 반공만을 외치다가 국민들, 특히 젊은층과 호흡을 같이 하지 못했다. 따라서 젊은층은 보수주의를 반공, 반북, 군사 독재, 기득권 유지, 변화 거부 등으로 인식하고 있다는 것이다. 보수주의를 그렇게 이해하는 한, 젊은층이 보수주의에 거부감을 느끼는 것은 당연하다는 것이다. 그래서 이제는 반공보다 더 큰 보수주의 이념, 즉 개인의 자유, 국가 권력의 축소, 시장경제, 대한민국에 대한 긍지, 법치주의를 수호하기 위해 싸워야 할 때라는 것이다. 또 앞으로는 미국의 보수주의 청년 단체인 "자유를 위한 젊은 미국인Young Americans for Freedom" 등 국제 보수주의 단체와의 연계를 통해 젊은 보수주의자들에게 국제적 안목과 긍지를 길러줄 생각이라고 하였다임광규 2002.

이렇듯 우리 사회의 보수주의자들은 경제적 자유주의자, 신자유주의자라고 할 수 있으나, 그들 스스로는 자신의 이념을 자유주의 또는 자유민주주의라고 부르고 있다. 전경련 산하의 자유기업원에서는 자유주의와 관련된 책을 계속해서 출판하였으며 〈월간조선〉을 비롯한 보수 언론 역시 자유주의를 홍보하고 있다. 이는 반공 일변도인 과거의 보수주의가 더 이상 설득력을 갖기 어려운 현실을 인식한 결과라고도 할 수 있다. 또 앞서 언급했듯이 보수주의보다는 자유주의가 더욱 정교한 이론적 체계를 갖추고 있기 때문이다. '자유민주주의 세력'이 스스로에 대해 과거의 보수주의자들과 다르다고 내세우는 점은, 대북 안보 관련 이슈 일변도에서 벗어나 경제, 교육, 시민 운동에도 관심을 가지고 있다는 것이다. 또 자유기업원처럼 자유민주주의와 시장경제 체제를 뒷받침할 이론적 연구를 하는 단체들도 만들었다는 것이다.

그런데 최근에는 '보수'보다는 '뉴라이트'라는 용어가 보여주듯이 '우파' 또는 '우익'이라는 개념을 더 선호하는 듯하다. 뉴라이트의 등장 이전부터 그러한 견해는 있어왔다. 〈월간조선〉은 2002년 6월호에서 대선에서 이회창이 승리하려면 보수 대 진보가 아니라 우파 대 좌파라고 하는 이념 구도로 나아가야 하고, 내세우는 이념은 보수주의가 아니라 자유주의여야 한다고 하는 내용의 시론을 실었다. 그 글에 따르면 광복 이래 한반도에서는 보수주의(조선 왕조의 부활 의미)에 입각한 운동 세력이 존재한 적이 없었고 따라서 보수 대 진보가 아니라 우파 대 좌파라고 불러야 정확한 표현이라는 것이다. 그리고 자유주의와 사회주의는 모두 진보주의에 속하는 이념이라고 설명하였다. 이때 보수주의는 우파가 되고,

우파는 자유주의이며, 자유주의는 진보적이므로 한국의 보수주의자들은 진보적이라는 기이한 결론이 나온다. 더불어 '수구 좌파'라는 더더욱 기이한 용어도 가능해진다. 우리말에 있어서 '우파'는 '보수'보다 더 넓은 개념이며, '좌파'는 '진보'보다 더 좁은 개념이다. 보수주의가 자유주의를 반드시 포함한다고 말하기는 어렵지만 자유주의가 우파인 것은 분명하다. 진보 역시 자유주의도 포함할 수 있는데, 좌파가 자유주의가 아닌 것 역시 분명한 것이다. 진보는 시대에 따라서는 사회주의가 아닌 자유주의일 수 있지만, 좌파의 경우 사회주의가 빠진 좌파를 생각할 수 없기 때문이다. 따라서 우파라는 표현을 씀으로써 더 많은 층을 흡수할 수 있는 것이다. 그런데 이들이 우익 내지 우파라는 표현보다 굳이 영어인 '뉴라이트'를 선택한 이유는 '우익'하면 자유당 시절 정치 깡패나 유럽의 네오나치 또는 인종주의자들이 연상되기 때문이 아닐까 생각된다.

뉴라이트 운동은 2004년 11월 23일 '자유주의연대'의 창립을 기점으로 지식인 집단과 시민사회 단체들이 잇달아 출범 선언을 하고, 그에 발맞추어 〈동아일보〉, 〈조선일보〉 등 주요 언론들이 이를 비중 있게 다루면서 한국 사회에 급속하게 확산되었다. 자유주의연대는 자유민주주의와 시장경제를 되살리고 수구 이념을 대체하겠다고 나선 단체이다. 이러한 뉴라이트 운동에 종교계, 법조계까지 가세하면서 그 범위는 점점 넓어지고 있다. 뉴라이트전국연합이 대중 조직을 지향하면서 자유주의연대에 대한 관심은 그 단체의 핵심 인물이 과거 운동권 출신이라는 것 때문에 더 커졌다. 즉 신지호, 홍진표, 최홍재 등 중심적 인물들이 전통적인 보수 세력이 아니라 1980년대 운동권 출신으로서 우파로 전향했다는 사실 때문이었다. 이들은 보수 언론의 지원을 받아 칼럼을 쓰는 등 논객으로 활동하였고, 노무현 정부를 집중적으로 비판하면서 보수 여론을 조성하고 확산시켰다강정인 2008.■

이들은 민주주의가 만병통치가 아님을 강조하면서 자유주의가 제대로 실현되어야 정상적인 자유민주주의를 이룰 수 있다고 하여 민주주의보다는 자유주의를 강조하고 있다. 민주주의, 즉 '민의 지배'라는 체제 및 이념은 언제나 사회주의 등 경쟁적 이념이 존재했을 때만 나타났다는 사실을 염두에 둘 때이나미 2001, 이는 사회주의가 힘을 잃은 현재 보수주의 또는 자유주의자들이 더 이상 민주주의와의 불편한 결합을 지속할 필요가 없는 시대가 되었음을 보여준다 하겠다.

뉴라이트는 기존 보수 진영을 전통주의적 보수주의로, 자신을 자유주의적 보수주의로 규정한다. 뉴라이트 등장 즈음 대선 국면에서 그들은 대선에서는 올드라이트와 연대해야 하지만 그렇지 않을 때는 각자의 길을 가면서 올드라이트가 개척하지 못했던 영역을 개척해야 하며, 이를 위해 자연스러운 차별화가 필수적이라고 주장하였다. 그러나 이러한 뉴

■ 기타 보수 단체의 현황에 대해서는 정상호(2002, 2004) 참조.

라이트의 주장은 올드라이트와의 결별이기보다는 역할 분담, 상호 보완으로 여겨진다. 왜냐하면 그 내용에 있어서 차별성을 찾아보기 어렵기 때문이다.

이들이 공통적으로 중시하는 이념은 자유민주주의이다. 이들은 김대중 정부 이후 자유민주주의에 대한 큰 도전이 이루어지고 있다고 주장한다. 당시 언론의 자유를 외치며 세무 조사를 반대했던 것 역시 자유민주주의를 수호하기 위해서라고 주장한다. 또 이들은 한미 동맹 강화를 주장한다. 보수 집회 때마다 등장하는 성조기가 이를 증명한다고 하겠다. 경제, 특히 시장경제 역시 이들의 중요한 이슈이다. 자유시민연대는 "자유민주주의를 지키기 위해 '안보'는 우리의 가장 중요한 관심사가 되겠지만, '안보' 외에도 시장경제의 가치 질서를 중시한다는 점에서 '경제' 또한 우리 운동의 중요한 대상이 될 것"이라고 하고 있다. 이밖에 이라크 파병 환영, 북한 인권 문제 강조, 북핵 반대, 국가보안법 폐지 반대, 고교 평준화 반대, 기업 옹호, 사립학교법 개정 반대, 행정수도 이전 반대 등은 보수, 수구를 막론하고 여전히 공통적으로 주장되는 이슈라고 하겠다.

뉴라이트 등 보수 단체 뿐 아니라 기업 역시 자유주의 이념을 전파하는데 적극적이며, 보수 단체를 재정적으로 지원하고 있다. 보수 단체의 대규모 국민대회 개최는 이들의 지원 없이는 불가능하다고 할 수 있다. 개최 비용은 한 회당 2억~3억 원 정도라고 한다. 각 대회는 신문에 개최 광고를 낸 뒤 광고에 난 계좌를 통해 국민 성금을 모금한다고 하였으나, 실상은 기업과 경제 단체로부터 지원받았다. 2003년 6.25 대회 때 삼성이 1억 원, 전경련이 4천만 원, 대한상공회의소가 3천만 원, 대한무역협회가 3천만 원을 지원하였다. 최정석 재향군인회 안보연구소장에 따르면 "후원한 단체들은 애국 시민 단체들이 자유 민주 체제를 수호해야 기업의 성공도 보장된다는 행사 취지에 동감"〈신동아〉 2003. 10하여 지원하였다. 8.15 대회 때는 경제 단체들로부터 1억 3천만 원을 지원받았다.

이들은 또 기업이 진보주의를 지원하는 것을 비판하였다. 허문도는 8.15 국민대회 궐기사를 통해 "재벌 기업이 좌익들의 잡지에 광고를 주어, 좌익들의 준동을 음성적으로 지원하는 자본주의 국가는 지구상에 대한민국 말고는 없습니다."라고 주장하였다. 허문도는 "월간 〈말〉 지에 포스코 등 대기업의 광고가 게재되는 걸 보라. 일본의 경우 기업들이 사회당이나 공산당 등 시장경제를 부정하는 세력들이 발행하는 매체에 그 어떤 광고도 싣지 않는다."고 덧붙였다〈신동아〉 2003.10.

여러 가지 정황을 고려해 볼 때 기업들이 단합하여 조직적으로 보수 집단을 지원한다고 보기는 어렵다. 그러나 한국 사회에서 보수 이데올로기를 체계적이고 지속적으로 재생산하는 조직은 기업이다. 전경련 산하 단체에서 출판이나 강연을 통해 적극적으로 보수 이데올로기를 생산해내고 있으며, 심지어 대학에 자금을 대면서 자유주의와 시장경제에 대한 강의를 하도록 커리큘럼까지 통제하려는 태도를 보이고 있다.

(2) 실리주의와 실용주의

자유주의의 한 형태이며 보수주의 이념의 중요한 부분인 실리주의는 진리나 원칙의 존재를 부정하며 오로지 현실적으로 존재하는 개인과 집단의 이익만을 중시하는 이념이다. 실용주의도 마찬가지로 진리와 원칙을 부정한다. 실용주의는 현상주의의 하나로서 형이상학을 거부한다. 경험은 인간의 행위를 위해서 목적에 맞춘다는 것이다. 인간의 탐구, 직관, 표현 등은 인간을 위해서 유용하다고 하는 보다 높은 결정적인 관점에 따라 행해진다. 실용주의에 있어서 참된 것이란 '성과를 거둘 수 있는 것' 이다. 수십 년 동안 미국의 철학과 교육학을 이끌어왔던 듀이John Dewey에게 있어서는 절대적 진리는 말할 것도 없고 상대적 진리도 부재한다. 그는 진리 개념 대신 탐구의 개념을 사용하는데, 이 탐구는 사고와 노력(욕구)이 뒤섞인 것으로 한편으로는 적응을 통해서, 또 한편으로는 삶의 여러 상황에 알맞게 대처함으로써 사람들이 새로운 상태에 만족할 수 있는 길을 올바르게 찾아내려고 하는 실험을 의미한다. 따라서 프래그머티즘Pragmatism은 권력 철학의 현대적인 형식으로, 진리의 개념과 권력 개념을 일치시킨다요한네스 힐쉬베르거 2003.

이러한 실용주의는 특히 오늘날 힘을 얻고 있는 이데올로기로서 이명박 정부를 포함하여 보수주의자들이 자신의 정체성을 자리매김하는 이념이기도 하다. 실용주의는 일제가 조선인들이 합병에 협력하도록 나라보다는 자기 자신의 안위만을 살피도록 하고 유순한 백성을 만들려는 이데올로기이며, 오늘날에도 국민을 우민화하려는 이념이라고 할 수 있다. 실용주의는 미군정과 이승만, 박정희의 독재 정권에도 이어졌고, 오늘날에도 크게 다르지 않다. 따라서 우리는 보수주의자들이 주장하는 이러한 실용주의 담론을 주의하여야만 한다.

:이완용의 실리주의

친일파를 옹호하는 보수주의자들은 전형적인 친일파인 이완용마저 재평가하고 있다. 그런데 만일 이완용이 '구제' 된다면 다른 친일파는 말할 것도 없이 모두 구제될 수 있다고 할 수 있다. '이완용 재평가론' 뒤에는 이런 함의가 숨어 있는 것이다. 또 이완용은 여러 가지 면에서 보수주의자의 면모를 보였으며, 동시에 매우 실리적이었으므로 보수파의 이념에 합치하는 인물이라고 할 수 있다.

그는 군주제 · 봉건제에 대해 근본적인 비판 의식이 없었고, 과거 습관대로 왕을 모셨다. 부친 제사도 열심히 지내는 효자였다고 한다. 마찬가지로 똑같은 태도로 일본 천황에게도 충성을 바쳤다. 그는 갑신정변을 신랄하게 비판하였고, 개화 지식인들과의 사이도 좋은 편이 아니었다.■ 러일전쟁 이전에 이완용은 오히려 철저한 배일파였다. 그는 조선에 영향력을 행사하는 외세가 어디냐에 따라 친청 · 친미 · 친러파의 길을 택했다 김행선 1984. 갑신정변 때만 해도 친청 · 수구파로서 개화파에 적대했고, 미국과 러시아가 조선에 영향력을 행사했을 때는 정동파의 대표로서 일본 배격에 앞장섰으며, 러시아 편에 서서 아관파천을 주도하기도 하였다. 그는 친미파였을 때에도 많은 뇌물을 받고 철도 부설권을 미국에게 넘겨주는 등 반민족적 행위를 하였다. 1905년 그가 다시 관직에 올랐을 때 러시아 세력은 그 기반을 상실하였고, 일본이 우세한 위치를 점해가고 있었다. 더구나 미국 역시 일본을 지원하고 있었다. 이때부터 그는 적극적으로 친일의 길을 갔다. 아마도 그동안 반일 인사였던 그가 일본 세력에 자신의 지지 기반이 없었기 때문에 더욱더 적극적으로 을사조약에 찬성함으로써 일본의 눈에 들고자 했을 것이다.

따라서 그는 친일파이기 전에 이미 친청 · 친미 · 친러파로서 반민족행위를 하였으며, 항상 강자 편에 서는 철저한 제국주의 협력자요, 실리주의자였다. 개화파들이 일본과 서구에 대해 우호적인 것은 그 국가들이 문명국가였기 때문이었지만, 이완용이 일본 편에 섰던 것은 일본이 제국주의 국가로서 패권을 장악해갔기 때문이었다. 그는 일본과 적극적인 관계를 가져야 하는 이유로서 그것이 '이익'이 됨을 강조하였다. 지리적인 이유로도 일본이 한국을 개발시키려는 방침이 일관적이기 때문에

▪ 윤치호의 일기를 보면 그가 결코 개화 인사들에게 좋게 평가되지 않았다는 사실을 알 수 있다.(윤치호 2001)

일본과 제휴하는 것이 이익이라는 것이다 한명근 2002. 즉 항상 강한 세력 편에 서서 안정과 실리를 지향하는 것이 그에게 가장 중요한 것이었다. 이는 현재 우리 사회의 보수주의자들이 미국 편에 서서 실리와 안정을 추구해야 한다고 주장하는 것과 똑같은 태도이다.

또 그가 한때 고종에게 충성했을지는 모르지만 국권을 대표하는 왕으로서의 고종에게 충성한 것은 아니었다. 고종이 헤이그에 밀사를 보낸 일이 발각된 후, 이완용은 감히 아무도 나서서 하지 못한 고종의 양위를 앞장서서 추진하였다. 그가 매국노의 대명사가 되기 시작한 것도 이때부터이다. 심지어 칼로 고종을 위협했다는 소문이 돌 정도였다. 물론 이는 사실이 아니겠지만 그 정도로 그는 적극적으로 고종을 몰아내는 데에 공헌하였다. 이는 당시 어떤 친일파도 나서서 하지 못한 일이었다 윤덕한 1999.

고종 양위뿐 아니라 일제가 조선을 합병해간 과정의 중요한 순간마다 이완용은 결정적인 역할을 하였다. 무엇보다도 그는 일본에 조선을 합병할 것을 먼저 제의하였다. 이 제의를 받은 당시 통감부 외사국장 고마쓰 미도리小松綠는 "그물을 치기도 전에 물고기가 뛰어들었다."고 표현하였다. 그리고 합병으로 가게 된 전 과정, 즉 을사보호조약, 정미7조약 등을 체결하는 데에 있어, 주저하는 대신들과 고종을 설득해가며 가장 적극적으로 추진하였다. 물론 이완용뿐 아니라 나약한 고종과 무능한 대신들에게도 합병의 큰 책임이 있지만, 무능하고 우유부단한 것과 용의주도하고 적극적으로 나라를 넘긴 것 사이에는 질적 차이를 두어야 한다.

이완용이 평생 신봉한 철학이 있다면 그것은 실리주의이며, 또 이것이 그가 일본에 협력한 이유이다. 현재 우리 사회의 보수 논객들도 실리주의를 내세우며 일본을 호의적으로 바라본다. 이완용의 실리주의는 그가 보수파로서 수구파인 위정척사파와 갈리게 되는 지점이며, 친일과 반일을 가르는 지점이기도 하다. 이완용은 왕에 충성하고 부모에 효도하며 제사 지내는 데 열심이었으나 그것은 관행과 습관에 따른 것일 뿐 뚜렷한 원칙을 신봉해서 그랬다고 보기 어렵다. 만일 그에게 일관된 원칙이 있다면 그것은 때에 따라 변신하여 '살아남아야 한다'는 것이었다. 자신 스스로가 자신을 평하면서 친미, 친러, 친일로 간 것에 대해 다음과 같이 말하고 있다.

나는 20세 때에 한학을 숭상하고 산림학에 종사했으나 갑오경장이 운의외運意外로 도道를 존尊하고 유儒를 숭상하는 것은 시대에 뒤지고 외국과의 교통이 확장됨에 따라 서양과의 교제가 매우 팽창했기 때문에 지난날의 구업을 교수膠守하기 어렵게 되었다고 생각하고 **서양 학문으로 전환하기 위해 하루 아침에 도복을 벗고 머리를 깎고 구주歐洲에 건넜다.** 그것은 시時에 연緣하고 의宜를 제制하는 인사人事이며 또한 나의 경험한 바이다.

최초 25세 무렵에는 종래 조선인이 목적으로 하는 문과에 합격했다. 당시 미국과의 교제가 점차 긴요한 까닭에 그때 신설된 육영공원에 입학했고 미국으로 건너갔다. **갑오경장 후 일미년에 이르러서는 아관파천 사건으로 인해 노당露黨의 호**

칭을 얻었고, 그 후 일로 전쟁이 끝날 때에 이에 전환하여 일파日派라는 칭호를 얻었다. 이는 때에 따라 적당함宜을 따르는制 것일 뿐 다른 길이 없다. 무릇 천도天道에 춘하추동이 있으니 이를 변역變易이라 한다. 인사人事에 동서남북이 있으니 이것 역시 변역이라 한다. **천도 인사가 때에 따라 변역하지 않으면 이를 실리를 잃고 끝내 성취하는 바가 없게 될 것이다** 김명수 1927; 박치문 1994(강조는 필자).

반면 위정척사파와 의병 운동가들은 '조선이 제국주의 시대에 살아남기 위해서는 중국과 친하고 일본과 결합하며 미국과 연합하여야 한다.'는 황준헌의 『조선책략』의 주장 박충석 1982에 대해 반대하였다. 최익현은 "차라리 중화의 것을 지키고 사람 노릇을 하다가 망할지언정 이적의 짓을 하고 금수의 짓을 하면서 살 수 없는 것"이라 하였다 장현근 2003. 유인석 역시 "우리는 죽고 사는 것을 염두에 두지 말고 큰 의리를 밝히며 큰 업적을 완수하자."고 하였으며 "금수가 되어 살아가느니 인간인 상태로 죽는 것이 낫다." 유인석 1955고 하였다. 즉 보수파인 이완용에게 있어서는 살아남는 것이 중요한 것이었고, 수구파인 의병 운동가의 경우는 짐승처럼 사는 것보다 의를 지키며 인간답게 죽는 것이 중요한 것이었다. 수구와 보수는 이토록 다른 것이다.

이완용은 경쟁의 중요성을 강조하였다. 경쟁의 논리는 보수주의자들에 의해 지지된다.■ 앞서 보았듯이 보수주의자들은 사유재산과 자유시장경제를 주장하는 자유주의 신념을 옹호하면서 사기업가의 창의력과 자본주의 사회의 자유를 높이 평가한다윌리엄 하버 1994. 또 인간의 자연적 불평등을 인정하고, 불평등은 인간이 자유롭도록 허용하는 자연적인 결과라고 본다김용민 1999; 피터 비레크 1981. 반면 유인석은 경쟁을 중시하는 것에 대해 "경쟁하는 것을 문명이라고 한다면 당우삼대의 훌륭한 정치를 하던 시대는 문명이 아니고, 춘추전국의 전쟁하던 시대가 문명이라는 말"이냐고 반문하면서, 경쟁은 문명과 지극히 상반되는 말이라고 하였다유인석 1984.

다음은 이완용이 경성학당 운동회에서 학생들에게 한 연설을 기사화한 것인데, 이는 경쟁과 관련하여 시사를 주는 언급이다.

> 학도들을 권면하여 가라대 세상에 사람이 살려면 승벽이 있어야 그 사람이 언제든지 남보다 나가는 때가 있는지라. 오늘 달음박질 내기하는 것이 경계가 세계에서 사는 경계와 같은지라. 누구든지 힘을 다하여 달음질을 하여 기어이 붉은 기 먼저 얻으려 하는 사람은 세상에 남에게 지지 아니 하려는 것을 보이는 것이요. … 이 승벽을 가지고 백사를 행하면 언제든지 이기는 때가 있으리라 하며 … 〈독립신문〉 1897. 4.15.

> 세계사에 두 본보기가 있으니 조선 사람은 둘 중에 하나를 뽑아 미국같이

▪ 기든스는 신자유주의의 중요한 특징으로 보수주의를 들고 있다.(앤서니 기든스 1998)

독립이 돼야 세계에 제일 부강한 나라가 되든지 폴란드같이 망하든지 좌우간에 사람하기에 있는지라, 조선 사람들은 미국같이 되기를 바라노라〈독립신문〉 1896. 11. 23.

위와 같은 언급을 보면 실로 이완용은 윤덕한의 말대로 "세계화 논리의 증조할아버지"뻘 되는 사람이다윤덕한 1999. 앞서 실리주의 부분에서 이완용은 '변해야 살아남는다.'는 논리를 펼쳤는데 이 역시 경쟁적 질서를 표방하는 세계화 논리라고 할 수 있다. 이는 세계화 논리가 바로 제국주의에 협력하는 논리로 나아갈 수 있다는 것을 보여주는 것이다.

우리 조선은 국제 경쟁이 과격한 때에 있어서도 일본과 함께 일국을 완전히 유지시킬 수 있었다는 것은 제군이 아는 바이다. 오늘과 같은 전 세계가 개조하는 시대에 즈음하여 우리들은 일만여 천방리에 지나지 않는 강토와 모든 정도가 부족한 천여 백만의 인구를 갖고서 독립을 고창高唱한다는 것은 실로 허망하다고 말하지 않을 수 없다. 그것은 제군이 세계의 대세를 통해通解하지 않고 오직 감정적으로 일시에 틈발闖發한 것에 지나지 않는다. … 제군들이여 그것은 우리들이 기피할 수 없는 사실인 바 따라서 나는 생각건대 그 경고문 중 무슨 이유로 생生 중에 사死를 구하느냐고 말하고 싶다. 동양평화의 대이상을 해결하지 않은 채 어부지리를 획득코자 하는 무리들을 계고戒告하는 바이다. 내지와 조선과의 사이에는 하늘 뜻에 기인하는 공동 존립과 공동 이해가 있어 단연코 위 두 가지의 분립을 허용할 수 없는 바이며, 우리 조선인들이 일한 병합의 의의와 그 정신이 유효하게 실현되는 방면을 향해 노력한다는 것은 우리 장래의 행복을 도계圖計하는 최선의 양책良策임을 마음 속 깊이 믿지 않으면 안 된다김명수 1927.

위의 글은 3.1운동에 대한 이완용의 3차 경고문으로, 민심을 자극하는 내용이 있다 하여 오히려 총독부 측에서 신문에 내지 못하게 말렸다.■

이완용 외에도 많은 일제 협력자들이 생존 경쟁에서의 승리야말로 중요한 것이라고 강조함으로써 규범이나 원칙에 대한 관심을 멀리하도록 하였다. 이광수 역시 "적을 피하고 먹이를 잡는 법" 즉 피적포이술을 가르치는 것이 중요한데도 조선의 교육은 이용후생적이 아니었다고 하면서 서양이 우리보다 우수한 것은 이러한 피적포이술을 잘 가르쳤기 때문이라고 강조하였다이광수 1924.

만일 친일파들이 살아남기 위해 경쟁과 실리를 택하였다면 이는 얼마든지 수긍할 수 있는 것이지만 이완용의 경우는 "잘살기 위해서" 실리주의를 택했다고 하는 것이 문제이다. 그런 사람들이 늘 그러하듯 그 역시 부패의 대명사였다. 그는 활동하는 기간 내내 금전과 밀착되어 있었고, 심지어는 옥새를 위조하여 공금을 횡령한 사실조차 있었다〈대한매일신

■ 1차 경고문은 〈매일신보〉 4월 5일자 1면 1단에 실렸다. 2차 경고문은 1차 경고문이 오히려 민심을 자극하자 총독부에 의해 4월 9일자 사회면 5단에 실리게 되며, 3차 경고문은 5월 30일자로 게재되었다.(박치문 1994)

보〉 1910. 5. 26. 아관파천 이후 학부 공금 4천 달러를 횡령하여 영수증까지 위조하였고, 그 때문에 그는 학부 협찬 윤치호를 위협하는가 하면, 그 사실을 은폐하기 위해 학부대신이 되려고 최선을 다했다고 한다 윤치호 2001. 그가 적극적으로 추진한 을사보호조약 체결 이후 이완용 가문은 중요한 관직을 독점하였고, 사람들은 이를 "가족 정부"라 풍자하기도 하였다 황현 1955. 그는 을사보호조약 체결의 큰 공로로 인해 총리직에 올랐고 그 후 수차에 걸쳐 내각 변경설이 있었지만 끝내 총리직을 고수할 수 있었다. 그러기까지는 일본인 관료들에 대한 뇌물 공세는 물론 반대파 회원에 대해 금전으로 유혹하기도 했던 것이다 김행선 1984.

따라서 그는 교활함과 재물에 대한 욕심으로 당대 사람들에게 널리 알려지기도 하였다. 예를 들면 윤치호는 다음과 같이 그를 평한다.

> 나는 이완용을 대단히 싫어한다. 그의 특권의식, 야비한 교활성과 음흉성, 그와 같거나 열등한 사람들에 대해서는 고집스럽고, 권세 있는 사람들에게는 굴욕적일 만큼 복종하는 태도, 이 모든 것이 나로 하여금 그에게 편견을 갖게 한다. 그는 바로 사대부나 귀족들을 위한 특별한 학교를 세우고저 한 사람이었다 윤치호 2001.
>
> 어느 날 밤 허친슨이 이완용에 대해 말하기를, "나는 그가 매우 돈 문제에 있어 치사하다고 말할 수 있소. 내가 그의 아들을 여러 달 동안 잘 대해 주었는데도 거기에 대한 대가가 없었소. 지난해 나는 그에게 새해 선물로 삼십 달러의 가치

가 있는 것을 주었는데 글쎄 그는 겨우 호도 백 개를 답례로 줍디다. 그래서 나는 아직도 그 관대한 마음씨를 잊지 않으려고 그대로 두고 있지요."윤치호 2001.

그의 생질이며 비서인 김명수조차도 "이완용이 만약 재물을 너무 좋아하지 않았다면 그는 동양 제일의 정치가가 될 수 있었을 것이라는 평도 있었다."라는 글을 썼다김행선 1984. 실제로 그는 많은 공금을 횡령하고 광산 등의 이권을 넘기면서 많은 재산을 챙겼으며, 일본으로부터도 많은 돈을 받아 일제 강점기 당시 조선에서 두 번째로 큰 부자가 되었다. 여자 문제에 있어서도 사실이 아닌 것으로 주장되나 좋지 않은 소문이 나돌았고, 지방 재직 시절 기생들과 더불어 지냈다고 신문에까지 날 정도였다.

현재 친일파의 재산에 대한 조사에 의하면, 이완용과 송병준 등 대표적인 친일파 11명이 소유한 토지만 무려 약 1454만 제곱미터(440만 평), 돈으로 따지면 수십조 원에 이른다고 한다. 이완용의 경우 경기 김포·용인 등에 약 350만 제곱미터(106만 평), 송병준의 경우 경기 고양시 등에 여의도 면적의 2배인 약 535만 제곱미터(162만 평)를 보유하였다. 이완용의 증손인 이윤형은 1980년부터 이완용 땅 찾기 소송에서 승소 판결을 받아 이미 수십억 원을 받았다. 송병준의 종손 송돈호 역시 1990년 중반부터 서울, 인천, 경기 지역에 있는 송병준 명의의 토지 상속 소송을 주도하며 각종 사기 사건을 일으키다 2007년 구속되었다가 보석으로 풀려

났다. 주간 〈시사IN〉의 취재팀은 "친일파 후손은 선대가 만들어준 '요람'에서 근대적 교육 기회를 충분히 누리거나 유산 상속 등으로 출발부터가 남달랐다."며 "그들은 대부분 사회 각계에서 엄청난 기득권을 누리며 떵떵거리고 살아 조상의 과거를 부끄러워하기는커녕 '친일파 할아버지, 감사합니다.'라는 말이 절로 나올 지경"이라고 소개하였다경향닷컴 2008. 8. 28.

그러나 친일반민족행위자재산조사위원회 출범 후 9개월여 만인 2007년 5월 한일합병조약 때 내각 총리대신이었던 이완용과 아들 이병길, 일진회 총재였던 송병준과 아들 송종헌, 중추원 고문 고희경, 을사늑약 당시 농상공부대신 권중현과 아들 권태환, 한일합병의 공으로 남작 작위를 받은 이재극, 자작수작 · 중추원 고문 등을 맡았던 조중응 등 9명의 후손이 소유한 토지 25만 4천여 제곱미터(공시 지가 36억 원)에 대해 첫 국가 귀속 결정을 내렸다. 그러나 친일파 후손 중 재산을 자진 포기하거나 국가를 상대로 땅을 돌려달라며 냈던 소송을 포기한 경우는 극히 일부이고, 대다수는 국가 귀속 결정에 불복해 법적 대응에 나섰으며, 조사위 발족의 근거가 된 '친일반민족행위자 재산의 국가 귀속에 관한 특별법'이 2005년 12월 시행된 이후 토지를 제3자에게 팔아넘긴 사례까지 적지 않다〈연합뉴스〉 2009. 8. 9.

이는 프랑스의 경우와 비교해 볼 때 매우 대조적이라고 할 수 있다. 프랑스의 경우 나치 협력자들은 모두 처벌을 받았다. 나치 협력자 처벌을 통해 구舊정치인 70퍼센트의 피선거권을 박탈하였다. 또 협력자들은 가석방으로 감옥에서 나오더라도 종신 부역죄라는 형을 받아 피선거권, 투표권을 박탈당하고 공직, 언론, 국영 기업체에 진출이 차단되어 상업 밖에는 아무 일도 할 수 없는 시민권 박탈자가 되었다. 숙청된 나치 협력자의 수는 총 11만 명으로 추산되며, 이 중 767명이 사형되었다. 협력자의 가족까지 포함하여 총 인구의 3~5퍼센트가 국가와 사회에서 추방당했다주섭일 1999. 그러나 우리나라의 경우 단 한 사람도 처벌되지 않았고, 앞서 언급하였듯이 오히려 사회에서 기득권을 누리며 일제 강점기와 똑같이 잘 살고 있다.

:일제의 실리주의 정책

쾌락의 추구와 고통의 회피만이 모든 인간 행위의 기초가 되는 공리주의는 조선 식민화의 중요한 이데올로기로 활용되었다. 일본이 전통적으로 특정의 이념이나 종교를 강하게 추종하지 않고 실리를 우선하는 전통도 공리주의를 채택하는 데 도움이 되었을 것이다. 일본은 다른 나라에 비해 여러 이념들을 다양하게 갖고 있는 것이 특징인데, 이러한 성향은 그들이 경제적 성장을 이루는 데 기여했을 수 있다. 즉 일본은 전통적으로 이념이나 명분에 관심이 적었으므로 근대화와 정치적 · 경제적 개혁을 이룩하는 데에 그것들이 장애가 되지 않았을 것이다. 이익 추구와 경제 성장을 제약하는 것이 도덕 또는 공정성이기 때문이다. 이러한 특징은 일본이 섬나라라는 사실과 관계가 깊다. 토크빌에 의하면 사방이 자연적 방벽으로 보호를 받아 적국들의 위협이 비교적 적은 나라는 강한 통합을 필요로 하지 않으므로 이념적인 것에 관심이 없고 실리적인 것에 관심이 많다고 한다A. 토크빌 1986. 영국, 그리고 거대한 섬나라라고 할 수 있는 미국이 실리적인 이유도 여기에 있을 것이다.

실리주의 내지 공리주의는 사람으로 하여금 자신의 안위만 생각하도록 하고 실용적 사고만을 강조하여 인문학적 · 철학적 사고를 중지시켜 사회에 대한 근본적 통찰을 하지 못하도록 할 수 있다. 그리고 이러한 특성은 조선을 식민화하는 데 활용되었다. "이치를 캐는 자를 되도록 적게 하고, 농공상 등 즉 실업에 종사하는 자를 많이 만든다."는 것이 일제의 조선 식민 정책이었다. 따라서 일본은 조선인으로 하여금 불만이나 비판적인 생각을 못하고 사회 내에서 기능적 역할만을 담당하도록 실용주의를 강조하였다. "정치라든가 법률 등을 배우는 것이 나쁘다는 것은 아니지만 실업 교육 쪽이 급무"라고 하였으며, "대학을 졸업하는 것이 아니면 종결되지 않는 것이라 하여 신분이나 경우나 목적도 아랑곳없이 천하의 자제가 물밀듯이 대학에로 향하고 밀어닥치는 상태"를 한탄하면서 "이것은 교육가 자신의 과실"이 원인이며 "공연히 고상한 학과를 베풀어 그 과정을 복잡하게 하고"있다고 비판하였다.

조선인에 대하여는 두뇌를 개발하기 전에, 먼저 손발을 움직이는 습관을 양성하는 연구를 할 필요가 있다. … 조선의 교육 관계 당국자가 손발을 움직이기 위한 교육 이상으로 한 걸음이라도 더 나가게 될까 봐 염려되는 바이다. … 손발을 움직이기 위한 교육은 당연히 조선 교육의 전부임을 각오하고, 조선인은 싫건 좋건, 효과가 있건 없건, 오직 그것만으로써 만족하지 않으면 안된다『萬朝報』 조선교육방침; 강동진 1987.

위의 글에서 나타나는 바와 같이 특히 그것은 교육 정책에서 두드러졌는데, 이는 백성들을 우둔하게 만들기 위해서였다. "백성들을 우둔하게 만드는 곳에서는 비교적 조용하다."고 하면서 "조선인에게 교육을 실시하면 도리어 국민성에 대한 자각을 환기하기 때문에, 금후의 교육상 교재에 주의"할 것을 당부하고 있다강동진 1987.

일본은 조선인에 대해 공론과 이치, 정치적 논의에 집착하고 비실용적이라고 평가하고 있다. "自來로 한국인은 법률 · 경제 · 정치 방면에 뜻이 많고 이농공 등 자연과학 방면에는 열심이 없으"며 "대만의 토민이 평화로운 경제주의 근면가"인 데 비해 "조선의 토민은 음흉하고 정치를 좋아하는 게으름뱅이"라고 평한다강동진 1987. 이를 보면 조선인이 타 민족보다 규범적, 지성적인 것에 관심이 많았다는 것을 알 수 있다. 김기석은 「1919년의 이념」에서 일제 강점을 '일본의 힘'과 '조선의 의'의 투쟁의 시작으로 묘사하고 있다. 즉 조선인들은 힘이나 이익보다 의로움에 관심이 많은 민족이라는 것이다.

일본은 또 실용적 교육의 필요성에서 오히려 한국어 연구를 권장하기조차 하였다. 이는 이후에 일제가 한국어 사용을 금지하는 것과 대조된다. 그러나 이는 고등교육을 말살하고자 한 일제의 의도로 보아야 한다. 특히 일본은 조선인에 대해서 학교 교육을 단축시켜 빨리 사회에 나가 일할 수 있는 사람으로 만들고자 노력하였다. 이것이 한국에서의 산업발전을 위한 것이 아니라고 하는 것은, 자연과학이라 하더라도 그것이 고급 기술인 경우에는 가르치지 않은 것을 보아도 알 수 있다. 즉 고등교육과정에서 자연과학은 가르치려 하지 않았다. 그리고 그 이유에 대해, 한국인은 "이농공 등 자연과학 방면에는 열심이 없으니 모처럼 이농학부나 이공학부를 둔다 하여도 입학 지원자를 얻지 못할 것"이라고 제시되었다.

공리주의는 일제가 유포시킨 '행복론'에도 나타난다. 개인의 행복을 가장 중시하는 것이 공리주의이며, 이것을 보다 확대하여 '최대 다수의 최대 행복'을 가장 큰 이상으로 여긴다. 물론 본래 밀J.S. Mill의 사상에 따르면 자신의 행복에 대한 판단은 각각의 개인이 하는 것이다. 그러나 이들 공리주의자들조차도 이를 식민주의에 적용할 때는 원주민들이 서구인의 지도를 받아야 한다고 하고 있다. 일본은 조선인들을 식민화 하는데 '고통과 행복'의 개념을 사용한다. 우선 일본인들의 논리에 따르면 조선인들은 조선 왕조의 지배하에서 고통을 받아왔기 때문에 병합을 통해 행복해졌다는 것이다.

오직 우리 폐하의 깊은 인자하심과 두터운 베푸심에서, 한국민의 곤비피폐困憊疲弊를 차마 그대로 보고만 있을 수 없다고 여기시어, 직접 성천자聖天子의 보살핌 밑에 두어서 그 강복을 증진시켜 주시려는 넓고 두터운 뜻에서 나온 것이므로 … 〈大阪朝日〉; 강동진 1987.

한인이 일본인으로 된다는 것은 한인을 위하여 행복한 일이라고 할 수 있다. 생각건대 한국에 있어서의 일본의 행동은 문명을 의미하는 것이며, 따라서 인민의 안전 평화의 보장이 되는 것이다. … 그러므로 이 합병을 기뻐할 사람은 무엇보다도 한인일 것이고, … 그럼에도 불구하고 하와이 · 블라디보스톡에 사는 한국인들은 온당치 못한 행동을 하고 … 〈大阪朝日〉; 강동진 1987.

한국의 병합은 조선이 희망한 것으로, 단지 조선인과 본토의 국민만을 위하여 최대의 행복이 될 뿐만 아니라, 동양의 평화와 번영을 위하여도 가장 환영해야 할 일로서, 어느 모로 보더라도 하등 슬퍼할 일은 아니다〈大阪朝日〉; 강동진 1987.

그러나 일제 강점이 "하등 슬퍼할 일이 아니다."라거나, 일제의 이러한 깊은 뜻을 이해하여 기뻐하지는 못할망정 "온당치 못한 행동"을 한다고 비판하는 내용을 보면, 조선인들의 반발이 매우 컸다는 것을 알 수 있다. 즉 일제의 이러한 논리는 별로 효과를 거두지 못하여 조선인의 강한 반발을 접하게 된다. 그러자 이에 대해서도 "잘 살다가 죽는 것"이 가장 중요하다고 하여 여전히 공리주의 논리로 대응하고 있다.

제군, 어리석은 자가 아니라면 깨달아라. 제군, 미친 이가 아니라면 깨어나라. 잘 살다가 죽는 것이 사람의 상정이다. 제군은 왜 죽음을 스스로 택해서 호생好生의 덕혜에 복종하지 호랑이 수염을 건드리는 어리석음을 저지르는가〈경성일보〉 1919.10.22; 강동진 1980.

이러한 실용주의, 탈정치화 정책에 대한 비판은 해방 후 다음과 같은 글에서 나타난다.

그러나 우리 민족의 풍습이라 할까 또는 국민성이라 할까 과거의 역사상으로 증명하는 것처럼 정치에 대해서는 무한히 관심을 가지고 있는데 근 반세기 동안이나 정치를 모르고 노예 생활만 하여오기 때문에 또 무한히 자비 없는 생활을 하여왔던 것이다. 그래서 가장 조선 사람을 이해한다는 일본인이 조선 사람은 이런 성질을 가지고 있는 고로 대정大正 말 소화昭和 초 한창 동안 참정권을 주어서 정치욕을 만족시켜 주라는 자도 있었다. … 과거 일본 제국주의의 교육 정책에 얼마나 우리가 큰 폐해를 받았나. 일본의 교육 정책은 학교 교육과 정치를 절연絶緣시키고 있었던 것은 말할 것도 없고 소학에서 대학 최고 학년까지 단순하게 정치에 대하여 무관심을 강요한 것뿐만이 아니라 정치에 대한 비판적 언사까지 못하게 하고 … 심영구 1946.

이 당시 일제의 실용주의, 실리주의 이념을 현재의 보수주의와 관련하여 주목해야 하는 이유는 오늘날 한국 사회에서 자유주의를 옹호하는 자들이 실리주의적인 이유에서 과거 일제 강점기를 우호적으로 보고 있기 때문이다. 우선 흔히 '식민지 근대화론' 으로 알려져 있는 이론으로, 일본 제국주의로 인해 우리나라가 근대화되었다고 하는 주장은 사그러들기 시작하다가 최근 대표적인 자유주의 논객들에 의해 다시 강조되고 있다. 이러한 실용주의는 해방 후 자유민주주의 교육을 실시한 미군정 역시 가장 중시한 교육 이념이며, 이후 이승만과 박정희에 의해서도 지속되었다. 따라서 일제 강점기와 미군정 시기를 거치면서 탈정치화 및 실용주의는 계속 이어지는 정책이었다고 할 수 있다.

:미군정기 실용주의적 민주주의

미국 민주주의의 가장 큰 특징은 개인주의적 · 공리주의적이며 실용주의적이고 탈정치적이라는 것이다. 그리고 이러한 특징은 일제의 조선 지배 정책의 내용과 일맥상통하는 점이 있다. 다음은 토크빌의『미국의 민주주의』의 내용 중 미국과 프랑스를 비교한 글로서 미국의 정치와 언론은 원칙이나 이념보다는 이익과 사실을 중시하고 있다는 것을 보여준다.

합중국에서 정치를 지향하는 사람이 하는 일은 우선 자기 자신의 이해관계를 식별한 다음 자기의 이해관계 주위에 모아서 연대시킬 수 있는 다른 사람들의 이해관계를 찾아내는 일이다. 그리고 나서 그는 이 새로운 결사의 목적에 부합할 수 있는 어떤 주장이나 원칙을 찾아낼 궁리를 한다. 그가 그런 주장이나 원칙을 채택하는 것은 자기 정당을 이끌어내고 그 정당의 인기를 확보하기 위한 것이다 A. 토크빌 1986.

어느 것이건 프랑스와 아메리카의 신문을 한번 살펴보는 것으로 이런 측면에서 두 나라 사이의 차이를 드러내는 데 족하다. 프랑스에서 상업 광고에 할당되는 지면이 지극히 한정되어 있고 뉴스 정보의 비중이 그리 높지 않지만 신문의 기본적인 부분은 시사 정치를 토론하는 데 할당된다. 아메리카에서는 거대한 지면의 4분의 30이 광고로 채워지고 나머지 지면은 정치 기사와 자질구레한 이야기들로 채워지는 일이 흔하다. 프랑스의 언론이 매일 독자들에게 제공하는 것과 같은 격정적인 토론을 실은 난을 찾기란 그렇게 자주 있는 일이 아니다. … 학식이 가장 풍부한 아메리카 인들은 언론의 영향력이 이처럼 작은 것을 언론의 권력을 지나치게 분산시킨 사실에 돌리고 있다. 또한 언론의 영향을 중화시키는 길은 그들의 수를 늘리는 것뿐이라는 사실은 합중국에서는 정치학의 정의로 되어 있다. … 편집자들의 개인적인 견해는 독자들의 눈에는 아무런 비중도 갖지 못한다. 독자들이 신문에 구하는 것은 사실에 관한 지식이다 A. 토크빌 1986.

미국식 민주주의 및 실용주의를 대표하는 철학자는 존 듀이라 할 수 있는데 미군정기 한국의 민주주의 교육 철학은 거의 듀이의 이론에 의존하고 있다. 듀이의 교육 사상과 한국 교육 간의 관계는 1920년대에 시작되었다. 오천석에 의하면 1927년 컬럼비아 대학에서 한국 학생들이 듀이의 강의를 들었는데김동구 1995, 특히 미군정기 교육계 주요 인사들 중 듀이의 강의를 직접 수강한 사람들이 많았다. 그들은 장이욱, 김홍제, 조병옥, 오천석 등이며, 듀이의 제자이며 해설자인 킬패트릭William Heard Kilpatrick의 강의를 수강한 사람으로는 김활란, 서은숙, 장석영, 윤성순, 노재명 등이 있다손인수 1990.

재미 한인 유학생들은 대부분 고학생으로 일을 하면서 공부하였는데, 이들은 그 과정에서 미국식 민주주의의 영향을 크게 받았다. 오천석은 고학을 통해 자립 정신과 노동의 신성성을 배웠다고 하면서 미국의 물질적 번영과 민주주의의 발전은 미국인들의 노동 존중 사상에서 비롯된 것이라고 보았다이수일 2001. 이는 민주주의를 생활 양식에서 비롯된 것으로 파악한 것으로 이것은 존 듀이의 민주주의론의 주요 내용이기도 하다. 조병옥에 의하면 듀이의 커다란 공적은 "토마스 제퍼슨Thomas Jefferson이나 에이브러햄 링컨Abraham Lincoln 같은 미 대통령들이 달성하려던 대표적 자유민주주의의 이상을 변천되어 가는 시대 요구에 적응하여 새로운 현대적 자유민주주의의 이상으로 방향을 전환시키려고 하였다는 데"조병옥 1986 있다.

미군정 시기 듀이의 『민주주의와 교육』이 문교부에 의하여 번역되었는데, 이 번역서는 교육을 위한 주요 교과서로 사용되었다. 김동구에 따르면 이 책을 제외하고는 미군정 기간에 미국의 교육 사상을 수용하는 데 크게 공헌한 번역서를 찾을 수가 없다김동구 1995. 또 듀이는 그 스스로 직접 중국(1919~1921), 터키(1924), 멕시코(1926), 소련(1928)을 방문하여 자신의 교육학과 철학 사상을 지도함으로써 미국식 민주주의를 알리기도 하였다. 듀이에 의하면 민주주의는 통치 형태를 넘어 하나의 '생활 양식'이다. 즉 "민주 정치는 단순한 통치 형태 이상의 것"으로 "그것은 근본적으로 공동생활과 경험 교류의 한 양식"이다『민주주의와 교육』 존 듀이; 이극찬 1983.

보통 듀이에 이르러 민주주의 개념이 가장 광의로 쓰이게 된 것으로 알려져 있다. 민주주의가 생활 양식으로 규정되는 근거는 그의 실용주의 철학에 따른 것인데, 이 철학에 의하면 민주주의뿐 아니라 모든 진리가 목적 가치가 아니라 수단 가치이다손인수 1990. 즉 진리가 따로 존재하는 것이 아니며, 단지 유용한가 아닌가에 따라 인간의 탐구가 행하여진다요한네스 힐쉬베르거 1983. 그는 구체적인 인간 문제에 대한 방법과 해결을 과학의 범주 내에서 논해야 한다고 보았고조병옥 1986, 따라서 실험도 해보기 전에 판단을 내리는 혁명이나 사회주의는 위험한 독단론인 것이었다이수일 2001. 따라서 듀이의 민주주의론은 자연스럽게 반공주의로 귀결된다. 당시 한국의 교육자들은 이러한 듀이의 사상을 적극적으로 소개하였다.

(존 듀이는) 아메리카의 실용주의 철학자이며 교육가이다. … 프로그마티즘의 대표자로 … 철학은 널리 인간의 문제를 설명하는 것이라 하고 종래의 전통적 철학으로부터 새로운 전개를 보여주고 일상생활과 과학의 세계를 관련시켰다. 곧 그의 사상은 요연瞭然히 경험론이며 실용주의 행동주의이며 그 근저에는 생물학적 견해가 횡재橫在하여 있는 것이다. 그래서 이것을 도구주의instrumentalism라고도 부른다. 하늘에 있는 무엇을 말하는 게 아니고 땅에 서서 윤리, 경제, 정치, 교육, 사회의 제 문제를 논하였다.

또 교육은 사회적 현상이고 그 사회는 여러 가지의 감능堪能을 가진 개인의 자유로운 발달에 의하여 진보하는 것이기 때문에 민본적이 아니면 안 된다. 이같이 하여 도덕적 · 이상적 의의에 있어서의 민본에 의한 사회적 능률 곧 사회의 공동 활동 내지 문화에 자유로이 완전히 참가할 수 있는 힘을 도야하는 것이 교육의 목적이다. … 교육은 생활의 수단이 아니고 생활과 동일한 것이기 때문에 종국의 가치는 생활 그 자체의 과정이다. 직업 교육은 반드시 수양 교육과 대립하는 것은 아니다. 직업은 어떤 목적을 가진 연속적 활동으로서 사고에 의해서 목적의 수행에 힘쓰는 것으로 외적 소산만을 말하는 것은 아니다. 이에 각 학교를 한 개의 태아적 사회 생활로 하고 예술, 역사, 사회 이 모든 것을 통하여 큰 사회 생활을 반영하는 직업의 전형으로 하고 학교라는 소사회 중에서 노동의 정신, 자기 활동을 기르지 않으면 안 된다. 이같이 해서 듀이는 생물학적 견지를 중심으로 해가지고 그것을 기초로 하고 그 외 기본 사상인 프로그마티즘에 의하여 교육의 방법, 교과목, 학교의 개량을 논하였다교육연구실 1947.

『민족중흥과 교육』에서 오천석은 '인민에 의한, 인민을 위한, 인민의 정치'라고 링컨이 말한 것은 민주주의의 형식이라고 하면서 듀이의 입장에서 다음과 같이 말하였다 손인수 1990.

민주주의는 하나의 생활의 방식이다. 이것은 인간관계를 율하는 하나의 원리이다. 민주주의 정신은 모든 사람으로 하여금 의식적으로 자율적인 인간으로서 가장 풍요하게 살 수 있는 공정하고 평등한 기회를 확보하려는 데 있다.

위의 인용문들은 듀이의 민주주의 개념을 통해 진리의 상대화, 실용주의와 현실주의, 일상생활을 강조하고 있다. 그러나 이는 민주주의를 각자 개인이 경험하는 일상생활의 문제로 환원함으로써 민주주의를 개인주의화하고 탈정치화하는 결과를 가져오게 한다. 또 정치적 문제를 개인의 경험과 개선의 문제로 돌리게 됨으로써 문제의 책임을 국가나 권력에 돌리지 않고 국민 각자에게 돌리는 효과도 가져오게 하는 것이다. 한국 민주주의 교육에서 정치 발전을 위해 정부나 제도의 개혁이 중요하다고 하지 않고 늘 국민의 정신이 변화하여야 한다고 하면서 국민의 책임을 강조하는 것은 이러한 민주주의 개념과 관계있다고 하겠다.

:박정희 정권 시기 개인주의와 실용주의

미군정기 이래 존 듀이의 실용주의적 민주주의 개념은 널리 알려졌다. 그럼에도 불구하고 재미있는 것은 이승만 정권 기간 동안 실용주의와 관련한 담론을 찾아보기 어려웠다는 점이다. 이 점은 자유민주주의로 포장된 반공주의에 열중하느라 경제 문제도 도외시한 이승만답다는 생각이 들게 한다. 또 앞서 보았듯이 자유주의나 자유민주주의 담론은 박정희 정권 시기에 찾아보기 어려웠다. 그만큼 그의 집권기에는 자유가 없었다는 점을 보여준다 하겠다. 반면 경제 발전과 능률을 강조한 박정희답게 실용주의는 그의 집권 기간 동안 강조되었으며 특히 민주주의는 개인주의적이고 실용주의적인 것으로 교육되었다.

어원적으로 민주주의는 '정치 권력이 인민에게 있는 정치 체제나 그 방식을 의미' 하는 것으로 소개되기는 하나, 듀이의 민주주의는 "단순한 정치 형태 이상의 것으로 공동생활의 한 양식이며, 주고받을 수 있는 경험의 한 형태"라는 정의를 강조하고 있다. 민주주의는 "모든 인간에게 개인으로서의 존엄과 가치를 존중하는 정신"으로 "개인주의에 사상적 바탕을 두고" 있으며 "이와 같이 개인 존중의 정신은 민주주의의 최고 이념"이라고 역설되고 있다. 즉 "근대 민주주의는 자연권 이론, 공리주의 이론, 고전 경제학의 이론, 계몽사상 등에 의해 그 이론적 기반이 확립되었고, 자유주의 · 개인주의 등에 의해 발전"되었다는 것이다박철호 1971.

이러한 민주주의에 대한 개인주의적 이해는 개인의 자유와 권리를 강조함으로써 집단, 계급, 전체 시민의 자유와 권리의 의미를 약화시킬 수 있다. 더 나아가 민주주의의 개인주의적 이해는 국가와 민족에 대한 개인의 의무와 헌신을 강조하는 출발이 된다. 특히 박정희는 민주적 제도와 절차를 사회나 국가에 대한 개인적 윤리로 환원시키는 경향을 보였다. 즉 민주주의의 문제를 민족이나 국가라는 추상적 단위에 대한 개인의 충성심 또는 희생정신이라는 도덕적 문제로 환원하였다 전인권 2002. 그리하여 "막연하고도 보편적인 민주적 공민이 아니고 고유의 역사와 전통을 지니고 역사적 현실 속에서 명확한 사명감을 자각하고 수행하는 대한민국 국민을 기르려고 하였다." 문교부 1988. 즉 이 당시 민주 시민 교육은 "일본 국민도 될 수 있고, 미국 국민도 될 수 있고, 영국 국민도 될 수 있는 만국 공통의 국민이어서는 곤란"한 것이며, "대한민국 사회에 꼭 필요한 선량하고 충실한 인재를 만드는 것"이 '교육의 일차적인 목적'이었다 전인권 2002.

또 실용주의를 강조함으로써 일제와 미군정의 실용주의 교육의 정신을 이었다. 1963년의 교육 과정 개편은 자주성, 생산성, 유용성을 강조하여, "생활 경험을 중심으로 하는 교과 경영을 지향하여 관련성 있는 교과의 종합 지도를 강조한다."고 '교육 과정 개정의 요점'에서 밝히고 있다. 문교부 기록에 따르면 이와 같이 편성하게 된 것은 해방 후 미국의 실용주의 교육의 영향을 받아 교육계 전반에서 이에 대한 연구와 실천이 있어 왔고, 한국전쟁 후 국가의 부흥과 재건의 필요에 따라 실생활에서 나타나는 제 문제의 해결을 위한 능력을 신장시켜 주기 위해서는 생활 중심의 교육 과정이 되어야 하겠다는 강력한 요구가 있었기 때문이다문교부 1988.

박정희는 "개인의 자유, 자유민주주의라고 하는 것은" 정국의 안정, 강력한 지도 체계의 확립, 자립 경제의 재건을 달성하지 못한다면 "전부 공염불에 지나지 않는 것"이라고 하였다박정희 1967. "민주주의의 건전한 발전도, 복지국가의 건설도, 승공통일을 위한 국력 배양도, 결국 경제 건설의 성패 여하에 달려 있는 것"이라는 것이다광복절 경축사 1964.8.15; 매일경제신문사 1977. 이러한 민주주의에 우선한 경제력 강조에 대해 문익환은 오히려 우리가 길러야 할 힘은 민주 역량이라고 반박하였다. "국방력도 경제력도 길러야 하지만 민주 역량의 뒷받침이 없을 때 그것은 모래 위에 세운 집과 같다."는 것이다. "현 정권은 경제력이 곧 국력이라는 좁은 생각을 가지고 모든 것을 희생시키면서 경제 발전에 전력을 쏟고" 있는데, 그 결과 "국민 경제의 수탈을 발판으로 한 수출 산업"은 "엄청난 무역 적자를 냈"다고 비판하였다. 또 "차관 기업들이 부실 기업으로 도산하고 난 다음 이 엄청난 빚은 누구의 어깨에 메워질 것인가?"라고 반문하면서 "현 정권은 이 나라를 경제 파탄에서 건질 능력을 잃은 지 오래"라고 비판하였다윤보선 1991. 따라서 당시 박정희 정권의 개발 독재가 대다수 국민들의 생활을 향상시킨 것이 아니었으며, 장기적으로는 경제 파탄의 원인이 되었음을 알 수 있다.

박정희 정권의 경제우선주의와 실용주의는 온 국민의 비판을 받은 굴욕 외교를 가져오기도 하였다. 1961년 박정희의 밀명을 받고 일본으로 건너간 김종필은 오늘날에도 비판을 받고 있는 한일협정을 성사시켰는데, 그 협정의 뼈대인 김종필-오히라 메모에 의하면 "오늘 우리가 만난 이상 당신은 일본의 고무라 주타로(러일전쟁 당시 일본의 외무대신)가 되라, 나는 이완용이 되겠다."는 각오를 하였다고 한다. 앞서 보았듯이 실제로 이완용은 실리주의 정신을 가진 정치가였고, 따라서 자신의 이익 추구에 충실하였다. 그리고 그 결과 나라를 일본에 넘기는 주역이 되었다. 김종필과 박정희 역시 일본과 협정을 맺는 대신 많은 정치 자금을 받는 등 자신의 이익을 챙기는 데 충실하였다조현연 1997.

사실상 실리 추구에 있어서 이완용 못지않은 인물이 박정희이다. 김형수에 의하면 박정희는 "친일 부역자 안에서도 가장 용서하기 어려운 최상급의 길을 선택"하였다. 1942년 만주군관학교를 우등생으로 졸업하고 금메달을 받음과 동시에 졸업생을 대표하는 답사를 낭독하였다. 이후 박정희는 일본 육사에 입학할 수 있는 특전을 얻고 1944년 일본 육사 57기를 3등의 성적으로 졸업하여 '오카모도 미노루'라는 이름의 일본군 소위가 되었다. 이후 그는 일본 14연대를 거쳐 만주국 보병 제8연대의 소대장으로 전속되어 팔로군 활동 지역에서 게릴라 소탕전의 임무를 수행하였다김형수 2004. 민족문제연구소가 공개한 〈만주신문〉 1939년 3월 31일자 기사에 의하면, 박정희는 만주국 군관으로 지원하면서 서류와 함께 혈서를 써냈다. 기사에 의하면 박정희는 "문경에서 교사로 재직 중 만주국의 군관으로 지원하였으나 연령 초과로 일차 탈락하였다." 그러나 "1939년 재차 응모하며 '一死以テ御奉公, 朴正煕한 번 죽음으로써 충성함, 박정희' 라는 혈서와 채용을 호소하는 편지를 지원 서류와 함께 제출했다." 박정희는 동봉한 편지에 "일본인으로서 수치스럽지 않을 만큼의 정신과 기백으로써 일사봉공一死奉公의 굳건한 결심입니다. 확실히 하겠습니다. 목숨을 다해 충성을 다할 각오입니다."라고 썼다〈연합뉴스〉 2009.11.6. 그러나 해방을 맞은 후 박정희는 군복을 벗고 탈출하여 광복군 제3지대를 찾아간다. 그때 광복군 간부로 있었던 장준하를 만나게 되는데, 장준하는 박정희가 일본이 패망해서야 탈출한 점을 들어 일본이 지지 않았으면 계속 일본군 장교로 있었을 것이라고 박정희의 기회주의를 비난하였다.■ 여순사건 당시 박정희는 남로당 군사책을 맡는다. 이로 인해 사형까지 언도받았으나 군부 숙청에 협력하는 대가로 목숨을 건졌다임영태 2008. 이후 쿠데타를 일으킨 그는 과거 남로당 전력이 무색하게도 반공에 누구보다도 앞장선다. 즉 박정희는 일제 강점기에 친일, 해방 후 반일, 여순사건 당시 친공, 집권 후 친일과 반공의 길을 걸은 인물로서 그 변신의 이유는 무엇보다도 실리주의라고 할 수 있다.

■ 이후 계속해서 박정희의 독재를 비판했던 장준하는 긴급조치의 첫 제물이 되었고, 결국 중앙정보부에 의한 타살로 추정되는 의문사를 당하게 된다.

무엇보다도 유용성과 경제력을 강조한 박정희가 절차적 민주주의를 중시했을 리 만무하다. 그는 "대의제 민주 정치의 제도적 형식과 절차에 앞서 건전한 정치 도의의 확립이 절실히 요청된다."고 하였다. 전인권에 의하면 사실상 그는 처음부터 절차적 민주주의에 대해 전폭적인 수용 의사를 밝힌 경우가 별로 없다. 단 한 번, 1963년 12월 17일 제5대 대통령 취임사에서만 "여기에 또 다시 강력 정치를 빙자한 독재의 등장도 민주주의를 도용한 무능, 부패의 재현도 단연 용납될 수 없다."고 하여 절차적 민주주의를 유보 없이 옹호하였다전인권 2002. 시종일관 그는 실용주의를 앞세워 선거 제도와 정당 제도에 대하여 비판하였는데 특히 절차적 민주주의가 완전히 정지된 유신정권 시기에는 더욱 그러하였다. "우리나라처럼 개발 도상에 있는 국가가, 특히 우리처럼 남북이 분단되어 있는 특수 여건하에 있는 나라가 선거 때마다 천하가 떠들썩하고, 나라의 기틀이 흔들흔들할 정도로 소란스럽고 타락된 과열 선거는 국력의 배양이 아니라 국력의 소모"〈연두 기자회견〉 1973.1.12라고 하였다. 그러면서 "유신헌법에는 정당 설립의 자유와 복수 정당제의 보장을 명시하고" "이 조문은 우리나라의 기본 질서가 국민의 정치적 자유를 보장하는 민주주의에 뿌리박고 있다는 것을 입증하는 것"이지만, "그렇다고 해서 이것이 지난날처럼 자유를 빙자한 무질서와 민주를 빙자한 비능률을 그대로 허용하고 용납하겠다는 것은 절대로" 아니라고 하였다〈신년사〉 1973.1.1. 이러한 유신헌법에 따라 모든 형식적 민주주의마저도 파괴되었다. 따라서 박정희의 실용주의는 최소한의 민주주의인 형식적 · 절차적 민주주의마저도 정지시켰다고 할 수 있다.

:현대 보수주의의 실용주의와 실리주의

박정희 정권 이후 실용주의는 정권에 의해서가 아니라 보수 단체에 의하여 주장되다가 현재 보수 정권인 이명박 정부에 들어와서 부활하였다고 할 수 있다. 우리 사회의 보수주의자들은 공통적으로 박정희와 이승만을 지지하는데, 그 이유가 바로 실용주의 내지 실리주의이다. 자유주의연대는 김구의 이상주의보다는 이승만의 현실주의가 옳다고 주장하며 박정희에 의한 경제 발전을 높이 평가한다. 조갑제는 이승만이 "민족주의적 명분보다 단독 정부 수립이라는 실리가 국민들을 위해 더 보탬이 된다고 판단을 했다."고 하면서 "김구처럼 민족주의적 열정에 봉사했다면 인기는 있었겠지만 국민들이 피해를 보았을 것"이라고 말하였다. 또 그는 김유신-세종대왕-광해군-정조-이승만-박정희로 대표되는 실용자주 노선과, 조선조의 극단적 주자학자들과 김일성으로 대표되는 위선적 명분 사대 노선을 대칭시켰다전영기 1997.

보수주의는 실사구시의 사상으로, 사변적 · 추상적인 세계 대신 경험적인 사실의 세계를 중시하는 사상이라고 주장하는 송복 역시 이승만과 박정희를 긍정적으로 평가한다. "오랫동안 서구 민주 사회를 체험

했던 이승만 대통령은 이 땅에 자유민주주의의 기반을 닦았고, 박정희 대통령은 산업화를 성공시킴으로써 사회주의, 공산주의에 기울어져 있던 국민들의 의식을 자유민주주의 쪽으로 돌려놓았"다는 것이다. 자유시장을 주장하는 박근 역시 박정희를 옹호하는데, 그는 권위주의 정권 시절 한국의 민주화를 요구하는 외국의 관리들에게 한국의 민주주의가 실현되기 위해서는 경제적 토대가 필요한 것이라고 설득하였다고 한다 송복 2000.

김용서는 근대 국가를 건설하기 위해서는 강력한 절대주의적 지도자가 나타나 폭력으로 국가를 건설하는 것이 불가피했다며 박정희 정권을 옹호한다. "일본인의 경우 자신에게 저항하는 사찰을 불태우고 수만 명의 승려들을 학살한 오다 노부나가織田信長를 부정적 인물로 보기보다 과거의 병리적 유산을 일소하고 새로운 시대를 열기 위해 노력하다가 비명에 간 인물로 기억하고 있다."면서 "세상에 털어서 먼지 안 나는 사람이 없음에도 우리는 지도자의 부정적인 측면만을 본다."는 것이다. 또 국가 의식을 강화하기 위해서는 영광스러운 민족사, 팽창의 기억을 강조할 것을 주장하였다. 예를 들면 박정희 정권 시절 베트남 파병과 세계 경제 시장으로의 진출, 전두환 정권 시절의 대미 무역 흑자 등도 얼마든지 팽창의 역사로 기억할 수 있다는 것이다〈월간조선〉 2000. 12.

이들 보수주의자들은 미국과 일본에 대해 우호적인데, 이 역시 실리적인 이유에서이다. 박근은 미국과 일본과의 관계는 우리의 행복과 번영에 직결되는 것이라고 강조한다박근 2000. "미 제국주의란 자유민주주의 국가들이 경제적으로 연합한 것일 뿐 착취를 하려는 게 아니"라는 것이다. 또 "미국식 경제주의는 20세기의 최대의 가치"이며 "미국은 지구상에서 가장 본받을 만한 나라"라고 주장한다. 따라서 반미는 "국익에 반하는 철없는 행동"이라는 것이다〈한겨레21〉 2003. 5. 22. 김용서에 의하면 "우리는 흔히 일본인들이 강자에게 약하고 약자에게 강하다고 비판하지만, 그것을 다른 관점에서 볼 필요가 있다. 일본인들은 정확하게 구미인들의 장점을 파악하고 그것들을 배우려 노력하기 때문에 나라가 발전한다."는 것이다. 그런데 우리는 "실용주의보다는 관념주의에 빠져 있기 때문에 그렇게 하지 못한다."는 것이다. 실용주의가 체질화된 국가나 개인은 자신의 분수를 지킬 줄 알며, 분수를 지킬 줄 알면 거짓이 없어진다는 것이다김용서 2000. 조갑제도 일본의 무사 정신은 실용적인 정신이라고 평가한다전영기 1997. 이렇듯 우리 사회의 보수주의자는 일본 비판에 다소 소극적이며, 때로는 일본 비판이나 친일 비판을 강도 높게 반대하기도 한다. 이들은 김영삼 정부의 '역사 바로 세우기'를 비판하면서 현재를 바로 세우면 역사는 바로 세워지는 것이지 역사는 청산할 수 있는 것이 아니라고 주장한다. 이렇듯 대체로 많은 보수주의자들이 일본에 호의적인 이유는 우리 사회의 기득권층의 조상이 대부분 친일파이기 때문이기도 하지만 일본이 서구의 실용적인 정신을 본받아 일찍 근대화한 것을 본받아야 한다고 믿기 때문이다.

현 이명박 정부는 실용주의를 전면에 표방한 정부로서 보수주의자들의 위와 같은 주장들을 그대로 실천하여 과거 청산이나 민주주의보다는 일본 및 미국과의 관계 개선과 경제 성장만을 강조하고 있다. 또 사회 비판 세력들에 대한 감시, 탄압은 과거 군사 정권 시절을 방불케 함으로써 이러한 면에서도 박정희 정권의 맥을 이었다고 할 수 있다.

현재 청년들도 많이 보수화되었는데, 이 역시 실리주의와 관련이 있다. 2002년 8월에 결성되었지만 지금은 별반 활동을 하지 않고 있는 '보수주의학생연대'는 결성 당시 "좌파와 달리 현실을 인정하는 속에서 점진적인 변화를 추구한다."고 하면서 "보수와 진보 어느 한쪽에 치우치지 않고 사회 문제를 기능주의적으로 해결하고자 한다."고 주장하였다. 당시 다른 청년 우파와 달리 국가보안법 철폐, 전교조, 한반도 통일 방안에 대해서는 입장을 유보하였다. 2003년 2월에 결성되어 당시 3개월 만에 990명의 가입자를 확보했다고 하는 '미래한국연구회'는 우파의 논리가 단순히 좌파에 안티를 거는 논리여서는 안 된다고 하면서, 합리적이고 젊은이들이 받아들일 수 있는 대안과 전망을 제시하기 위해 자유민주주의, 시장경제, 헌법 수호를 구체적으로 실현하기 위한 방안을 모색하고 있다고 하였다〈한겨레21〉 2003. 5.22. 2005년 12월에는 '뉴라이트전국연합'의 청년 조직인 '뉴라이트청년연합'이 출범하였다.

이러한 청년들의 보수화는 취업난 등 경제 문제가 원인이 되었다는 해석이 있다. 자신이 처한 상황이 워낙 급하기 때문에 정치 문제에 무관심하게 되었고, 이것이 전반적인 보수화로 연결되었다는 것이다. 조사에 의하면 20대 청년들이 30대보다 훨씬 더 보수적이다. 이라크 전투병 파병, 미국에 대한 호감, 북한에 대한 태도 등에 대한 입장에서 이들은 30대와 뚜렷한 차이를 보였다. 이들 세대는 1979년 이후에 태어난 세대로서 경제적 어려움을 모르고 자유롭게 자랐고, '진보적인' 선배들이 이미 졸업한 후에 대학에 들어간 세대였다. 바로 이전의 선배들은 후배들에게 진보 이념을 전수하지 않았으며〈뉴스메이커〉 555호 2004 오히려 후배들의 자유로운 의사 표현을 보호해주었다. '보수주의학생연대'에서는 "연혁적인 측면에서 볼 때 보학연은 기본적으로 대학생의 이념의 자유와 자신의 가치관의 커밍아웃을 표방하면서 기존 대학 및 온라인 세계의 진보적 일방주의에 반대 기치를 들고 등장한 단체"라고 자신을 소개하였다. 그러나 이들 게시판을 보면 이들이 어떤 뚜렷한 신념을 갖고 출발하였다기보다는 운동권 선배가 사라지고 보수화된 교정 내에서 갈 곳 몰라 방황하는 젊은이들이라는 느낌을 더욱 강하게 갖게 한다.

(3) 반공주의

II장에서 보았듯이 보수주의는 유토피아와 혁명에 반대하므로 본질적으로 공산주의에 비판적일 수밖에 없다. 또 반공주의는 한국 보수주의 그 자체라고 할 수 있을 정도로 한국 보수주의의 특징적인 모습이다. 한국 사회에서 반공주의가 강고한 이유는 이승만의 단정 수립 과정에서 일어난 좌우 갈등, 북한에서 배제와 폭력으로 희생된 사람들의 남하로 인한 강고한 반공 극우 세력의 형성최장집 2002, 한국전쟁 등의 원인을 들 수 있다. 이러한 가운데 보수주의는 곧 반공, 반북한과 동일시되었다. 이회창은 "공산주의에 대항해 안정을 의구해 온 세력을 총칭"하는 것이 바로 보수주의라고 하였다〈경향신문〉 1997.10.6. 또 그는 "북한에 대해 단호한 대응도 필요하고 채찍도 가해야 한다손혁재 1997고 강조하였고, 조갑제는 더 나아가 무력을 앞세운 흡수통일론을 주장하였다전영기 1997.

:미군정과 한민당의 반공주의

해방 후 가장 먼저 등장한 정치 조직은 여운형을 중심으로 한 '조선건국준비위원회(이하 건준)' 였다. 건준은 1945년 9월 2일 발표한 「선언」에서 건준의 당면 임무는 완전한 독립과 진정한 민주주의 확립을 위하여 노력하는 일이며, 이를 위해 진보적 민주주의의 제 요소들이 집결해야 한다고 주장하였다. 이때 '진보적 민주주의' 라는 말은 특정의 민주주의를 지칭하기보다는 일제 강제 지배의 반동성에 대한 반대적 의미만을 나타내는 포괄적인 언술이었다. 이후 건준이 조선인민공화국으로 발전하게 되었을 때도 이러한 입장에 큰 변화는 없었다. 여운형은 프롤레타리아 민주주의에 대해서보다 영국 노동당의 예를 자주 인용하였으며, 그 경향으로 볼 때 서구의 사회민주주의에 가깝다고 볼 수도 있다 정해구 1994.

좌파의 이러한 선점적 활동이 강화되는 가운데[■] 우파는 좌파와의 합작을 도모하기보다는 독자적인 정치 세력을 형성코자 했고, 그러한 시도 속에서 가장 먼저 결성된 조직이 한민당이었다. 그들은 친일파 척결 문제에 침묵하였으며, 내세운 정책도 모호한 것이었다. 그들은 체계적인 이데올로기를 바탕으로 조직되었다기보다는 좌파에 대한 반작용으로 등장하였다고 할 수 있다. 이들은 대체로 일제 식민 권력 아래에서 지주 또는 자본가였기 때문에 좌파의 주장에 우려를 가지지 않을 수 없었다. 그렇다고 달리 방어를 할 수단도 없는 이들은 자신의 취약함을 보완해줄 세력으로 미군정을 찾았으며, 이는 좌파의 성장을 막고자 했던 미군정의 이해관계와 맞아떨어졌다. 미군정은 우익 세력을 강화하고자 하였고, 한민당은 미군정이 보기에 "그 상당수가 미국 또는 한국 내의 미국계 선교기관에서 교육받은 전문적인 교육계 지도자들로 이루어져 있는" 민주주의적 혹은 보수적인 세력이었다 정해구 1994.

미군정이 채택한 인물들은 강한 반공주의 신념을 가진 이들이었다. 예를 들면 한민당 창당에 참여하였던 조병옥은 강한 반공 이념을 미국

■ 송복은 1948년 정부 수립 전 미군정청에서 서울 시민들을 상대로 한 조사에 의하면 조사대상자의 77퍼센트가 장차 수립될 정부가 지향해야 할 사상으로 사회주의, 공산주의를 꼽았다고 하면서 경제력에서도 북한이 남한을 압도했던 상황에 비추어 볼 때, 한국전쟁이 일어나지 않았다면 남한은 공산화되고 말았을 것이라고 말했다.(송복 2000)

유학 시절에 내면화한 인물인데, 그에 의하면 "개인의 완성이 국가의 목적이요, 국가는 개인 완성의 조장 기관에 불과"한 것이었고, "인류 사회는 절대적 평등 사회를 이룰 수는 없으나 상대적 평등 사회는 지향될 수 있"는 것으로, 이러한 사고를 부정하는 마르크스주의는 그 반대 논리로 인식되었다. 그는 "인류의 질적 향상의 운명은 개조에 있는 것이므로 공산주의와 같은 만병통치격인 일개 이데올로기의 유물변증법만 가지고는 지상 낙원을 건설할 수가 없"다고 하였다. "사회 진보의 원리는 개조에 있으며 혁명은 마땅히 부정되어야 한다."는 것이다조병옥 1986. 그는 유학 생활을 통해 그러한 신념을 갖게 되었는데, 다음의 회고는 그러한 점을 잘 보여준다.

이 대학에서 나는 특히 러시아 인 교수인 씽코비치 교수의 지도에 의하여 2년간 1주일에 3시간씩 금융, 재정학은 물론 경제학 원리와 사회주의, 공산주의에 대한 이론적 비판의 강의까지 들었다. 이 씽코비치 교수의 개인 지도를 받으면서 나는 독일어 원서로써 마르크스의 자본론도 탐독한 바 있으며, 그와 같은 공산주의의 이론과 본질론을 읽음으로 해서, 유물론적 입장을 취한 유물사관의 전체를 명확하게 파악하게 되었다. 이러한 학구적 경험은 후일의 공산주의 내지 공산주의 전략을 비판하고, 자유민주주의를 옹호하는 데 있어서 커다란 도움이 되었으며, 내가 학구 생활을 할 때나 오늘날 정치 생활을 하는 데 있어서도 그 학구적 경험은 무엇보다 커다란 무기가 되었다고 생각한다조병옥 1986.

당시 미국 사회의 분위기는 '적색 공포'가 만연해 있었다. 1차 대전 후 실업률은 급격히 증가하였으며 노동 운동과 러시아 혁명에 고무된 급진주의 운동이 일어났다. 미국 사회는 전후 불안과 혼란의 원인을 노동 운동과 급진주의로 돌렸으며 사회주의, 공산주의는 물론이고 진보적인 일체의 사회 운동마저 미국의 이념과 질서를 파괴하는 악으로 인식되었다. 조병옥이 컬럼비아 대학에 입학한 1919~1920년에 그 분위기는 절정에 이르렀다 이수일 2001.

조병옥은 컬럼비아 대학에서 장덕수를 만나게 되는데, 당시 장덕수는 사회주의와 결별하고 문화주의로 전환하였다. 장덕수는 반마르크스주의를 학문적으로 발전시켜 컬럼비아 정치학 박사 학위 논문 주제도 "마르크스주의 국가론 비판"으로 제출하였으나 채택되지 않아 "영국적 방식의 산업 평화: 노동 분쟁과 민주주의의 관계"라는 주제의 논문으로 학위를 취득하였다. 그 내용은 영국 자유주의 전통과 노자 협조의 흐름 속에서 자본주의 모순을 해결해가는 역사적 사례를 구체적으로 분석한 것이었다 이수일 2001.

한인 유학생들의 사회주의에 대한 비판적 의식은 당시 미국 경제학의 이론 체계를 구축한 J. B. 클라크 John Bates Clack의 한계효용론에서도 영향을 받았다. 조병옥은 클라크의 "경제학 사상의 최대 공적은 멘거 Karl Menger나 왈라스 Marie Esprit Leon Walras, 또는 제폰스 William Stanley Jevons 등의 경제학자와는 독립된, 사유재산제와 자유 경쟁 원리를 기초로 하여 한계효용 이론을 체계화하는 데 노력한 점에 있다."고 보았다조병옥 1986. 방기중에 의하면 1920년대 클라크에게 지도를 받거나 그의 학설을 추종한 유학생들은 조병옥, 이긍종, 김도연, 김우평 등으로 이들은 기본적으로 자본과 생산 중심적인 경제학풍에 입각하여 당시 조선 경제의 현실과 민족경제 자립의 방안을 강구하였고, 철저히 반마르크스주의적 입장을 견지하였다방기중 2003. 조병옥에 의하면 "한계효용설은 노동가치설이나 생산비설에 대립되는 학설"로서, "재산의 가치는 일체 인간의 욕망, 즉 주관적 평가에 달려 있다."는 것이다조병옥 1986. 이긍종 역시 효용을 중심 개념으로 한 물질적 공리관을 근본으로 해야 한다고 주장하면서 결론적으로 개인의 자유를 중심으로 기업 심리를 자극하여 생산 활동을 보호하는 자유주의 경제관과 정책이 가장 이상적이라고 강조하였다. 평등한 분배는 생산의 자유를 해치고, 생산의 부자유는 생산량을 감퇴시키므로 생산과 분배, 자유와 평등은 본질적으로 상호 모순 관계에 있다고 주장하면서, 19세기 이래 자본주의 발전의 원동력이 된 자유 경제 원리와 경제 정책을 찬양하고 지지하였다방기중 2003.

위와 같이 미국 유학 생활을 통해 강한 반공주의를 내면화한 인물들이 주로 미군정에 의해 채택되어 반공 전선에 앞장섰으며, 많은 좌파 인물들 및 민중을 희생시켰다. 또 미군정 정보참모부와 방첩대 역시 '격렬한 반공주의에 따라 행동' 하였다정용욱 2003. 군정청 공보부는 박헌영이 소련 일국만의 신탁통치를 원하고, 한국을 소련의 한 연방으로 편입시키기를 원하는 것처럼 기사를 윤색하여 국내에 널리 유포시키는 등 공작 차원의 여론 조작도 서슴지 않았다방선주 1987; 정용욱 2003. 이들은 좌우 합작에 대한 공작도 하였다. 하지John Reed Hodge는 굿펠로우M. Preston Goodfellow에게 보낸 1946년 6월 23일 편지에서, 정치 고문이 "많은 한국인들을 만나고 있고, 황소를 분열시킬 수 있다고 믿기 시작했다."고 하면서 "나는 이들이 비非소비에트 좌익들을 끌어냄으로써 공산당 앞잡이들을 와해시키기를" 바란다고 적었다. 미군정은 모든 대중 운동을 공산주의자의 소비에트화 기도와 연결된 정치적 운동으로 간주하여 불온시하였다. 미군정의 개혁 조치는 반공 정책의 일환이었고 공산주의 세력으로부터 대중을 분리시키기 위한 수단에 불과하였다. 미군정은 개혁이 이러한 목적을 뛰어넘어 발전하는 것을 용납하려 하지 않았고, 사회 경제적 개혁 정책으로 인해 우익의 지지 기반이 상실되는 것을 원치 않았다. 개혁 정책의 궁극적 목표는 대중들의 혁명적 열기를 완화시키고 이를 미국 점령 정책의 목표에 따라 개량화하는 것이었다정용욱 2003.

이렇듯 미군정은 소련과의 이데올로기 경쟁에서 우위를 확보하기 위하여 좌파의 성장을 저지하고 일제에 협력한 우파를 지원하였으며, 반공이 중심이 되는 왜곡된 민주주의를 교육시켰다. 미군정은 일제와 마찬가지로 한국 입장에서는 점령군이었으므로 미군정의 주요 관심사는 오로지 남한을 용이하게 점령 · 지배하는 것이었기 때문이다. ■

:이승만의 반공주의와 친일

반공주의는 미군정보다도 이승만에 의해 강하게 제시된 이념이다. 그의 강한 반공주의는 오랜 반러 의식에서 비롯되었다는 설명이 있다.** 그가 반러 의식을 갖고 있었던 이유 중 하나는 러시아가 전제 국가로서 청국과 다름없는 후진국이라고 생각했기 때문이라고 한다. 그에 의하면 러시아는 "풍기風氣가 열리지 못하여 지금껏 야만스러운 풍속에 많이 깨우쳐지지 않았으나 이전 사기를 보면 더욱 괴악한 사적이 많은" 나라이며, "구라파 주에 모든 나라가 러시아의 세력을 막기로 제일 긴급한 문제를 삼지 않은 자 없"다고 하였다리승만 1993. 또 이승만은 1917년 볼셰비키 혁명이 일어나자 공산주의에 대해 자유를 원하는 인간의 본성을 거역해 가며 국민을 지배하려는 사상 체계로 규정하고, 이 사상에 입각한 정치는 반드시 실패할 것이라고 장담하였다유영익 1995. 그는 소련을 나치즘, 파시즘과 같은 전체주의 국가로 파악하고, 미국 민주주의에 대한 도전 세력으로 보았다. 그는 소련이 미국 내에 자신의 조직체를 가지고 있으며,

* 다음의 글은 미군의 입장을 잘 보여주고 있다. "우리는 해방군이 아니었다. 우리는 점령하기 위해서, 한국인이 항복 조건에 복종하는가 아닌가를 감시하기 위해서 온 것이다. 상륙 첫날부터 한국인의 적으로서 행동했다."(최상용 1988)

** 유영익은 이승만의 반러 인식이 나중에 그의 반공 사상으로 연결되었다고 해석하며 이시형 역시 이승만의 반소 노선은 전통적인 러시아의 세력 확장 정책에 대한 경계에서 비롯되었다고 보고 있다.(유영익 1995; 이시형 1995)

소련 정부와 흡사한 정부를 수립하기 위해 미국 정부를 전복하려는 의도를 갖고 있다고 주장하였다 이승만 1987.■

반러 의식은 주로 개화파 특히 친일 개화파들에게서 찾아볼 수 있었다. 당시 독립협회는 러시아를 강하게 비판하였는데 이는 대체로 독립협회 회원이 일본과 가까웠기 때문이다. 심지어 이들이 일본의 사주와 자금을 받고 행한 것이라는 해석이 있다. 물론 이 당시 친일은 한일합병 찬성과 같은 일본 제국주의를 찬성한 것이 아니라 일본의 근대화를 본받아야 한다는 입장에 머문 것으로 당시 지식인들은 모두 공유하고 있던 인식이었다. 대체로 이러한 경향은 러일전쟁 이전까지 지속되었는데, 이는 '친근대화로써의 친일' 이라고 볼 수 있다. 그러나 1905년 일제의 침략이 가속화되는 보호 통치와 강점 이후 많은 지식인들은 일제를 비판하기 시작한다. 이때까지도 친일적 경향을 띠는 사람은 친근대화가 아닌 친제국주의적 친일파로서, 오늘날 우리가 청산해야 하는 '친일파' 로 이해될 수 있다.

당시 개화파였던 이승만 역시 일본에 우호적이었다. 이승만의 『독립정신』에는 반일적인 언급이 거의 없으며, 일본은 세계 정세에 어두운 조선의 자주와 독립을 위해 노력해 왔다고 쓰여 있다. 1876년의 강화도

■ 〈한성순보〉, 〈독립신문〉 등은 일찍부터 사회주의를 비판하는 기사를 실었다. 이에 대해서는 남시욱(2005) 참조.

조약에 대해서도 서양의 강포한 나라들보다 앞서서 "일본과 먼저 약조하야 공고 완전한 독립을 실상으로 성명하게 되어 매우 다행한 일"이라고 평가하고 있다. 일본은 "어두운 이웃나라를 극력하야 깨우쳐서 합력하여 보전하자 함은 우리나라 신민들이 일본에 대하여 깊이 감사"해야 할 대상인 것이다. 청일전쟁과 러일전쟁은 일본이 한국의 독립을 지켜주기 위해 대신 치른 전쟁으로 묘사되고 있다. 문제는 이승만의 일본에 대한 긍정적인 인식이 합방 이후에도 표출되었다는 것이다반병률 2000. 이에 대해서는 그의 활동 무대가 주로 미국 하와이였는데, 당시 미국은 일본에 대해 우호적이었고 하와이에 일본인들이 많이 거주했기 때문이라는 주장이 있다정병준 2001. 이승만이 호놀룰루에서 발간하던 〈태평양잡지〉에서 "한인이 배일排日하는 것이 불가하다." 또는 "일본 천황 폐하께옵서 군함을 탑승하시고 관병식을 하였다."라는 문구, 그리고 이승만계 인사들이 일본 천황의 생일날 하와이 영사가 주최한 잔치에 참여한 일이 〈권업신문〉에서 지적되면서 "여러 가지 괴상한 언론과 파측한 행동이 많아 우리 동포 정신계를 크게 그릇한 염려가 있다."고 비판되었다〈권업신문〉 1914.1.25. 〈신한민보〉 역시 이승만의 영향하에 있는 하와이 교민단의 주도로 야구단이 본국을 순행하고 총독부의 초대까지 받은 일을 비판하였다〈신한민보〉 1924.11.6; 11.20; 1925.5.14.

사실상 이승만은 알려진 바처럼 이렇다 하게 항일 운동을 한 적이 없다. 서중석에 의하면 이승만의 독립운동 경력은 그나마 위임통치 청원으로 비판을 많이 받았던 시기가 거의 전부라고 할 수 있다. 위임통치 청원 활동으로 1918년에서 1920년대 전반기까지의 3~4년, 제네바에 갔던 시기, 1940년대 전반기가 전부라는 것이다. 나머지 기간은 주로 살기 좋은 하와이에서 망명객으로서의 편안한 생활을 누렸다고 할 수 있다 서중석 2005.

그러한 그가 임시정부의 대통령까지 된 것은 그의 억지에 의한 것이었다. 고정휴에 의하면 3.1운동 후 5개의 임시정부가 탄생하는데, 그 중 실체가 비교적 갖추어진 것이 상해임시정부였다. 이승만도 자신이 국내에 형성시킨 기독교인들과 기호인들을 중심으로 한성정부를 구성하고 집정관 총재를 맡았다. 한성정부 외의 다른 임시정부는 거의 손병희가 대통령이었다. 이승만은 지속적으로 상해임시정부보다 한성정부의 정통성을 내세우며 대내외에 한성정부의 존재를 알렸다. 그리고는 안창호에게 이미 한성정부가 연합통신을 통해 미국과 다른 나라에 알려졌다고 하면서 상해임정을 한성정부에 통합할 것을 요구하였다. 그렇지 않으면 미국의 지지와 국채 발행을 통한 자금 확보가 어려울 것이라고 경고하였다 고정휴 2004. 이에 상해임정은 안창호의 권유에 못 이겨 이승만을 대통령으로 정한 것이다. 당시 정족수 3분의 1에도 못 미치는 득표로 이승만은 임시 대통령에 당선된다. 그러나 이승만은 임정 대통령이 된 후에도 상해로 가지 않고 미국에 머물렀다. 또 이후 재정 문제 등으로 계속 임정과 마찰을 빚다가 결국 탄핵까지 당하고 말았다. 그가 미국에 머문 이유는 중국, 러시아 교민들은 조직되어 있지 않고 불안정한 상황이었으므로 자금 마련이 어려웠으나 미국, 특히 하와이는 교회와 단체 등을 중심으로 안정적 조직을 이루고 있었기 때문이다. 재미동포들은 어려운 조건에서도 수입의 3분의 1을 정치 자금으로 헌금하였다. 따라서 가장 안정적 재원 확보는 하와이에서 가능했으므로 누가 이곳을 장악하는가가 당시 독립운동가들 간의 갈등 요인이 되었다.

임정은 이승만이 별로 성과도 없는 외교 선전과 교육에 사용하느라 임정에 돈을 갖다 주지 않는 것에 불만을 품었다. 당시 이승만의 활동에 대해서는 대다수가 회의적이었다. 김구는 눈에 보이는 운동이 없는데 도대체 무엇을 가지고 미국에 선전할 것인가 반문하면서, 투쟁과 외교는 같이 가야 하는 것이라고 주장하였다. 더구나 이승만은 공공연히 위임통치나 자치론에 동조하였으며, 앞서 언급하였듯이 일본과도 협조적 관계를 유지하였다. 일본 역시 이승만을 이용하여 국내 상황을 안정시키려고까지 시도한 적이 있었다.

이 시기 이승만에 대한 또 다른 비판은 중국, 러시아 및 다른 약소민족과의 외교도 중요한데 오로지 미국만을 외교 대상으로 바라보았다는 것이다. 이승만이 상해임시정부를 방문하여 회의를 했을 때 임정 내에서 소련의 힘을 빌려 독립운동을 강화하자는 의견이 나오자 그는 "공산주의는 민주주의에 반대되는 사상"이며 "동양에서 표본적 민주주의 문명국가를 구현시키려는 우리 이념에 합치될 수 없는 이론"이라고 주장하였다. "공산주의 사회는 노예 생활을 말하는 것"으로 "공산당의 원조로써 우리의 독립을 성취시킨다는 것은 천만부당하며 그것은 조국을 다시 공산주의 국가의 노예를 만들자는 주장"이라고 비판하였다임병직 1964. 또 이승만은 중국에 대해서도 아무리 중국인이 노력해도 미국의 원조가 없으면 소용이 없다고 주장하였다. 차라리 신문에 일인의 만행을 알려줘서 미국 국민의 동정을 얻어 이들의 압력으로 의회를 움직여 미국의 원조를 받아내야 대일 전쟁에서 이길 수 있다는 것이었다고정휴 2004.

이러한 그의 반공주의는 미국에서 주목을 받기 위해 시작한 것으로 볼 수 있다. 실제로 그가 주목받기 시작한 것은 미국인의 반공의식을 부추기면서부터이다. 당시 이승만을 지지했던 미국인들은 반소 · 반공 정책을 추구하던 공화당 극우 반공주의자들로서 종전 후 세력을 형성하고 국무부의 대중 · 대소 정책을 견제하였다정용욱 2002. 1945년에 이르러 이승만은 미국의 대소련 유화 정책과 소련의 한반도에 대한 지배욕을 공개적으로 비난하기 시작하였다고정휴 1993. 그는 1945년 4~5월 국제연합 창설을 위한 샌프란시스코 회의를 전후하여 미국이 얄타에서 한국을 소련에 떠넘기려 했다는 비밀협약설을 언론에 흘렸다고정휴 2004. 이승만의 얄타밀약설 폭로 이후 동지회의 기관지인 〈북미시보〉는 소련의 한반도 적화 야욕을 비난하는 기사들을 게재하였다. 예를 들면 "중국 서부 지방 연안에 있는 중국 공산당 소재지 안에 아라사가 한인 공산당 임시정부를 조직하여 두고 장차 파란국의 루블린 공산 정부처럼 승인 주장하려는 것"〈북미시보〉 1945.6.1이라고 쓰고 있는데, 이는 소련이 한국에 폴란드의 루블린 정권과 같은 괴뢰 정부를 세우려 한다는 의미이다. 이승만은 소련과 중국에서 활동하는 한인 공산주의자를 견제하고 임정의 연립정부 구성에도 제동을 걸기 위해서 이러한 주장을 하였다고도 볼 수 있다. 얄타 밀약설도 근거 없는 것으로 드러났는데, 그의 이러한 거짓 폭로의 배경에는 반소, 반공의식과 루스벨트 행정부의 대소 유화 정책에 대한 우려가 작용한 것이라고 볼 수 있다. 이승만은 한국에 기독교와 자유민주주의에 입각한 국가를 건설하기 위해서는 한국에 대한 소련의 개입을 봉쇄하고, 소련의 영향력하에 있는 한인 집단이 국내에서 정권을 장악할 수 없도록 해야 한다고 주장하였다. 또 이것이 미국의 이익과도 일치한다고 강조하였다고정휴 2004. 이것이 미국 내 극우파들의 이해관계와 일치하면서 이들이 이승만을 치켜세우기 시작한 것이다. 그는 미국이 동유럽에서와 같이 대소 유화 정책을 취한다면 "한국 민중에게 그들이 선택한 정부를 수립할 수 있는 공평한 기회를 부여하려는 미국 정부의 선의는 소련 지배하에서는 불가능할" 것이라고 경고하였으며, 미국의 대소 유화 정책이 "1905년 이래 한국을 희생시켜가면서 일본에 유화적인 기습을 낳았던 것과 마찬가지로 한국에 대한 정당함을 희생으로 한 커다란 불행을 초래할 것"이라고 하였다. 그러므로 "한국 임시정부의 승인"만이 소련의 한국에 대한 약탈을 막을 수 있는 "유일한 수단"이며 해방됨과 동시에 "연합국의 감시 밑에서 총선거를 실시한다."는 양해하에 "임시정부의 가승인"을 주장하였다이시형 1995.

이승만의 반공주의는 그의 신념이었다기보다는 보수주의의 특징이 그러하듯 그것이 그에게 이익이 되었기 때문이다. 집권 이전에 그는 지지자를 많이 끌어모으기 위해 자신이 공산주의 자체에 반대하지 않는다는 말을 자주 하였다. 1945년 10월 21일 중앙방송 연설에서 "나는 공산당에 대해 호감을 가지고 있는 사람"이라고 하면서 "그 주의에 대하여 찬성하므로 우리나라의 경제 대책을 세울 때 공산주의를 채용할 점이 많이 있다."고 하였다. 이어 11월 21일에는 "공산 정부만 수립하기 위하여 무책임하게 각 방면으로 선동"하여 "국사에 손해를 끼치는 이들"과는 협동할 수 없지만 "경제 방면으로 근로 대중에게 복리를 줄 … 목적으로 공산주의를 주장하는 인사들"과는 협력할 용의가 있다고 하였다 유영익 1995. 초대 대통령 기념사에서도 "기왕에도 누누이 말한 바와 같이 우리는 공산당을 반대하는 것이 아니라 공산당의 매국주의를 반대하는 것이므로 이북의 공산주의자들은 이것을 공실히 깨닫고 일제히 회심해서 우리와 같이 같은 보조를 취하여 하루 바삐 평화적으로 남북을 통일해서 정치와 경제상 모든 권리를 다 같이 누리게 하기를 바라며 부탁합니다."라고 나타나 있다 〈초대 대통령 취임사〉 1948.7.24. 그러나 이와 같은 주장은 해방 후 사회 내 주류였던 사회주의자들을 포섭하기 위한 발언이라고 볼 수 있다.

공산주의를 견제하고 자신의 권력 기반을 다지기 위해 이승만은 친일파를 대거 등용하였다. 친일 자산가, 친일 관료, 친일 지방 유지 등 친일파가 그의 정치적 기반이 되었다. 이승만은 친일 경찰을 적극 두둔하였으며, 과도입법의원, 민선의원에 친일파를 대거 당선시켰다. 이에 김규식 등이 항의하자 친일파 처단은 민심만 혼란시키는 일이라고 주장하였다서중석 2005. 통일 정부를 위한 남북 협상이 결렬되고 남한만의 단정 수립이 확정되면서 1948년 8월 대한민국 정부가 공식적으로 수립되었다. 대통령이 된 이승만은 북한과 공산주의의 존재를 자신의 권력을 강화하고 독재를 정당화하는 데 이용하였다. 그의 '철저한 자유민주주의'는 철저한 반공주의를 의미하였다공보실 1959. 이승만 정권의 통치 이념은 서구식 자유민주주의와 반공으로 알려져 있으나, 자유민주주의는 단지 이데올로기적인 상징 조작으로만 기능하였을 뿐 반공 이념이 지배적 위치를 차지하였다고 할 수 있다김혜수 1995; 최봉대 1985; 손영원 1987; 진덕규 1981. 그는 극단적 반공주의와 함께 북진론을 여러 차례 표방하였다.

> 자유 대한의 품 안으로 돌아온다면 과거를 불문하고 … 국토 통일은 … 하나는 평화적 방법으로서 유엔 감시하에 북한 지역의 자유 선거를 실시하여 북한 동포로 하여금 그들이 원하는 운명을 스스로 결정하게 하는 방법이며 다른 하나는 실력으로써 공산 분자를 몰아내 … 공보실 1959.

당시 학교 교육 역시 반공 교육을 중시하였다. 1954년부터 1963년까지 제1차 교육 과정의 구성 방침과 목표상의 특징 중 하나는 반공 교육, 도의 교육, 실업 교육을 특히 강조하고 있다는 점이다.

반공 · 도의 교육을 강조하게 된 까닭은 해방 후의 사회적 혼란과 6.25 사변으로 인하여 도덕적인 타락이 현저하게 나타났으며, 반공 의식의 고양이 어느 때보다 필요함에 따라 취해진 것으로 보인다문교부 1988.

이승만은 반공주의를 내세워 반민족행위자의 처벌도 미루었다. 이승만은 성명을 통해 정부 수립이 가장 시급한 일이므로 반민족행위자의 처벌은 정부가 완전히 선 후에 하자고 하였는데공보처 1953; 김혜수 1995 1948년 9월 23일, 사전에 계획된 반공대회를 개최하여 국무총리 이하 정부 요인이 참석한 가운데 반민법을 공격하는 결의안을 채택하였다. 반민법을 추진할 때 그는 친일 경찰을 고무하여 적극 방해하였으며, 급기야 1949년 6월 6일 반민특위 습격 테러에 의하여 친일파 처단은 실패하게 되었다.

서중석에 의하면 이승만은 일본이 과거에 대한 반성 없이 계속적으로 망언을 반복함에도 불구하고, 일본에게 우호적인 메시지를 일관되게 보냈다. 정부 수립 직후 10월 22일 발표에서 "우리는 과거를 망각하려할 것이며, 또한 망각할 것"이라고 천명하고, 일본에 우호 관계를 가질 것을 호소하였다. 1951년 한일 예비회담에서도 한국 측은 이승만이 작성한 원고를 읽었는데, 이는 일본이 저지른 잘못에 대한 원한을 버리고 새 출발을 하자는 것이었으며 이제 우리 화해하자는 말로 끝맺고 있다. 그런데 원고를 읽은 직후 일본 대표가 "화해할 것이 무엇이 있습니까?"라고 반문했다고 한다. 또 1952년 한국 측의 배상 등 청구권 주장에 일본은 오히려 한국에 일본인 재산의 청구권을 주장하였다. 당시 일본은 한국전쟁으로 특수를 누려 돈을 엄청 벌어들인 상황이었다. 그런데도 이승만은 1953년 도쿄에 도착해서 2년 전 일본 방문 때 한 말을 상기시키면서 지난 일을 용서하고 잊어버림으로써 양국을 위협하는 공산 세력에 대항하여 결속하자고 역설하였다. 그런데도 3차 회담에서 일본 대표 구보다 간이치로久保田寬一郎는 일본이 한국을 36년간 발전시켰기 때문에 일본이 보상을 요구할 권리가 있다고 하면서 구한말에 일본이 진출하지 않았으면 한국은 중국이나 러시아에 점령되었을 것이라는 망언을 하여 결국 결렬되었다. 이런 일을 당하고도 이승만은 그 이후 3.1절이나 8.15 광복절에 일본에 대한 비판적 발언을 하지 않았다. 오로지 반공에 대한 언급이 전부였다서중석 2005.

그럼에도 이승만이 강력한 반일주의자로 알려진 것은 일본이 공산권에 접근하면서부터 그가 일본을 강하게 비판했기 때문이다. 즉 그의 반일은 사실상 반공의 다른 표현에 불과하였다. 일본은 1950년대 중반 불경기를 타개하기 위해 무한한 잠재 시장인 중국에 접근하고 소련과 국교 정상화를 한다. 더구나 북한과도 경제 문화 교류를 시작하였다. 이것이 이승만으로 하여금 대규모 반일 시위를 일으키게 하였던 것이다. 이승만은 일본이 북한과 교류하면 한국 정부는 일본을 적성 국가로 규정하겠다고 강조하였다. 그의 강한 반일적 태도는 그의 정권이 친일이 아닌 것처럼 보이게 하는 효과도 가져왔다. 그러나 그는 자신의 지지 기반인 친일 세력은 철저히 보호하였다. 1954년 4월 7일 담화에서 그는 다음과 같이 발표하였다.

> 근래에 와서 친일파 문제로 하여 누가 친일파며 누가 아닌가 하는 것이 민간에서 혼돈된 관계가 있으므로 내가 다시 설명하고자 하는데, 내가 말하고자 하는 것은 왜정 시대에 무엇을 하던 것을 가지고 친일이다 아니다 하는 것을 결정하는 것이 아니고 … 일본을 위하여 열정적으로 일한 사적이 있을지라도 지금 와서는 그 일을 탕척받을 만한 일이 있어 증명받을 만하면 전에 일은 다 불문하고 애국하는 국민으로 인정하고 대우해줄 것이다 서중석 2005.

이승만이 이렇듯 친일파들을 적극 두둔하고 보호한 이유는 자신의 반대파인 중도파와 좌파를 반대하고 척결하는 데 이들을 이용할 수 있었기 때문이다.

:박정희 정권 시기 반공주의

잘 알려져 있다시피 박정희 정권은 반공을 제1의 국시로 내세웠으며, 집권 기간 내내 그의 독재를 정당화한 이념으로 기능하였다. 이 시기에 반공 교육은 더 한층 강조되었다. 즉 이 시기에 국민윤리가 신설되었는데, 이는 반공 교육의 강화를 의미한다 문교부 1989b. 교육 과정의 편제는 교과 활동, 반공 · 도덕 활동, 특별 활동의 3영역으로 나뉘었는데, 이는 교과, 도덕, 특별 활동의 3대 영역으로 편성된 일본의 체계와 흡사하다문교부 1988. 1968년 국민교육헌장에서는 아예 자유민주주의가 언급되지도 않고 '반공민주주의' 라는 해괴한 용어가 등장하기도 하였다홍윤기 2001. 1971년 교과서에 의하면 자유민주주의를 반공주의로 파악하고 있었다. "민주주의는 자유주의를 전제로 하여 성립 발전"되었기 때문에 "민주주의를 자유주의와 결합된 민주주의, 즉 자유민주주의라고도" 한다고 하면서 "정치적 민주주의의 기본 원리인 국민 주권의 원리, 법치주의, 권력 분립주의는 모두가 국민의 자유를 보장하려는 자유주의적 요청에서 나온 것"으로 설명한다. 따라서 "이 점에서 공산주의들이 말하는 소위 인민 민주주의나 모택동이 말하는 신민주주의는 참다운 민주주의가 아닌 것"이라는 것이다박철호 1971.■

또 아이러니컬하게도 자유민주주의와는 가장 거리가 먼 유신헌법에서 "자유 민주적 질서를 공고히 하는 새로운 민주 공화국을 건설"한다고 함으로써 대한민국의 기본 질서가 자유민주주의임을 헌법을 통해서 밝힌 최초의 기록이 되었다문지영 2002. 서구 자유민주주의에 대해서 좋게

■ 그러나 뒤이어 "자유주의=민주주의는 아니며, 오늘날 민주주의가 요구하는 자유는 자유방임주의에서 말하는 자유가 아니니, 자유주의를 새로운 각도에서 검토하여 건전한 민주주의의 발전과 일치되는 자유를 추구해야 한다."고 부연하고 있다.

평가하지 않은 박정희 정권이 이렇게 자유민주주의를 주장한 것은 자신이 주장하는 민주주의가 사회주의권에서 말하는 인민민주주의와 다른 것임을 강조하기 위한 것이었다. 당시 교과서는 유신헌법의 자유 민주적 질서를 다음과 같이 설명하였다.

> 헌법 전문은 '자유 민주적 기본 질서를 더욱 공고히 하는 새로운 민주 공화국을 건설' 한다고 하여, 우리나라의 기본 질서가 자유 민주적 기본 질서라는 것을 선언하고 있다. 즉, 우리나라는 동구의 인민민주주의가 아니라, 자유주의와 민주주의가 결합된 자유민주주의(서구식 민주주의)를 근본 원리로 한다는 것이다박철호 1974.

이렇듯 자유민주주의를 반공주의로 파악하는 것은 공산주의를 이기기 위한 자신의 개발 독재를 정당화하기 위해서였다. 자유민주주의를 지키기 위해서는 공산주의를 이겨야만 하고, 그러기 위해서는 경제 재건과 절대적인 방위력이 필요한 것이다. 그리고 '형식상의 민주주의' 는 이러한 길에 장애가 될 뿐이다.

> 우리는 공산 위협으로부터 자유를 수호하기 위해 절대적인 방위력이 필요하거니와 그 자유를 향유하기 위해 또한 경제 재건이 이루어져야 하는 것 … 자유적인 정신과 자조의 노력, 자율적인 행동과 자립 경제의 기반 없이는 형식상의 민주주의가 우리에게 혼란과 파멸의 길만을 약속한 지난날의 경험 … 〈신년사〉 1962.1.1.

즉, 자유민주주의를 지키기 위해 민주주의를 유보해야 한다는 모순된 논리를 제시하고 있다.

이러한 반공주의에 대해 당시 많은 반대가 있었다. 한완상은 반공주의를 '부정적인 정치 이념'이라고 보고, 이는 "분단을 고정화시킬 뿐 아니라 그것을 합리화"하며 "두 동강이 난 두 체제를 안으로 경직화시키는 구실을 담당하기 때문"에 반대하였다. 특히 반공을 국시로 내거는 것에 대해 많은 반대가 있었다. 김재준은 국시는 자유민주주의여야 한다고 주장하면서 반공을 국시로 삼는 것은 수동적인 태도이고, 결국 공산주의가 우리 국시를 결정해준 것이 된다고 보았다. 함석헌 역시 "반공은 수단이지 목적이 될 수 없"는 것으로 "반공을 국시로 한 나라는 공산주의가 없어지는 날 그것도 없어질 것"이기 때문에 "국시야 첨부터 환한 데모크라시가 국시지, 반공은 그 영원한 진리를 수행하기 위한 수단"이라고 강조하였다. 리영희도 "민주주의는 그 자체가 적극적인 가치이고 원리"로서 "그것은 무엇을 부인하기에 앞서 그것이 지니는 높은 이상과 능력을 긍정하는 사상"이라고 보았다. 그런데 "매카시즘은 이토록 훌륭한 사상체계를 '무엇을 반대하는 것'으로 변질시키고 말았다."고 하여 반공주의를 비판하였다문지영 2002.

그런데 이렇듯 반공주의와 관련하여 많은 비판에 직면한 박정희는 반공의 입장에서 비판되기도 하였다. 윤보선은 박정희 사상의 '이질성'을 공격하였는데, 그에 의하면 박정희는 억압적, 독재적인 동시에 '위험한 사상'을 가진 사람이라는 것이다.

박정희 씨가 정권을 다시 잡는 한 이 나라에서 자유민주주의를 기대할 수는 없습니다. 이번 선거는 정책과 정책의 대결이 아니고 하나의 사상과 또 하나의 이질적인 사상의 대결인 만큼 어느 것이 옳고 그른 것인가는 여러분이 판단해야 할 것입니다. 대통령에 뽑힐 사람은 독립 투지가 철저하고 민주주의 신봉자이며 내외에 널리 알려진 사람이라야지 시비와 의혹이 많거나 사상이 박약하거나 이질적이고 위험한 사상을 가진 사람이 대통령이 된다는 것은 국가적으로 불행한 일입니다 윤보선 1991.

나는 오히려 박 의장의 민주 사상이나 민주주의 신봉을 의심해마지 않습니다. 또 박 의장의 『국가와 혁명과 나』라는 저서를 보면 '서구의 민주주의가 대한민국에 맞지 않는다.'라고 말했는데 이것은 무엇을 말하는 것입니까? 또 이 책을 보면 이집트의 나세르를 찬양하고 히틀러도 '쓸만한 사람'이라고 했는데 과연 이 사람이 민주주의를 신봉하는 사람인가 의심하지 않을 수 없습니다. … 여순반란사건의 관련자가 정부 안에 있다는 것을 상기해야 합니다. 여순반란사건은 민주주의와 민족주의를 신봉하는 사람이 한 것은 아니라고 생각합니다 윤보선 1991. ■

윤보선은 선거 운동 기간 중인 1963년 10월 5일, 9일에 각각 다음과 같은 연설을 하였다.

나는 묻는다. 공산당이 말하는 민족적 민주주의와 박정희 씨가 말하는 강력한 민족주의를 바탕으로 한 민주주의와 무엇이 다른가? 공화당의 사전 조직을 실제로 한 사람은 누구이며 막대한 검은 자금의 출처는 어디인가?윤보선 1991

민주공화당은 공산당 돈을 가지고 공산당 간첩이 와서 공산당 식으로 조직한 정당입니다. 북괴 부역 부상 황태성이 20만 달러를 가지고 왔는데 김종필 씨가 … 그런 공화당이 어찌 민주주의 정당이 될 수 있습니까? 공화당은 보수 정당도 아니고 민주주의를 신봉하는 정당도 아닙니다윤보선 1991.

이에 박정희는 다음과 같이 반응하였다.

싸우다 힘이 부족하면 빨갱이라는 모략을 하는 것이 바로 야당이다. 과거에 한민당이 이따위 수법을 썼는데 오늘에 와서도 야당은 똑같은 수법을 쓰고 있다. 과거와 양상이 다르다면 과거는 여당이 야당을 잡았는데 지금은 야당이 여당을 잡으려 뒤집어씌우고 있다윤보선 1991.

▪ 그러나 박정희의 자유민주주의 비판은 공산주의에 대한 호의에서가 아니라 오히려 자유민주주의가 공산주의를 초래했음을 비판하는 것이며 궁극적으로는 자신의 독재를 정당화하기 위한 것이었다. 자유민주주의가 사회주의 사상을 낳았다고 하는 것은 일제 말기의 논리이기도 하다. "자유주의, 개인주의, 따라서 공리주의적 민주주의적인 근세 이래의 서구적 사상 관념은 마침내 앵글로 색슨 문화를 한정적인 것으로 하여버렸고, 사회주의를 함부로 낳아서 각종의 파괴적 계급 사상을 대두하게 했던 것."(신갑범 1940; 임종국 1987)

색깔론은 전형적인 보수주의자의 무기라고 할 수 있는데 오늘날 박정희를 신봉하는 사람들이 이러한 박정희의 언급을 어떻게 생각할지 궁금하지 않을 수 없다.

사실상 당시 반공주의는 여야를 불문하고 널리 주장된 이념이다. 민주당(신파)과 민정당(구파)이 결합하여 민중당을 만들면서 "민중당은 자유민주주의를 터전으로 전진적 민주주의를 지향하며 진보와 혁신을 위하는 진정한 반공 정당으로 이질 세력에 항쟁하는 민주 정당이 될 것"이라고 주장하였다. 이후 신한당도 "자유 민주 원칙에 의한 국토 통일에 총력을 기울인다."고 하여 반공적 입장에서의 자유민주주의를 역설하고 있다. 윤보선은 비상 군사 재판에 임했을 때도, "오직 이 나라에 진정한 반공과 함께 인권이 존중되고 자유가 보장되는 참된 민주주의가 성취되길 바랄 뿐"이라고 회고하고 있어 누가 더 진정한 반공주의자인가에 초점을 맞추고 있다. 또 1974년 11월 27일 민주회복국민회의 선언대회에서는 "우리의 체제가 공산주의의 체제적 특질을 날로 닮아가서 그 격차가 좁혀진다면 국민의 공산주의에 대항하려는 의지는 둔화될 수밖에 없으며 현 체제의 억압에 반대하는 국민 각계각층의 저항은 계속 확대될 것이다."라는 내용이 선언되기도 하였다윤보선 1991.

따라서 당시 여야를 막론하고 민주주의 담론은 바로 반공 담론으로 연결되었다. 반공 담론은 미군정 시기 이래 지속 · 강화되어온 것이지만 특히 유신 체제에 들어오면 반공 교육이 국민윤리뿐 아니라 전 교과 활동에 실시되도록 권장되었고, 멸공 사상까지 등장하였다 임현모 1990. 더구나 뒤이은 전두환 정권 시기에 반공 교육이 가장 확대되었고 윤건영 1990, 1977년에 삭제된 공산주의 이론 비판이 다시 도입되었다 임현모 1990.

:노태우 정권 시기 반공 이념의 변화

반공주의는 민주주의의 정도 및 체제의 정당성이 약할수록 그에 비례하여 강조되어 왔다고 할 수 있다. 따라서 상대적으로 정당성 시비에서 자유롭고 절차적 민주주의를 지킨 노태우 정권은 그 이전과는 차별화된 반공 담론을 생산하기 시작하였다. 우선 이전과 뚜렷하게 다른 첫 번째 특징은 기존의 '무조건적 반공주의로서의 민주주의'에서 벗어나 '공산주의보다 우월한 이념으로서의 민주주의'가 강조되었다는 점이다. 이러한 민주주의 담론은 세계적 차원에서 사회주의권의 붕괴 조짐과 더불어 시장경제와 자유민주주의의 우월성을 강조하면서 나타났다. 이는 역설적으로 여전히 자유민주주의의 주요 내용은 반공주의라는 사실을 보여주는 것이라 하겠다. 노태우 정권은 우리나라가 이렇게 발전한 것도 자유민주주의와 시장경제 체제를 통해 가능한 것이었으며, 사회주의 국가의 변화는 자유와 창의가 말살되면 개인의 행복도 나라의 발전도 이룰 수 없다는 것을 보여준다고 강조하였다 노태우 1989. 당시 교과서 역시 자유민주주의는 사회 구조가 세분화, 전문화되어감에 따라 각 집단들에게 자율권을 보장해주는 것으로 이해시키도록 하였다.

> 상대주의나 다원주의에서는 특히 사회가 근대화, 산업화되어감에 따라 사회 구조가 세분화되고 전문화되고 있으며 자유민주주의란 이때 파생되는 각 집단들에게 자율권을 보장하는 것임을 이해하게 한다 문교부 1989b.

또 "현대의 사회주의 국가는 그들이 당면한 만성적인 비능률을 해소하기 위해 자본주의의 시장 원리를 도입하고 있음에 유의하여 지도한다."는 것, "자유시장경제 체제의 우월성에 대한 확고한 신념을 갖도록 하고" "사회주의 경제 체제의 비능률을 재인식시켜 자유주의 경제 체제의 우월성에 대한 확고한 신념을 기르게 한다."는 지침을 갖고 편찬되었다 문교부 1989b.

그 결과 '무조건적 반공주의'에서 '공산주의 바로 알기', '민주주의와 공산주의 비교하기'로 변화되었다. 또 이 시기에 반공 교육이 축소되면서 그 내용의 이론적 체계화가 시도되었다. 이데올로기의 본질을 논리적으로 설명하면서 그것을 바탕으로 민주주의와 공산주의를 비교하였던 것이다 윤건영 1990.

> … 공산주의 이데올로기의 목표, 그러한 목표를 정당화하는 이론과 그것을 실천하는 조직 및 실제적 운영 방법들이 유기적으로 파악되도록 이들을 상호 관련

시켜 제시해야 한다. … (공산주의의 여러 가지) 이론들의 내외적 모순점과 함께 정치, 경제, 사회 등의 영역에서 나타난 공산주의 국가들의 실상을 민주주의 국가들의 현실과 비교하여 제시한다. 아울러 이들 공산주의 국가들이 1980년대에 접어들면서 급격한 변화를 보이고 있는 바 그 양상과 더불어 이러한 변화를 시도할 수밖에 없는 원인, 변화의 한계성 등을 제시하되 이러한 변화가 공산 국가의 통치 이념이나 사회 생활의 원리를 근본적으로 포기하는 변화가 아님을 분명히 제시하여야 한다문교부 1989a.

둘째로, 공산주의보다 우월한 민주주의에 대한 강조와 더불어 지금까지의 경직되고 형식적인 이데올로기 교육으로는 더 이상 자유민주주의 이념의 우월성을 교육시키기 어렵다는 비판이 등장하였다. 국가 및 통일 · 안보의 주제와 관련하여 기존 교육 내용 중 많은 부분이 달라진 정치 · 사회적인 여건에 따라 수정되어야 하는데, 현재와 같은 경직된 교육 자료 체계로는 이러한 문제들에 시의적절하게 대처해 나갈 수가 없다는 것이다문교부 1989a.

특히 앞으로 종래의 냉전 논리에 따른 이념적 대립의 시대가 가고 체제와 이념의 차이를 넘어서서 국제 관계를 풀어 나아가야 할 우리의 입장에서, 미래의 주인공이 될 청소년들에게 이념적 주체성을 유지하면서도 당면할 모든 이념적 충격을 극복할 수 있는 능력의 신장은 국민윤리 교육의 중요한 과제라고 할 수 있다 문교부 1989a.

즉 국제화, 개방화로 인한 다른 이념에 대한 노출에 있어서 미리 준비를 시키자는 것이다. 또 소련을 포함한 동구권 국가와의 관계 개선을 고려하여 교육이 실시되어야 한다는 주장도 있었다.

> 소련을 비롯한 동구권 국가들과의 관계가 개선되고 헝가리와는 외교 관계까지 수립하였는데도 이러한 변화를 외면한 채 구태의연한 내용을 단지 교과서에 그러한 내용이 있다는 이유만으로 가르칠 수는 없는 것이다 문교부 1989a.

이 시기 교육 과정 개정은 국제화, 다원화 사회에 대한 대비였고, 민주화와 다양화에 대한 도덕적 가치 선택의 요구 및 외국의 도덕 교육 동향으로부터의 시사점을 얻어야 한다고 주장되었다. 이는 통일 · 안보 및 이념 교육을 내실화하며, 전면적 긍정과 전면적 부정이라는 흑백 논리적 시각에서 탈피하여 사상의 다양성에 대한 개방적인 자세를 토대로 자유민주주의 체제의 우월성을 올바로 인식하여 공산주의를 비판할 수 있도록 한다는 목표로 이어졌다 문교부 1989a.

이와 더불어 북한을 포함한 공산권 국가에 대한 무조건적이고 감정적인 비판에서 탈피하자는 주장이 등장하였다. 예를 들면 과거에는 남북 분단의 원인을 북한과 공산권 국가의 책임으로만 돌렸는데, 이 시기에는 강대국의 이익 추구로 인한 것이라고 설명하기도 한다. 우리에게 전혀 책임이 없는 것은 아니지만 "우리 민족이 분단하게 된 근본적인 원인이 약소 민족의 권익을 도외시한 채 강대국들이 일방적으로 자기들의 국가 이익만을 추구하려는 자세에서 비롯"되었다는 것이다. 또 "남북한 교류 증진 등 남북 관계의 변화에 부응하는 이념 교육에 대한 요구가 사회 각계에서 일고" 있으며, "남북 대화 등 남북한 교류가 증진됨에 따라 장막에 가려져 있던 북한 사회의 실상이 우리에게 조금씩 드러나기 시작"하는 등, "정치 · 사회적 상황의 변화에도 불구하고 현재의 윤리과 교육 과정 및 교과서는 '반공 감정 형성' 위주의 이념 교육 패러다임을 벗어나지 못하고 있어서 그 실효성이 의심스럽다."고 주장되었다. 이러한 교육의 결과로 고학년에 갈수록 반공 신념이 상대적으로 약화된다고 하면서, 장차의 통일 · 안보 교육은 "첫째, 자유민주주의 이념에 대한 교육의 강화, 둘째, 공산주의에 대한 증오감보다는 합리적 비판 의식 조성, 셋째, 통일에 대한 적극적 의지를 형성하는 방향으로 나가야 한다."고 주장되었다 문교부 1989a.

이는 사회주의에 대한 우월의식 및 자신감과 더불어 반공 교육에 있어서 과거와는 달리 어느 정도의 유연함과 여유를 갖자고 하는 것이다.

공산 국가의 정치 형태에서는 소련의 정치 형태와 북한의 정치 형태에 대하여 다룬다. 종전의 교육 과정에서는 이 부분이 소홀히 다루어졌으나 서울 올림픽에 공산 국가들이 대거 참가한 후로 한국과의 교류가 활발해지고, 정부의 대외 정책이 적극적인 북방 외교로 전환된 이 시점에서 이 부분에 대한 지도는 강화되어야 한다. 지도할 때는 일당 정치 형태로서의 소련의 정치 형태의 특징이 잘 드러나도록 하는 등 객관적으로 지도하여, 자유민주주의 정치 형태와의 차이점이 자연스럽게 드러나도록 한다. 북한에 대해서도 마찬가지이다. 지나치게 특정 나라의 정치 형태가 나쁘다는 식으로 일방적으로 지도해도 안 되겠지만, 감상적인 지도나 미지의 것에 대한 호기심 위주의 지도도 피해야 할 것이다 문교부 1989b.

위와 같이 공산 국가가 일방적으로 나쁘다고 교육하는 것은 피해야 한다고 하는 지침은 바로 이 시기 한국과 사회주의 국가의 교류, 특히 경제 교류가 시작되었기 때문에 세워진 것이다. 즉 "소련의 극동 지방 개발에 한국 기업의 참여 가능성이 논의되고, 중국과의 경제 관계가 점차 깊어지고 있는 현실 등을 염두에 두어, 국익에 도움이 되는 외교 정책의 방향이 어떠한 것인지를 생각해 보게 하는 데에 역점을 둔다."는 것이다 문교부 1989b. 김일성 우상화와 부자 세습, 군사력 증강, 폐쇄성은 비판하지만 합영법 운영, 경공업 육성 등에서 변화 양상을 찾고 개방화되리라고 전망하기도 하였다 임현모 1990. 이는 현장 교사들의 요구가 반영된 것으로 "공산주의 이론과 실제 사회상의 내용이 거의 다루어지지 않고 있고, 다루는 내용 중에서도 비판의 내용이 합리적 기준을 결여하고 있다."는 지적이 고려된 것이었다. 또 "공산주의의 형성 배경과 기본 이론 및 그것이 실제 적용된 사회상에 대한 내용과 아울러 이를 보는 시각의 정립 등이 다루어져야 한다."문교부 1989a고 요구되었다.

셋째로, 여러 가지 이데올로기에 대한 교육을 통해 이를 민주주의와 비교하면서 반공 교육의 효과를 보고자 하였다. 즉 "우리가 지향하는 이데올로기인 민주주의, 민족주의, 민복주의 등과 그 외의 공산주의, 현대 급진 사상 등에 대한 다양한 이념적 관점을 제시함으로써 우리의 이념적 방향에 대한 상대적인 평가를 내릴 수 있고, 종합적이면서도 분석적인 세계관과 인생관을 지닐 수 있게 한다."는 목표를 제시하였다. 국민윤리 구 교과 과정의 목표는 "공산주의의 도전을 극복할 수 있는 사상적 역량을 길러 민주적 평화 통일의 신념을 굳게 한다."였는데 "현대 여러 이데올로기의 본질과 그 성격을 올바르게 이해함으로써 자유민주주의의 이상에 대한 확고한 신념을 가지도록 한다."와 "조국 통일의 당위성과 제반 문제를 이해하고, 북한 공산 체제의 실상을 파악함으로써 민주 평화 통일의 신념을 가지게 한다."로 변화되었다. 즉 차이점은 다른 이데올로기에 대한 관심, 자유민주주의 자체에 대한 지식과 신념, 북한에 대한 실상 파악이 추가되었다는 점이다. 이에 대해 "획일적인 반공 교육의 입장에서 탈피해 이데올로기에 대한 비판 능력을 토대로 반공 신념과 통일 의지를 균형 있게 가지게 하려는" 것이라고 설명되었다문교부 1989a.

이 시기 민주주의 교육의 중요한 또 하나의 특징은 이데올로기 자체에 대한 비판으로, 그 결과 탈이데올로기 효과를 가져오고자 하는 것이라 할 수 있다. 역사상 많은 이데올로기가 존재해왔으며 공산주의도 그 중 하나라는 것이다. 하나의 이데올로기에 집착할 경우 문제가 발생하며, 궁극적으로 이데올로기 자체에 대한 비판 능력과 객관적으로 그 장단점을 논의할 수 있는 능력을 키워야 한다는 것이다. "다시 말하면 고등학교에서의 이데올로기 교육은 이데올로기의 도그마에 빠지지 않는 탈이데올로기적 교육, 즉 이데올로기를 객관적 관점에서 냉철히 분석, 비판, 종합할 줄 아는 능력을 키우는 데 강조를 두어야 한다."문교부 1989a고 주장되었다.

이에 교과서에 이데올로기에 대한 다양한 의미를 소개하면서 자유주의, 보수주의, 사회주의, 국가사회주의, 민주주의, 공산주의 등을 제시하여 설명하고 있다. 또 세계 각국이 추구하는 이데올로기적 특성을 소개하면서 최근 탈이데올로기적 추세를 강조하였다조남국 1991.

특정한 이데올로기에 빠질 경우 심각한 문제가 생긴다. 즉 자기가 신봉하는 이데올로기 이외의 다른 이데올로기에 대해서 배타성을 가지게 된다. 이러한 배타성의 극적인 모습이 바로 남과 북의 분단, 전쟁, 그리고 오늘의 대치 상황인 셈이다. 제5차 교육 과정의 국민윤리에서는 이와 같은 이데올로기적 독단성의 위험을 충실히 인식시키는 교육을 전개해야 할 것이다. 이데올로기의 독단에 빠질 경우 인간의 자유 의지는 함몰하게 되고 현실에 대한 다양한 가치와 의견의 표출이 억제된다. 북한 공산 체제가 그 예이다문교부 1989a.

특정 이데올로기를 신봉한 결과 남북 분단의 비극을 초래하게 되었으며 그럼에도 불구하고 북한은 여전히 이데올로기적 독단에 빠져 있다는 것이다.

넷째로, 위와 같이 여전히 북한을 비판하고 있으나 앞서 언급하였듯이 북한에 대해 다소 변화된 양상을 보였다. 예를 들면 북한에 대해서 함께 살아가야 할 민족 공동체로 상호 동질성 회복을 위해 노력하자는 내용으로 변화시켰다윤건영 1990. 즉 "북한은 이제 우리와 대결하여 서로 헐뜯는 상대가 아니라 동포애적 차원에서 함께 번영을 누려야 할 민족 공동체라는 입장에서 온 국민의 슬기와 힘을 모아 통일 정책을 추진해 나갈 때"라는 것이다대통령공보비서실 1991. "북한은 현재 우리에게 있어서 위협의 실체인 동시에 더불어 살 길을 함께 모색해야 하는 형제라는 이중성을 띤다."는 것이며, "이는 동전의 양면으로 어느 한쪽을 강조한다고 다른 한쪽의 특성이 사라지는 것이 아니"라는 것이다. 위협적 특성만 강조하면 적대감을 조장하게 되고, 지나치게 되면 형제의 의미가 소멸되므로 이는 통일을 지향하는 우리에게 바람직한 것이 아니라는 것이다문교부 1989a.

국민윤리에서의 통일 · 안보 교육은 바로 이와 같이 '형제'와 '위협'의 측면을 조화롭게 반영한 대북한, 대공산주의 교육으로 전개되어야 할 것이다. 이는 위협적 존재로서의 북한을 도외시하는 것이 아니다. 다만 남북이 통일을 이루어 함께 살아가야 할 형제라는 점을 적극적으로 수용하고, 그 전제 위에서 위협과 경계의 측면을 풀어 가르치자는 것 … 문교부 1989a.

북한의 성격을 이중적으로 파악하는 것은 어찌 보면 북한 정권과 북한 국민을 분리한 것으로 미국 보수주의자들의 입장과 동일하다고 할 수 있다. 또 북한의 붕괴에 따른 흡수통일도 검토하고 있는 듯한 내용도 보인다.

> 그리하여 40여 년을 하루같이 1인 1당 독재 체제를 고수해 온 북한의 폐쇄사회에도 우리의 동포애가 스며들도록 인적 · 경제적 · 문화적 교류를 실현하여 끝내는 번영된 통일 조국을 성취할 바탕도 우리가 이룩할 일입니다 대통령공보비서실 1991.

또 통일의 측면과 안보의 측면을 같이 아울러 교육시키자고 하면서 "결국 모든 이념이나 북한 실상 교육은 학생들이 통일에 대한 열망과 긍정적 태도를 형성할 수 있도록 추진되어야 하고 그들이 통일에 대하여 진지한 합리적 태도를 갖출 수 있도록 하되(통일의 측면) 우리의 체제, 생존, 그리고 통일의 위협 요소에 대한 경계심도 아울러 갖추도록(안보의 측면) 지도되어야 한다."문교부 1989a고 주장하였다. 이는 통일이 주된 것이고 안보는 부수적인 것으로 나타나는 변화를 보여준다.

그러나 이는 북한을 진정한 형제로 보기 때문이라기보다는 북한에 대한 인식이 '위협적 존재'에서 '열등한 존재'로 변화된 것과 관계있다고 할 수 있다. 즉 앞서 언급한 북한 및 사회주의권에 대한 우월감과 자신감을 보여주는 것이라 하겠다. 특히 북한에 대해서는 "북한 공산 집단은 공산권 세계에서조차도 이단시될 정도로 정치 · 경제 · 사회 · 문화 등 여러 분야에서 독특한 체제를 구축"문교부 1989a하고 있다고 하여 다른 사회주의권과 특별히 구별하고 있다.

> 지금 소련 · 중국 등 북한과 가까운 나라들은 지도 체제 · 정부 구조 · 정책 등 여러 면에서 급격한 변화를 겪어가면서 실용주의와 개방의 방향으로 나아가고 있습니다. 북한만이 40년 전과 다름없는 폐쇄된 나라 그대로 남아 있습니다대통령공보비서실 1991.

제6공화국에 들어와 반공 교육이 통일 · 안보 교육으로 대체되고 북한의 도발 책동의 주제가 없어졌으며 북한에 대한 적대적 표현은 사라졌으나 공산주의 이론 비판을 늘림으로써임현모 1990 반공 이데올로기는 강화했다고 볼 수 있다. 즉 "대공산권 및 남북 이념 대결에서 이념 · 사상적으로 우위를 차지할 수 있도록 적대 이데올로기와 그 체제를 비판할 수 있는 이념 무장을 시키려는 것"이었다. 또 여전히 "최근 대공산권 관계가 많이 완화되고는 있으나 아직도 세계 적화라는 그들의 궁극적 목적이 포기된 것은 아니며, 같은 논리에서 북한의 대남 적화 노선이 포기된 것도 아니라는 것을 유념할 필요가 있다."문교부 1989a고 강조되었다.

:보수 단체의 반공 · 반북 운동

보수 정권이 물러나자 반공주의는 정부가 아닌 사회 내 보수 세력에 의하여 강하게 제기되었다. 보수 세력은 정부에 대해서뿐 아니라 민주화와 개방화에 의해 발생한 진보적 단체들에게도 대항하기 위해 보수적 시민 단체를 조직하였는데, 이들의 결성 동기가 바로 반공 · 반북이었다. 1994년 7월 16일에 창립된 자유민주민족회의는 자유민주총연맹, 건국청년협의회, 대한반공청년회, 자유민주수호애국연합, 한국기독교교회청년협의회 등 33개 보수 단체들이 결성한 보수 연합체로서 결성 계기는 김일성 조문 발언과 한총련 분향소 설치 반대였다. 이후 주된 활동은 2000년 남북정상회담 반대 등 주로 대북 정책에 대한 반대 성명 등을 발표하는 것이다. 이외 많은 보수 단체들이 조직되어 대규모 시위를 벌이는 등 활발한 활동을 보여주었는데, 이들의 목소리가 커진 것은 김대중 정부 말기부터였다. 안응모 8.15국민대회 집행위원장은 "DJ정권 전까지는 투쟁할 필요도 없었"는데 "이젠 다르다."고 하면서 "언제부턴가 학교 교육은 물론이고 사법 시험 등 국가고시에마저 북한 관련 내용들이 사라질 만큼 우리 젊은층은 북한에 대해 무지하다."고 하여 김대중 정부와 사회의 친북적 경향에 대해 불만을 표시하였다. 이른바 '청년 우익' 도 김대중 정부 출범 이후 인터넷에서 주로 햇볕정책을 비난하다가 2000년 남북정상회담이 성사된 후 노골적으로 비판을 가하며 활동을 개시하였다. 특히 북핵 문제가 대두된 것을 계기로 현재 활동 중인 대다수 보수 단체가 창립되었다〈신동아〉 2003.10. 이들은 "적대 세력에게 양보와 선의를 보이면 평화가 온다는 논리와 주장은 이 나라를 파멸로 몰아갈 수 있는 위험천만한 것"〈자유시민연대 취지문〉이며, "우려하지 않을 수 없는 것은 현 정부의 친북적 성격"이라고 주장하였다. "북한 내부의 실질적 변화 가능성을 확보할 수 있을지가 미지수인 소위 햇볕정책을 추진한 결과, 우리에게 남겨진 것은 흐려진 안보 의식과 북한의 대남 전술에의 무분별한 동조 현상, 나아가 좌익 친북 세력에 관대해진 사회 의식뿐"이라는 것이다〈시대연대 성명서〉. 당시 이철승 자유민주민족회의 대표상임의장은 〈월간조선〉의 특별기고를 통하여 이회창 총재가 "정부 여당의 대북 햇볕정책의 성과를 부분적으로 인정"한 것에 대해서조차 맹렬히 비난하였다.

남북한 화해 분위기에 대해서도 그것이 갖는 문제에 집중하여 비판하고 있다. 김용서는 6.15공동선언에 대해서 북한이 민족 감정에 호소하여 우리의 역량을 약화시키려는 것으로 파악하고 있으며 북한은 조금도 흔들림 없이 남조선 해방을 위한 전투 태세를 강화하면서 우리를 잠재우는 것이라고 주장한다김용서 2000. 여영무 역시 6.15공동선언을 보면 그 가운데 80퍼센트가 북한이 평소 주장하던 바를 들어준 것이라고 하면서, 특히 자주성은 주한미군 철수를 의미하는 것이고 낮은 단계의 연방안은 고려연방제를 인정한 것이라고 주장한다. 또 대북 경제 지원에 비판적이다. 김상철은 북미 수교에 대해 반대하면서 이는 한반도에서 두 개의 국가를 고착시키는 것이라고 본다. 따라서 보수주의자들의 주장에 의하면 남북한 정세의 급변과 더불어 자유민주주의, 시장경제, 인권 존중의 원칙에 따라 오늘날의 대한민국에 안보와 번영을 가져온 세력들이 총집결하여 현재 돌아가는 상황이 잘못된 것임을 지적해야 한다는 것이다여영무 2000; 김상철 2000.

보수주의적 이념에 기초한 반북한 · 반공 운동의 중요한 한 줄기는 북한 인권 보호 운동이다. 강대국이 자신의 말을 듣지 않는 국가의 정권을 비판하기 위하여 인권 사상을 주장하는 경우를 종종 볼 수 있다. 미국의 경우 특정의 이슬람 국가에 대하여 인권을 이유로 비판하는 것을 볼 수 있는데, 미국에 우호적인 이슬람 국가인 경우 인권 침해가 더욱 심하더라도 침묵하기도 한다. 또 보스니아 내전과 같이 최악의 인권 유린 사건이 자행되었더라도 미국을 비롯한 서구의 문명국들은 자신들의 이해관계와 직접적인 관련이 없었기에 이에 대해 수수방관하였다. 중국과 북한의 인권 문제에 대한 미국의 비판 역시 이러한 맥락에서 볼 수 있다.

탈북 난민 보호 UN청원 운동 본부장을 맡고 있는 김상철은 탈북 난민에 대한 관심을 호소하는 운동을 벌였고, 학교와 교회 등을 중심으로 서명을 받기도 하였다. 그는 통일 문제의 본질을 북한 주민을 억압에서 해방시키는 것, 북한을 자유와 인권을 보장받는 사회로 만드는 것으로 보고 있다. 따라서 북한 지배층과의 교류 협력은 의미가 없다고 본다김상철 2000.

정부에 대한 보수 세력의 비판과 집단행동은 2001년 언론사 세무 조사를 계기로 더욱 촉발되었다. 언론사 세무 조사는 보수 단체를 오프라인 무대로 집결시켜 〈조선일보〉 등 보수 언론의 반발과 함께 거리로 나가게 하였다. '안티조선반대운동'과 '언론사세무조사반대운동'이 대표적이라 할 수 있다. 이들 단체는 2002년 대선에서 이회창을 적극 지지하였고, 노무현 정부가 출범하자 북핵과 서 교장 자살 사건 등을 호재로 삼아 세 불리기에 나섰다〈한겨레21〉 2003.5.22. 서 교장 자살 사건에 특히 반응하는 것에서도 알 수 있듯이, 이들에게는 반북과 더불어 반전교조가 중요한 슬로건이 되고 있는데, 그 이유는 전교조가 학생들을 좌경화시켜 보수주의에 반하는 사회 구성원들을 지속적으로 재생산한다고 믿기 때문이다. 그러므로 '반북'과 '반전교조'는 같은 맥락에 있다고 할 수 있다. 이들은 전교조를 비판할 뿐 아니라 더 나아가 보수적인 젊은 세대 양성을 위해 애쓰고 있다.

보수 단체들은 2003년 세 차례 큰 집회를 열었으며, 언론의 집중적인 조명을 받은 것은 이때부터이다. 이러한 보수 단체의 집단행동은 1970년대 관제 데모 이후 거의 최초라고 할 수 있다. 3월 1일에 '반핵·반김 자유 통일 3.1절 국민대회'에서 경찰 추산 7만 명이 참가하였고, 6월 21일 '반핵·반김 한미 동맹 강화 6.25국민대회'에는 11만 명이 참가하였다. 당시 이들은 인공기를 태우고 가스총을 반대자에게 발사하는 과격성을 보이기도 하였다. 8월 15일 '건국 55주년 반핵·반김 8.15국민대회' 에는 1만 5천 명이 참가하였다. 3.1절 및 6.25대회 때는 '반핵 · 반김 한미 동맹 강화' 가 주된 이슈였는데, 8.15대회 때는 '국가 반역 심판' 이 추가되었다. 그 내용은 "DJ정권기에 햇볕정책 등을 통해 다 죽어가던 북한 정권을 살려주고 한미 관계를 이간질해온 친북 좌경 세력에 대한 척결" 이었다〈신동아〉 2003.10. 2004년 3.1절 국민대회에서도 약 3만 명이 모인 것으로 추정되고 있다. 2005년 3.1절에도 5천여 명이 모인 집회를 열었으나 성조기를 흔드는 등 극단적인 숭미적 태도에 대해 내부적으로도 비판의 소리가 나오기 시작하였다. 이듬해 3.1절에도 보수 단체들은 다양한 행사를 벌였으나 규모가 작아졌고, 언론의 주목도 받지 못하였다.

2003년 8월 15일 시위 때 그 이전과 비교하여 10만 명이나 줄어든 이유는 주된 참가자인 교회 신도들이 여름철이라 수련회를 가거나 휴가를 갔기 때문이라고 한다. 그러나 이는 극단적인 행위에 대해 찬성을 하지 않는 보수 집단들이 발을 빼기 시작했다는 것도 의미한다. 한국기독교총연합회는 8.15대회 때 인공기 소각 등 극우 단체의 과격한 퍼포먼스에 대한 반감과 내부 사정으로 빠졌다고 했으며, 또 대표적인 보수 단체인 자유총연맹도 빠졌다. 대한민국재향군인회 역시 8.15대회 때는 내부 사정상 부담스럽다는 이유로 빠졌다.■

■ 단, 서울시재향군인회만 참석하였다.(〈신동아〉 2003.10)

한국자유총연맹은 정부에 협조하는 관변 단체라는 법률적 · 태생적 한계로 인해 정부 정책에 반대하는 단체가 되기 어렵다고 할 수 있다. 따라서 관변 단체들은 당시 일방적인 반공주의에서 벗어나 남북 화해 분위기에 적응하려는 자세를 보였다. 사실 한국자유총연맹은 반공주의로 인해 탄생한 조직이다. 연맹의 역사는 1954년 당시 이승만 대통령과 중화민국 장제스蔣介石 총통이 주도하여 아시아민족반공연맹을 조직한 때로 거슬러 올라간다. 그것의 한국 지부가 한국아시아민족반공연맹이었는데 1989년 한국자유총연맹 육성에 관한 법률이 제정, 공포되면서 한국 반공연맹의 모든 권리 · 의무를 한국자유총연맹이 포괄 승계하고 설립되어 오늘에 이른 것이다. 그 모태는 광복 이후 번성했던 서북청년단, 대한청년단, 태극단동지회, 건국청년운동협의회, 실향민호국운동중앙협의회 등이었다. 자유총연맹은 4.19혁명 이후 자유당 외곽 조직으로 지목되면서 해체 위기를 맞기도 하였으나, 박정희 정권 출범 이후 정부의 전폭적인 지원을 받아 시 · 군 · 구 지부를 둔 전국 조직으로 발전하였다.

자유총연맹은 1999년 3월 31일 창립 10돌을 맞아 '국민 대화합 비전 2000 선언문' 을 통하여 지역감정, 보수 혁신, 계층 노사 갈등을 극복하기 위한 열린 마음 열린 사회 운동을 벌이겠다고 선언하기도 하였다. 당시 양순직 총재는 "그동안 자유총연맹은 친정부 관변 단체로만 여겨져 온 것이 사실"이지만 "반공 · 안보 지상주의만 내세우는 기존의 활동 관행을 벗어나 민주 사회 건설을 위한 시민 단체로 거듭나겠다."고 발언하였고, 대북 비료 지원 기금을 대한적십자사에 전달하였다. 물론 이 때문에 정체성의 혼란을 겪으면서 50만 명이었던 회원이 절반 이하로 줄었다고 한다. 관계자는 "관변 단체적 성격으로는 앞으로 더 이상 국민적 호응을 받을 수 없다."면서 "존립을 위해 시민 단체로 위상을 바꿔야 한다는 공감대가 형성됐다."고 말하였다〈인터넷한겨레〉 1999. 3.31. 또 2000년 6.15남북정상회담을 지지 · 환영하는 성명을 내기도 하는 등 '개혁적 보수'를 표방하는 NGO로 탈바꿈하려는 노력을 보이기도 하였다〈한국일보〉 2003.9.1.

2. 수구 이념의 역사

(1) 반자유주의

수구 이념은 보수 이념과 달리 일체의 개혁을 수용하려 하지 않으며 따라서 자유주의적 개혁도 반대한다. 앞서 보았듯이 정치에 있어서 반동주의, 종교에 있어서 정통주의와 근본주의는 일체의 변화와 개혁에 대한 반대이며, 전통을 고수하고 교리에 대한 자유주의적 해석을 금지한다. 자유주의는 그 특성상 개인주의적이므로 개인의 자유로운 선택을 중시하는데 수구 이념에 의하면 모든 개인은 공동체의 엄격한 전통과 결정을 따라야 하는 것이다. 따라서 수구는 자유주의에 비판적인 이념이라고 할 수 있다. 조선 후기 수구파는 자유주의적 개혁에 반대하였으며 전통을 고수함으로써 외세에 저항하고 국론을 통일하고자 하였다. 그러나 그러한 수구 이념은 그 자체가 갖는 시대적 한계로 인해 독립운동의 이념이 되지 못하고 사라지고 말았다. 일본은 조선 합방을 전후해서는 서구 자유주의를 옹호하는 듯하다가 일제 강점기 말기에 이르러 천황에 대한 절대적 충성을 강조하고 젊은이들을 전쟁터로 보내기 위해 자유주의 이념을 비판하였다. 해방 후 독재 정권들은 자신의 정권 연장을 정당화하기 위해 서구 자유주의 이념이 한국에 맞지 않는다고 비판하였다.

:일제 강점기 자유주의 비판

일제는 지배 후반기로 가면서 초기의 입장과 달리 자유주의를 맹렬히 비판한다. 이러한 일본의 입장을 대변한 이영근은 과거 일본이 자유주의를 주장한 것에 대해 당시의 일본은 "세계 대전으로 인한 호경기의 반동에서 아메리카니즘은 국내에 충만하고 데모크라시가 고조"되었기 때문이라고 하면서 "동아 전체에서 흘러넘치는 사상 모략에 호인이요, 단순한 일본 사람이 완전히 말려들었던 것"이라고 평한다. 그것은 "미국을 비롯한 적성 국가군이" "일본 내부에 자유주의를 부식扶植해서 국체의 변혁을 일으키고자 하는 모략"이었던 것이다. 그리고 조선인 역시 이러한 모략에 말려들어 3.1운동을 일으켰다고 보고 있다 임종국 1987.■ 마찬가지로 친일 인사인 신갑범은 세계가 변화하고 있다고 하면서 다음과 같이 서술하고 있다.

> 자유주의, 개인주의, 따라서 공리주의적 민주주의적인 근세 이래의 서구적 사상 관념은 마침내 앵글로 색슨 문화를 한정적인 것으로 하여버렸고, 사회주의를 함부로 낳아서 각종의 파괴적 계급 사상을 대두하게 했던 것인데 … 지금 세계는

■ 또 특이하게도 이영근은 3 · 1운동을 "동아 교란의 음로를 기획하는 유태 민족의 소위(所爲)"라고 보고 있다.

진통하는 중이다. 민주주의 대 전체주의, 자유주의 대 통일주의, 프롤레타리아주의 대 노자협화주의 등등 … 신갑범 1940; 임종국 1987.

일제는 조선 식민화를 전후하여 자유주의 이데올로기를 활용한 반면 대동아전쟁 등 본격적인 전쟁 준비를 위한 파시즘 체제로 나아갈 때는 그전과 정반대로 자유주의를 비판한다. 자유주의는 제 욕심을 채우는 이기주의로, 구체제의 이념으로 묘사되었다. 그리고 이제 더 이상 개인의 것이라고는 존재하지 않는다고 주장하였다. 자유주의의 핵심이라 할 수 있는 개인의 사적 소유권이 부정된다. 그러한 자유주의는 물질 만능, 영리 만능, 상업주의인 것이다.

만일 언제까지 자유주의, 이기주의의 구습에서 깨어나지 못한다 하면, 그러한 부자의 부는 당연히 그에게서 떠날 것이다. 왜 그런고 하면 그 부는 나랏것이기 때문에 그 부가 나라의 소용에 이용되지 못한다 하면 그것을 국력의 減殺이기 때문이다 香山光郎 1941.

일제는 "신체제에서는 제 이익을 위하여서 일하는 것이 아니요, 나라를 위하여서 일한다."고 하면서 "제 욕심을 채우기 위하여서 일하는 것은 구체제"香山光郎 1941라고 하고 있다. 또 공리주의에 대해서는 '물질 만능'인 것으로 '경계' 하라고 당부한다 天野道夫 1940. ■

국민 조직이라는 것은 결국 정신적으로는 국민 각 개인의 각오 혹은 그 자세가 국가의 대방향에 통합 결속되는 것이고, 이것을 경제적으로 보면 지금까지 영리 만능의 자유주의적 경영을 순수한 직능봉공 본위로, 말을 바꾸어 말하면 공익 본위로 고쳐지는 것이다內閣情報部 1940.

우리는 오직 바치는 일이 있을 뿐이다. 무엇을 달라는 것이 있어서는 아니 된다. Give and take라는 것은 구미식 상업주의자의 국민 도덕이다. 일본 정신은 오직 천황께 바침이 있을 뿐이다香山光郎 1941.

일본이 그동안 신봉하던 자유주의를 고쳐야 하는 이유는 세계의 질서를 바꾸어야 하기 때문이었다. 종래의 영미가 지배하던 질서는 돈과 권력이 지배하는 질서, 침략적인 질서였는데, 이제는 일본이 중심이 되어 공존공영 정신의 질서, 생존권의 질서로 이러한 구舊질서에 맞서야 하기 때문이었다.

신체제 운동의 이상은 세계 신질서의 확립에 있습니다. 그러나 오늘에 있어서는 세계를 한 단위로 하는 조직의 완성을 기대할 수는 없습니다. 그렇다고 해서

▪ 가야마 마쓰로(香山光郎)는 이광수이고, 아마노 미치오(天野道夫)는 현영섭이다.

> 개별적 국가의 질서만으로도 이룰 수가 없습니다. 결국 생존권의 질서를 먼저 완성해야 할 것입니다. 전날의 영토 침략적인 정신으로가 아니라 공존공영이라는 숭고한 정신으로써 세계 모든 민족이 좁은 개인주의적 이념을 버리고 더 넓고 더 큰 이념 하에 몇 개의 공존공영권을 형성하자는 것입니다. 그리고 일본은 대동아의 공존공영권을 지도하는 입장에 서는 것입니다. 종래의 영미 지배의 돈과 권력의 세계 질서를 깨뜨리고 새로운 생존권을 건설하여 나가자는 것입니다香山光郎 1941.

이렇듯 기존의 영미 중심의 세계 질서는 깨뜨려져야 하는 것이기 때문에 일본이 말하는 신질서란 전쟁을 위한 질서이다.

> 그래서 지금까지의 자유 경제를 버리고 통제 경제를 할 밖에 없이 되었습니다. … 여기에서 근본적으로 정치 경제를 뜯어고치지 않으면 안 되게 된 것입니다. 요컨대 자유주의적인 정치 기구 위에 세워진 정치 경제, 혹은 통제 경제이던 것이 본격적 전쟁 경제를 수행하기 위하여서는 그 입각한 바의 기구를 변하지 않고서는 안 된다는 정세에 다다랐을 때에 … 香山光郎 1941.

또 자유주의 진영이라 할 수 있는 서구 국가들에 대해 반감을 고조시켰다. 예를 들면 이광수는 만주사변을 "벨사이유베르사유, Versailles 조약에서 확인한 바의 영미불의 자유주의적, 자본주의 진영의 압박으로 후진국이 저항하다 못하여 일어난 필연적 일"로 설명한다香山光郎 1941.

세계 대전 역시 자유주의 진영이 후진국인 독일의 발전을 저해하려는 전쟁으로 주장되었다.

구주대전은 영미불의 자유주의 진영인 지배 국가가 독일이라는 뒤늦게 발흥한 후진국가의 발전을 저해하려던 전쟁으로서 … 즉 영토, 자원, 정책, 모든 것이 자유주의적 원리에 토대한 세계 체제의 강화로 끝나게 되었습니다. … 영미불 전승국은 독일을 전패국이라 하여 가혹한 제재를 하였을 뿐 아니라 영미불과 한편이 되었던 일본에 대하여도 '이것도 앞으로 자기들과 대항할 경쟁자'라 하여 압박을 가하기 시작했습니다. … 이러한 상태 속에서 일본은 자유주의적, 평화주의적, 말을 바꿔하면 반전주의적인 지배 밑에 지내왔습니다 香山光郎 1941.

일제는 또 자유주의가 애국심을 약화시켜 조선 멸망에 기여한 것처럼 일본에 대한 충성심을 약화시킬까 우려하였다. 3.1운동도 자유주의 사상이 퍼진 결과라고 믿었으며, "사상계에서도 극단적인 자유 사상이 방방곡곡에까지 침투하여"라고 하여 자유주의의 확산을 우려하였다. 일본의 자유주의 비판은 이렇듯 일제 말기 파시즘 체제의 약화에 대한 우려 및 천황에 대한 충성심 강화와 전쟁 준비를 위해 제기된 것이라고 할 수 있다.

:이승만 정권의 자유민주주의 비판

해방 후 집권한 이승만은 서구식 교육을 받았음에도 자유민주주의를 말로만 주장할 뿐 실제로는 자유주의와 민주주의에 대해 비판적인 입장을 가졌다. 앞서 언급한 대로 이승만 정권 시기 자유민주주의는 반공주의의 다른 이름에 불과한 것이었다. 특히 이승만 정권의 이데올로그들은 매우 수구적이었다. 예를 들면 이범석, 안호상은 히틀러 숭배자로 알려져 있다. 이범석은 1946년 귀국한 지 얼마 되지 않아 그를 찾아온 청년들에게 "오늘의 조선도 해방이 되어 민주주의니 무엇이니 하지만, 나치스 같은 정치 체제가 아니면 도저히 구해낼 길이 없다."고 하였다. 그런데 "조선 청년들은 멋도 모르고 나치스를 싫어"한다는 것이다. 안호상도 "극도로 유행되고 있는 이 민주주의야말로 다시 흘러갈 것이요, 결코 길이 머물러 남아 있지 못할 것임으로써, 우리 민족에 길이길이 남아 있을지도 원리가 되기에는 너무나 빈약하고도 천박하다 아니할 수 없다."고 하였다 서중석 2005.

이들은 심지어 자본주의도 비판하였다. 양우정은 영미 자본주의는 자유와 착취의 이론 무장 밑에서 성립하였다고 하였다. 또 "현대 자본주의와 공산주의, 이 두 개의 반동하는 정치 사조의 탁류 속에서 얼마나 역사가 욕되었"는지 한탄하면서, "이 착취의 원칙 위에 세워진 자본주의를 지양"하자고 하였다. 자본주의자들은 나라 일보다 제 돈벌이를, 겨레보다 돈을 더 중요시하기 때문에 겨레의 분열과 나라의 약화를 초래하는 존재라고 비난받았다. 양우정은 "자유라는 미명 아래 인간이 인간을 착취하는 자본주의의 모든 사회 제도와 경제 조직을 전복하지 않으면 아니 된다."고 하면서, "우리는 현대 물질 문명의 기초를 구축하고 있는 자유주의적 경제 이론을 근본적으로 비판하고 파괴하지 않으면 아니 될 것"이라고 하였다. 안호상은 자본주의 나라에서는 많은 무산자들이 아무리 일한다 할지라도 그 남은 이익은 모두 몇 사람의 자본주에게만 돌아간다고 비판하였다서중석 2005.

이들은 일민주의라는 이데올로기를 창출하였는데, 세계의 약소 민족은 이대통령의 일민주의가 지표하는 민족 이론으로 무장하여 자본주의 제 국가가 자체의 모순으로 파탄될 것을 기다릴 것이 아니라 그들이 최후의 활로를 찾아 해외 식민지 상품 시장의 재분할 재편성을 기도하는 야망을 분쇄하지 않으면 아니 될 것이라고 주장하였다. 또 한국은 미소 양국에 의해 점령되어 해방은 말뿐이요, 그들의 이기적 침략적 의도 밑에서 우리를 국제적 노예로 만들고 말았다고 설명하면서, 우리가 이들로부터 해방되려면 우리의 붉은 피가 바다를 이룰 것이라고 강조하였다서중석 2005. 이러한 일민주의는 극단적 국가주의라고 할 수 있으며, 그러한 이념을 세우기 위해 자유주의가 비판되었다고 할 수 있다.

:박정희 정권의 자유민주주의 비판

1961년 쿠데타를 일으켜 권력을 잡은 박정희는 2년간의 군정, 제3공화국, 유신 체제를 거쳐 1979년 10.26사건에 이르기까지 한국을 통치하였다. 이 기간 동안 박정희 정권은 이승만 정권과 마찬가지로 권위주의적인 통치 이데올로기를 수립하여 사회 통제를 꾀하였는데, 그 내용은 주로 서구의 자유민주주의를 비판하고 민족주의, 더 나아가 국가주의를 찬양하며 필요에 따라서는 그 자신이 극구 반대하던 사회주의적인 내용까지 포함시킨 것이었다. 이에 야당과 비판 세력은 그와 반대로 자유민주주의를 강하게 주장하면서 박정희 정권의 독재와 반민주적 이데올로기를 비판하였다. 따라서 이 시기의 자유주의 및 자유민주주의 논의는 주로 자유주의에 대한 박정희 정권의 비판과 야당 세력의 강조로 나타난다 하겠다.■

박정희는 일본 군국주의 체제가 요구하는 사회화 과정을 충실히 이

■ 반면 진보적 지식인들은 자유주의나 자유민주주의를 그렇게 강하게 주장하지는 않았다. 그 이유는 자유주의가 애초의 해방적 성격에서 벗어나 기득권층으로 자리잡은 부르주아지의 계급적 이익을 유지 · 강화하는 보수 이념으로 작동했다고 보았기 때문이다. 따라서 한완상과 같은 지식인들은 사회민주주의를 대안으로 설정하였다. 이는, 당시 이미 서양에서는 자유주의가 저항 이념이 아니고 국내적으로는 계급 이익을 대표하고 국제적으로는 반공 진영의 정당성을 옹호하는 보수적 역할을 하였기 때문이었다.(문지영 2002)

수한 사람이었기 때문에 전인권 2002 일제가 말기에 표방한 서구 자유민주주의에 대한 극단적 증오를 박정희 역시 공유하였다고 할 수 있다. 또 그는 현 상황에서 한국인들이 자유를 즐길 때가 아니라고 생각하였다. 그는 "우리도 남과 같이 주어진 자유라고 해서 이를 다 누리고 싶고, 또 남이 하는 것은 다 하고 싶고, 그리고도 자유는 자유대로 지키겠다고 한다면, 또 지킬 수 있다고 생각한다면 이는 세상이 어떻게 돌아가는지를 전혀 알지 못하는 환상적인 낭만주의자라고 하지 않을 수 없다." 매일경제신문사 1977 고 하였다. 그는 미군 장교들과 한국 장교들이 파티를 하는 관행에 대해서도 경멸하는 등 전인권 2002 자본주의 문화의 호사스러움에 대해서도 비판적이었다. "자본주의 문화에는 좋은 점도 많지만 배부르고 호강스러워지면 음식물의 찌꺼기가 많이 나오게 되는 법인데 그런 것이 우리나라에 들어오는 것은 단연코 막아야 하겠다." 매일경제신문사 1977 는 것이었다.

또 개인적 자유뿐 아니라 언론과 사상의 자유와 같은 자유민주주의의 중요한 권리에 대해서도 이것보다 민족의 이익이 우선이라고 주장하였다. "아무리 언론과 사상의 자유라 하더라도 무제한한 것은 아니"라고 하면서 "양식에서 벗어난 방종적 사상과 언론, 민족을 분열시키고 민족을 해롭게 하는 사상과 언론은 도덕적으로나 법적으로도 용인될 수 없을 것"이라고 하였다. 즉 "아무리 언론과 사상의 자유가 보장되어 있다 할지라도 민족 전체의 이익을 해치거나 그러한 권리를 보장하고 있는 법적 질서와 사회 제도를 파괴하는 것이라면 도저히 용납될 수 없을 것"이라는 것이다 르로이 존스 1976.

민주주의라는 용어도 주로 군정 첫해인 1961년과 선거를 치른 1963년에 사용하였다 전인권 2002. 그에게 있어서 자유민주주의는 '남의 민주주의', '환상적인 민주주의' 였다.

일부 정치학을 연구하는 사람들 중에는 마치 서구 자유민주주의가 지상 지고의 제도이고, 이에 특수성을 가미한 것은 잘못된 것인 양 생각하는 경향이 있는데, 이는 민족 문화에 대한 긍지와 자주성이 부족한 데서 나오는 사고방식이다. 서양 것이나 남의 것은 무조건 좋고 우리 것은 미개한 것이라고 착각하는 것은 '우리' 것을 망각한 데서 나오는 것이요, 이렇게 남의 것에 빠지다 보면 퇴폐 풍조 등 각종 부작용이 나타나기 쉽다 매일경제신문사 1977.

요즈음 한국의 일부 인사들 중에는 자신은 분단된 땅에 살면서도 머리와 생각은 미국이나 서구에 가 있어서 '왜 우리는 그들만큼 자유를 주지 않느냐' 고 말하는데 이런 것이 바로 환상적인 민주주의인 것이다 매일경제신문사 1977.

우리는 더 이상 남의 민주주의를 모방만 하기 위해 귀중한 우리의 국력을 부질없이 소모하고만 있을 수 없습니다. … 우리는 모든 면에서 한시바삐 안정을 이룩하고 능률을 극대화하여 번영과 통일의 영광을 차지해야 하겠습니다. 그러기 위해서는 몸에 알맞게 옷을 맞추어 입는 것과 마찬가지로 우리의 역사적 문화적 전통 그리고 우리의 현실에 가장 알맞은 국적 있는 민주주의적 정치 제도를 창조적으로 발전시켜서 이것을 신념을 갖고 운영해나가야 할 것이라고 믿습니다 대통령비서실 1973; 조현연 2003.

또 그는 자유민주주의를 '가식적 민주주의', '사대주의적 민주주의', '허수아비', '껍데기 민주주의'로 표현하고 있는데 박정희 1967, 이는 반대파인 야당의 이념과 선거 운동을 비판하기 위한 것이었다. 그는 민주당 윤보선 후보와 대결한 선거에 대해 "민족적 이념을 망각한 가식의 자유민주주의 사상과 강력한 민족적 이념을 바탕으로 한 자유민주주의 사상과의 대결"이라고 표현하였다 전인권 2002.

그는 심지어 아시아의 상황은 대체로 비민주적일 수밖에 없다고 하면서 전체주의를 옹호하는 발언까지 하였다.

아세아에 있어서는 국민 대중의 생활 조건을 개선하려는 시도와 노력이 효과를 거두기 위해서는 말할 것도 없이 대개 비민주적인 비상 수단을 쓰지 않으면 아니되기 때문에 정부가 서구에서 말하는 민중의 정부가 되기에는 거의 불가능에 가깝다. … 또 한편 현재 아세아의 국민 대중은 정부가 전체주의 이름 아래서 강압적인 의무를 부여하는 것을 두려워하는 이상으로 기아와 빈곤을 더욱더 두려워하고 있다는 것은 또한 부인할 수 없는 사실이다 박정희 1962.

이러한 그의 사상은 당시 교과서 내용에도 반영되었다. 교과서에는 "후진국에 있어서의 민주 정치의 시련"이라고 하여 "제2차 세계 대전 후 새로이 독립된 많은 후진국가들은 정통적인 서구의 자유민주주의를 그대로 채택"하였으나 "정치가의 무능, 관료의 부패, 경제적 빈곤 등의 혼란 속에서 독재 정치 내지는 권위 정치가 자행되고, 부정 선거가 자행되어 그 실효를 거두지 못하고 있다."고 서술되었다. 이에 많은 후진국가의 지도자들이 부패의 제거, 경제 계획 등을 수행하기 위해 서구식 자유민주주의로는 불가능하니, 번영을 위한 과도적 독재나 선의의 독재가 필요하다고 주장하였다는 것이다. 그리고 그 예로서 수카르노Achmed Sukarno의 교도민주주의guided democracy와 나세르Gamal Abdel Nasser의 군부 사회주의 등의 신대통령제를 들고 있다. 그러나 그 정권 들에 대한 비판과 민주 정치의 확립이 과제임이 뒤이어 강조되고 있다. "정권이 평화적으로 교체되지 못하고 실력에 의한 정권의 교체가 되풀이되고 있으며, 전통적인 불합리한 사회적 속박과 관습이 지배하여 여러 가지 혼란이 거듭되고 있다."고 하면서, "따라서 이 후진 지역에 있어서의 민주 정치의 확립은 경제적 자립과 함께 당면의 과제가 되어 있다."는 것이다박철호 1974.■ 이처럼 당시 교과서에는 박정희 정치 철학을 옹호하는 듯하면서도 부수적으로

■ 박철호는 고등학교 『일반사회』 교과서의 저자로, 그가 집필한 참고서의 내용은 교과서의 내용과 동일하다.

또는 행간을 통해 정권에 대해 비판을 한 것이 눈에 띈다. 당시 진덕규 역시 박정희의 논리에 반박하여 "신생 국가의 상황적 여건이 민주주의의 보편적 논리를 변용시킬 수 있다고 생각한다면 그것이야말로 신생 국가의 민주화를 위해서는 가장 큰 비극"이라고 지적하면서 그 예로 바로 수카르노의 교도민주주의와 아유브 칸Mohammad Ayub Khan의 기초민주주의를 들었다. 그러면서 "과연 오늘날 객관적인 관점에서 교도민주주의를 민주주의적 원칙의 단순한 상황적 수용이라고 믿을 사람이 누구일 것이며, 기초민주주의가 민주주의의 보편성을 내포한 더 적절한 파키스탄의 민주주의라고 인정할 사람은 누구일까."라고 반문하였다 진덕규 1974.

함석헌은 이러한 박정희 철학에 대하여 다음과 같이 평가하였다.

> 학원에 자유가 없고 종교에까지 정보망이 가고 신문에 보도 비판의 자유가 없는데 무엇으로 국민을 개도하란 말인가? … 그런데 우리에게 그러한 철저한 민주정신이 결핍된 까닭이 어디 있느냐 하면 역시 정치에 있다고 할 수밖에 없다. 이 4반세기 동안 우리는 이름이 민주주의이지 실지로 실천한 것이 아무것도 없다. 정치하는 사람들은 매양 서양식 민주주의를 그대로 모방할 수 없다느니, 후진국이기 때문에 아직은 강력한 지도자가 필요하다느니, 그것만 방패처럼 내세워 자기네의 시대에 떨어진 케케묵은 정치사상을 변명이나 하려 들었지 조금도 민중을 민주주의로 성의있게 가르치려 하지 않았다. 아니다, 그보다도 민중은 도리어 민주주의적으로 나가려 하는데 정치인들이 그것을 방해했을 뿐이다『함석헌전집』 14; 문지영 2002.

이 당시 '자유방임' 역시 사이비 민주주의로 묘사하고 있으며박철호 1974 경제 활동에서의 자유는 일반 대중의 생활을 위협하므로 민주주의 정신에 배치된다고 주장되었다박철호 1971. 즉 "한때는 정부의 방임 정책만이 국민의 경제 활동의 자유를 보장하여 번영을 이룩할 수 있다고 생각했으나, 이제는 그것이 빈부의 차이와 실업자를 내게 하는 데 도움이 된다는 것을 확실히 알게 되었다."고 하면서, "이래서 방임과 계획을 병용하고 개인의 경제 생활의 보장을 위하여 적극적으로 관여하고 계획하게 된다."라고 하였다박정희 1962. 또 자유방임주의는 파시즘과 공산주의를 등장하게 했다는 것이다. 즉 "무제한한 자유 경쟁(자유방임주의)은 빈부의 차이를 극심하게 하여 자유나 평등은 실지에 있어서 무의미한 것이 되고 말았다."고 하면서 "그리하여 파시즘과 공산주의가 등장하여 민주주의를 위협하게 되었"으며, "따라서 오늘날의 민주주의는 종래의 무정부적인 경제 활동의 자유를 국가 권력으로 조정하지 않으면 안 되게 되고, 이것을 그 과제로 삼고 있다."고 하였다. 따라서 경제 자립화가 바로 민주화라고 하는 점을 강조하였다. "인간은 의식주 문제가 해결되어야 인간을 존중할 수 있게 되는 것이니 경제의 자립화를 꾀하는 길, 이것은 바로 우리나라의 민주화의 길"이라는 것이다. "영국의 His land is his freedom이라는 격언이나, propertyowing democracy소유권 있는 민주주의라는 보수당의 정강은 이러한 사정을 충분히 방증해 주고 있는 것"이라고 하면서, "따라서 자본주의의 발전을 꾀하고 경제의 자립화를 꾀하는 길, 이것은 바로 우리나라의 민주화를 촉진시키는 길이 되는 것"이라고 하였다박철호 1971. 또 대기업을 비롯하여 사기업의 시장 지배는 막아야 한다고 하였는데, 이는 이들 기업이 자신의 이익을 위해 국민 대중의 의사와 복지를 침해할 수 있으므로 민주주의에 어긋날 수 있기 때문이라는 것이다.

> 이러한 뜻에서 본다면 표면상 국가의 경제력을 발전시킨다는 명분 아래 개인적인 사리에 혈안이 된 대기업이 무시무시한 힘을 발휘하는 데는 자유로운 경쟁이 존재할 수 없다. … 만약 그들이 경제적 힘을 통하여 국가 정책을 좌우한다면 이는 그들이 민주주의의 원칙과 국민 대중의 의사와는 반대로 국가 권력을 횡취하는 결과를 초래하고 만다. … 그렇기 때문에 대경제력 특히 사적인 대경제력의 국가에 의한 조정과 지도 감독은 자유로운 경제 정책의 중심 과제가 되지 않을 수 없다. 국가나 사회는 강력한 이익 집단이나 개인적 사욕의 희생물이 될 수 없으며 또 되어서도 안 된다박정희 1962.

기업 활동의 자유는 근대 자본주의와 더불어 등장한 자유민주주의의 중요한 내용이라고 할 수 있다. 이러한 기업 활동의 자유를 통제해야 한다는 박정희의 주장은 공공기업을 만드는 등 자신이 기업과 경제 전반을 통제하는 것을 정당화하기 위한 것이었다. 즉 "공공기업에 의한 경쟁은 사기업의 시장 지배를 방지할 수 있는 결정적인 수단"으로 간주되어 "이와 같은 기업을 통하여 전체의 이익과 국민 대중의 복지가 존중되지 않으면 안 된다."고 강조되었다박정희 1962. 이 시기 박정희의 통제 경제를 정당화하기 위하여 전통적인 자유주의 사상보다는 수정된 자유주의, 즉 이 당시 홉하우스Leonard Trelawney Hobhouse와 그린Thomas H. Green 등 '신자유주의New Liberalism'라 불린 사회적 자유주의를 주장한 사상가들이 더 높이 평가되었다.■

신자유주의란 국가가 사회 정책적으로 국민의 경제 활동에 적극 간섭함으로써 자본주의 즉, 자유방임주의의 폐단을 제거하고 모든 국민으로 하여금 도덕적 자유를 실현할 수 있도록 하자는 사상을 말한다. 이를 이상적 자유주의라고도 하는데, 홉하우스, 그리인은 이 사상의 대표자이며, 신자유주의는 그리인의 자아실현설을 그 이론적 기초로 하고 있다. 신자유주의는 경제상의 자유주의의 파탄을 극복하려는 것으로, 신자유주의에 와서야 자유의 개념이 올바르게 파악되었다고 할 수 있다박철호 1971.

시민적 자유의 위대한 창설자라고 불리우는 루소의 사상은 독일의 철인 칸트에 큰 영향을 주어, 이상주의적 입장에 바탕을 둔 칸트의 도덕적 자유론을 낳았

■ 오늘날 많이 통용되는, 고전적 자유주의로의 복귀를 의미하는 신자유주의는 neoliberalism를 번역한 것으로, 위에 언급한 신자유주의(new liberalsim)가 복지를 강조하면서 자유주의를 수정한 것에 반발하여 등장한 것이다. 따라서 같은 신자유주의라는 용어로 번역되지만 서로 상반된 의미를 갖는다.

고, 이는 다시 그리인의 자아실현설로 발전되어, 신자유주의의 이론적 기초가 되고 자유주의의 발전에 큰 전환점이 되었다박철호 1971.

이는 그 이전 시기 교과서에서 로크와 밀 등 전통적인 자유주의를 강조한 것과 좋은 대조를 보인다고 하겠다. 더 나아가 사회주의를 사회민주주의라고 규정하면서 이를 공산주의와 구분하여 정당한 것으로 평가하고 있다. "사회주의는 마르크스주의에 입각하여 생산 수단의 공유화를 주장하는 점에서는 같으면서도 폭력 혁명과 프롤레타리아의 독재를 반대하고, 의회를 통한 정치 절차에 의하여 평화적 · 점진적인 사회 개량을 주장하는 사상"을 의미하는 것으로 "이것을 공산주의와 구별하기 위하여 사회민주주의라고도 한다."는 것이다박철호 1974.

사회민주주의는 최근에 와서는 계급 정당의 성격의 완화와 함께 정권의 평화적 교체를 인정하면서 점진적으로 이상 사회를 실현하려는 경향으로 기울어지고 있다. 이러한 사회주의를 특히 민주사회주의라고도 하는데, 영국의 노동당, 서독의 사회민주당의 사회주의가 바로 그 예이다. 이러한 민주사회주의는 민주 국가에서도 충분히 인정될 수 있다박철호 1974.

그러나 사회주의에 대한 이러한 평가는 박정희 정권의 독재와 통제 경제를 정당화하기 위한 것에 불과하였다. 오히려 박정희 정권은 자신에게 비판적인 사람들에게 좌익이라는 혐의를 씌워 구속하고 고문하는 등 극심한 탄압을 일삼았다. 또 사회 전체의 이익을 위해 경제를 통제한다고 하였으나 사실상 정권의 이익을 추구하는 데 충실하였으며, 그 결과 사회와 경제 전반에 부패가 만연하였다. 사실상 그동안 민주화 운동에 관심이 없었던 농민, 종교인들이 사회 문제에 눈을 뜨고 정권 비판 운동에 앞장섰던 이유는 일상생활을 통해 불합리한 부패를 경험함으로써 그것이 권력과 연결되어 있음을 자각했기 때문이었다. 함평 고구마 사건이나 원주 MBC 사건은 대표적인 부패 관련 사건으로, 이를 계기로 가톨릭농민회가 탄생하였고, 지학순 주교가 투쟁의 선봉에 서게 된 것이다.

:전두환 정권의 민주주의 비판과 정의사회론

전두환 정권의 제5공화국은 10.26사건, 군사 쿠데타 및 광주민중항쟁의 유혈 진압을 통해 정당성을 확보하지 못한 채 세워졌다. 그러나 전두환 정권 역시 자유민주주의를 보장한다고 주장하고 있다. "우리가 지향하는 것은 생명력이 넘치는 개방 사회이며, 인간의 존엄성과 가치와 능력을 존중하면서 개인의 자유와 이익을 최대로 보장하는 자유민주주의" 〈제12대 대통령 취임사〉 1981.3.3.라는 것이다. 이를 보면 그의 자유민주주의 강조는 여전히 개인적 수준의 자유와 이익에 머물고 있음을 알 수 있다.

그는 유신 체제의 이념을 그대로 이어받아 박정희 정권의 민주주의관을 그대로 계승하였다.

민주주의는 인류의 보편적 가치입니다. 그러나 이것은 원래 우리의 것이 아니라 8.15 해방과 함께 외부로부터 받아들인 것이기 때문에 그동안 우리 국민이 민주 정치를 해보려고 여러 가지로 노력을 해왔으나 민주주의를 실현할 수 있는 기반이 약해 값비싼 시행착오만을 되풀이해왔다고 생각합니다. 민주 제도는 어렵고 정교한 정치 제도이기 때문에 조건이 성숙되지 않으면 제대로의 기능을 발휘할 수 없는 것입니다. … 우리가 정착시켜야 할 민주주의는 자유민주주의 이념을 바탕으로 하여 우리의 생존과 안전을 보장할 수 있어야 하고 정치 운영상의 비능률을 제거할 수 있는 제도적 장치를 갖추고 있어야 하며, 자유 경쟁 원칙하에 고도의 경제 발전을 뒷받침할 수 있어야 하고, 우리의 고유한 민족 전통과 문화 배경에 합치되어야 합니다〈제11대 대통령 취임사〉 1980.9.1.

이러한 전두환 정권의 정치 이념의 국정 지표는 "민주주의의 토착화, 정의사회의 구현, 복지 사회의 건설"을 통해 "민주 사회, 고도 산업 사회, 건전한 사회, 문화 사회, 통일 조국"을 목표한다는 것으로, 학교 교육은 "이 사회에 기대되는 인간상인 건강한 사람, 심미적인 사람, 능력 있는 사람, 도덕적인 사람, 자주적인 사람을 길러 내는 데 부합되는 방향에서 교육 과정을 구성하도록" 하였다문교부 1988.

또 민주주의는 보편적 가치이기는 하나 이것이 원래 우리의 것은 아니라고 하는 것, 따라서 우리에게 그대로 적용될 수 없다는 것, 우리의 전통과 문화에 합치되어야 한다는 것은 박정희 정권의 민주주의관을 그대로 보여준다 하겠다. 광주항쟁에 대한 질문을 받자 전두환은 "어느 나라든지 민주 정치는 그 나라의 역사적 배경, 문화적 전통, 정치 안보 상황을 고려해야 한다."고 하면서 "안보와 사회 상황에 비추어 자율과 개방을 최대한 허용해 왔으나 일시에 최선진국과 같은 자유를 허용할 수는 없다."고 답변하였다김성익 1992. 또 박정희식의 능률주의와 경제제일주의도 마찬가지로 강조되고 있다.

이 시기에는 또 '정의사회'가 강조되어, 정의라는 개념이 자유와 평등보다도 상위 개념으로 자리 잡고 있다. "현대에 있어서 보편적으로 요청되는 윤리적 개념들은 자유, 평등, 정의"인데 그 중에 정의가 상위 개념이라는 것이다. 그 이유는 정의로운 질서 아래서만 참다운 자유를 누릴 수가 있고, 참다운 평등이 실현된다는 것이다. "정의 없는 자유는 방종이 될 것이고, 정의 없는 평등은 매우 비생산적인 획일화가 될 것"이라는 것이다. 따라서 사회 정의의 실현 없이 참다운 민주주의의 토착화는 불가능한 일인데, 흔히 개인주의적이고 자유주의적인 민주주의의 신봉자들은 이러한 사실을 잊어버리는 일이 많다는 것이다이규호 외 1983. 이러한 정의사회의 강조는 국민을 억압하는 국가 권력을 정당화하기 위한 것으로, 삼청교육과 녹화사업 등 사회 정화 운동을 전개하여 전두환 정권은 인권을 유린한 대표적인 억압적 국가 권력의 사례가 되었다손호철 · 김윤철 2003.

(2) 국가주의

대체로 서구 보수주의자들은 지방주의, 소규모적 사회관계, 지방 분권화를 선호하였으며 행정과 정치의 중앙 집권화에 두려움을 느낀다. 버크 역시 국가는 소극적인 권력을 가져야 하며 정부 권력은 제한적이어야 한다고 보았다강정인 · 김현아 2006. 따라서 국가주의는 보수주의의 특징이 아니라 수구의 특징이라고 할 수 있다. 앞서 보았듯이 수구 이념의 내용 중 하나가 자유주의에 대한 비판인데, 그 귀결은 국가주의가 된다. 근대 시기 변화의 위기를 맞아 수구파는 군주제를 확고하게 지켜야 한다고 주장한다. 반동주의자 드메트르가 그랬으며, 구한말 위정척사파들이 그러하였다. 이들은 절대 왕권을 지지한 것인데, 근대 이후 권력이 왕에게서 국가로 옮겨지면서 충성의 대상은 왕에서 국가로 바뀌게 된다. 이러한 국가주의 이념에서 지도자는 종종 군주처럼 절대 권력을 가진 것으로 이해된다. 정통성이 취약하거나 독재 정권일수록 더욱더 그러하였다. 따라서 일제 강점기와 이승만 및 박정희 정권 시기에 국가주의는 극에 달하였다.

:일제의 군국주의

일제는 말기에 이르러 군국주의 이데올로기를 부각시켰다. 특히 군사 강제 동원기인 1930년대 이후부터 말기로 갈수록 전쟁 동원을 위한 군국주의가 강조되는 것을 볼 수 있다. 조선인을 전쟁터로 보내 총칼을 쥐어주어야 했으므로 뼛속 깊이 일본인을 만들지 않으면 안 되었기 때문이다. 따라서 이때부터 일제는 조선인들이 일본 천황과 일본 국가에 대한 절대 충성을 내면화하도록 군국주의를 철저하게 교육한다.

앞서 언급하였듯이 일제는 초기에 자유주의를 주장하다가 말기에는 국가주의를 주장하였는데, 이러한 일제 이데올로기의 상반된 두 성격은 일본이 세계 체제에서 차지하고 있는 위상과도 관계가 깊다. 일본은 조선에 대해 중심부이면서 동시에 서구에 대해 주변부로서, 월러스타인 Immanuel Wallerstein의 개념에 따르면 반주변부라고 할 수 있다. 고모리 요이치小森陽一는 이를 '식민적 무의식'과 '식민주의적 의식'으로 표현하고 있다. 즉 "서구 열강에 의해 식민지화될지도 모른다는 위기적인 상황에 뚜껑을 덮고, 마치 자발적 의지인 것처럼 '문명 개화'라는 슬로건을 내걸고 서구 열강을 모방하는 것에 내재하는 자기 식민지화를 은폐하고 망각함으로써 식민지적 무의식이 구조화"된다는 것이다 고모리 요이치 2002.

서구 제국주의가 일관되게 예외주의를 채택한 것과 달리 일본이 예외주의이면서 동시에 동화주의를 추구한 것에서도 반주변부적 성격은 드러난다. 즉 일본은 탈아입구脫亞入歐이면서 내선일체內鮮一體를 주장하였던 것이다. 일본이 조선과의 차이를 강조하고자 할 때는 스스로를 서구와 가까운 것으로 주장한다. 이는 식민화 초기에 일본이 조선을 강점하기 위한 논리로 작용하였다. 즉 일본이 조선보다 우월하고 서구와 비슷하므로 조선이 일본과 병합하는 것은 조선을 위해 바람직하다는 것이다. 또 이때는 서구 국가들이 일본의 조선 강점을 암암리에 인정해주고 있었고, 일본도 이러한 묵인을 필요로 하였으므로 서구의 국가들과 좋은 관계를 유지하면서 서구의 이데올로기라 할 수 있는 자유주의에 대해 호의적이었다. 더구나 일본은 서구의 근대화를 따라가고자 했기 때문에 '탈아론'이 일본의 목표였고 따라서 자유주의를 표방하였다고 할 수 있다. 그러나 일단 일본이 조선을 강점하고 서구와 본격적인 식민지 쟁탈 경쟁에 들어가게 되었을 때는 서구와 적대적 관계에 있게 된다. 일본은 서구와 거리를 두고, 자신의 세력을 확대 · 강화하기 위하여 조선과는 일치, 즉 내선일체를 주장하게 된다. 이때는 서구의 이데올로기인 자유주의를 배격하고, 국론 일치와 병력 · 노동력 동원을 위하여 군국주의를 내세우게 된다. 이러한 일본 국가주의적 식민주의는 서구의 그것보다 더 근본적이고 더 강하게 조선인들의 내면화를 요구하게 되는데, 이는 세계 체제론에서 반주변부 국가가 더 착취적이라는 것을 증명하는 것이다. 한 사회 내에서도 상층보다는 중간층이 더 기회주의적이며 더 하층민을 경멸한다. 자신이 상층부의 눈에 하층민처럼 보일까 봐 두려운 것이다. 이것이 앞서 언급한 세계 체제 내 반주변부인의 '자기 식민지화,' '식민적 무의식' 일 것이다.

이렇게 봤을 때 일본은 조선을 지배하기 위해, 영국식 자유주의와 프랑스식 동화주의를 모두 적절히 사용하였다. 즉 조선의 '식민화' 를 위해서는 영국의 자유주의적 식민주의를, '식민주의 공고화(또는 내면화)' 를 위해서는 프랑스식 동화주의를 각각 사용했다고 볼 수 있다. 그러나 영국의 자유주의는 인도에서 실리만을 추구한 대신 자치를 허용한 측면이 있는 반면 일본은 조선에 대해 철저히 실리적으로 대했으면서도 자치를 허용하지 않고 동화를 강요하였다. 또 프랑스의 경우 식민지에 동화를 강요한 대신 교육 등 동화의 비용을 프랑스에서 제공차석기 1989한 것과 달리 일본은 그 비용을 조선 내에서 자체적으로 충당할 것을 권고하였다. 즉 영국식 자유주의로부터는 '실리 획득과 차별 대우' 를, 프랑스로부터는 '강제적 동화 정책' 을 가져와 양국에서의 부정적 요소만을 조선에 적용시켰다는 것을 알 수 있다.

일제 초기 조선에 대해 국가주의를 방기할 것을 요구하던 일제는 "금일은 국제주의 시대요, 국가주의 시대가 아니라고 하는 사람이 있으나 그것은 너무 잘못된 생각"이라고 하면서 "국가주의는 내셔널리즘nationalism, 국제주의는 인터내셔널리즘internationalism이니 후자는 정확히 말하면 국제협동주의"라고 해석하였다. 또 "이 주의는 국가주의를 전제로 한 것"이므로 "제군은 念念하여 국가를 잊지 말기를 바란다."고 하며 국가주의를 강조하였다. 파시즘 · 국가주의는 후발 제국주의 국가의 전형적인 이데올로기이다. 다음의 글은 후발 국가가 어떠한 연유에서 전체주의를 채택하였나를 선전하는 내용을 담고 있다.

> 일본 국민은 어째서 독일이 저렇게 이겼느냐 하는 반성적 기분을 갖게 되었습니다. 그리하여 결국 그것은 독일의 국내 기구가 영불의 방법과 다르다. 즉 자유주의적인 방법이 아니요, 독일적인 일원적 전체주의적인 방법에 의해서 이루어진 것임을 깨닫게 되었습니다. 방법만이 아니라 오늘이 있게 한 독일의 그 정신력 국가의 이상이라면 어떠한 곤고라도 견디어 가면서 국민이 일심일체가 되어서 나아온 힘, 거기에 우리는 감복하게 되었습니다. … 이와 같이 일본이 자유주의적 정치기구로서는 암만해도 지나사변을 완수하고 다시 일본의 운명이요, 책무가 되는 대동아의 신질서를 완성하고 나아가서는 세계의 신질서 건설을 수행할 수가 없다고 생각할 때에 … 香山光郎 1941.

그렇다면 일제의 국가주의는 나치즘, 파시즘과 어떤 차이를 갖는가. 일제는 1940년 파시즘 체제로 나아가면서 대정익찬大政翼讚운동을 벌여 전 국민을 동원하고 그들의 일상생활까지 통제하는 체제로 나아간다. 그러나 그 스스로는 나치즘, 파시즘과 구별을 짓는다.

> 그런데 이 운동(대정익찬운동)은 독일의 나치즘이나 이태리의 파시즘과 같이

일국일당이 되는 것이 아닌가고 염려하는 사람이 있다. 이 점은 近衛내각총리대신은 가장 연구하고 또 고심한 바로서 아국으로서는 국체에 비춰보더라도 지극히 그와 같은 일국일당은 허용되지 아니한다. 왜 그러냐 하면 일국일당은 한 부분을 가지고 곧 전체라고 보고 국가와 당을 동일시한다. 그리고 당에 반대하는 자는 국가에 대한 반역이라고 하고 당의 권력적 지위를 항구화하여 당수로써 항구적 권력의 파지자把持者로 하려는 것을 의미함으로! 이런 형태가 독일이나 이태리 등 타국에 있어 여하히 우수한 실적을 나타내었다고 하더라도 그 형태를 곧 일본에서 인정하는 一君萬民의 我國體의 본의에 벗어나는 것이다. 아국에 있어서는 만민이 함께 익찬의 責에 임하는 것으로써 일인 또는 일당이 권력에 의하여 익찬을 독점하는 것은 절대로 허용되지 않는다. 요컨대 대정익찬운동은 국민 전부가 각각 부서에 나아가는 것이다. 그리고 이것은 딴 사람에게서 재촉을 받아서가 아니고 자진하여 즐겨 이 신체제에 협력하려는 것이다. 여기에 一億一心, 일본 국민의 위력이 있는 것이다內閣情報部 1940.

따라서 이 운동(대정익찬운동)의 고도 정치성을 가지고 있는 것이다. 그것은 즉 정당 운동은 아니다. 정당은 그 본질 중에 개별적 분화적인 부분의 이익, 입장을 대표하는 성질을 감추고 있다. 물론 부분 없는 전체는 없는 것으로 정당이 부분적 요소를 가졌다는 것으로써 반드시 비난할 것도 아니다. 특히 경제 활동의 기초가 자유주의 원리에 있는 시대에는 이런 정당의 존립도 그 의미가 있다. 아국에서도 정당이 번벌 관료 세력에 대하야 민의를 신장시킨 것은 인정치 않으면 안 된다.

> 그러나 동시에 정당의 과거에 있어 행동이 어지간하면 아의회협찬의 본연의 자태로부터 일탈할 감이 적게 된 것도 또 부정할 수가 없다. 국민 조직의 운동은 이런 자유주의를 전제로 한 분립적 정당 정치를 고치자는 운동이고 그 본질은 언제까지던지 거국적 전체적 공적인 것이다. 그것은 국민의 총력을 한데 모아 촉진시키는 것을 목적이라 한 것으로 따라서 그 활동 분야는 국민의 전 생활 영역에 미치는 것이다 內閣情報部 1940.

이렇듯 일제는 나치즘, 파시즘과 달리 천황을 강조하고 국민의 자발성을 더욱더 촉구한다는 것을 알 수 있다. 즉 내면화, 생활화를 강제하는 것이다. 또 국민의 조직화를 꾀하여, "국민 조직이라는 것은 결국 정신적으로는 국민 각 개인의 각오 혹은 그 자세가 국가의 대방향에 통합 결속되는 것이고, 이것을 경제적으로 보면 지금까지 영리 만능의 자유주의적 경영을 순수한 직능봉공 본위로, 말을 바꾸어 말하면 공익 본위로 고쳐지는 것"이라고 설명하였다. 또 "국민 조직은 국민이 일상생활에 있어 국가에 봉공하는 조직인고로 경제 문화 각 영역에 긍하야 수립되지 않으면 안 된다."고 하였다. 그들은 이를 신체제로 설명하는데, 그들에 의하면 "신체제라는 자세는 마음먹은 국민이 된다는 것"이다. "정신적 자각이 국민 조직 운동의 전제"로서, 신체제를 만들기 위해서는 "새로운 인간, 새로운 혼을 만들지 않으면 안 된다." "혼과 정신을 바꾸어진 사람"이 "일본의 새로운 인간"이 되며, "거기서 신체제의 진실성이 발휘"된다고 한다. "거기서 처음으로 국가 국민의 총력이 발휘된다."는 것이다內閣情報部 1940.

그러나 그들 스스로도 이것이 자발적으로 이루어진 것이 아니라는 것은 인정한다. 즉 강제성을 인정하고 있다.

> 국민 중에서 타오르는 한 가지 국민 운동이 꼭 필요하여진다. 일본 국토에서 생장하는 자 전부가 이 운동에 참가하여 국민 조직을 완성시키기 위한 노력을 하지 않으면 안 된다. 그것이 대정익찬운동이다. 이런 기운이 사방에서 일어났으나 초입경에서 탈선하거나 방향이 상위되어서는 곤란하다. 그것은 본래 같으면 국민의 자발적 운동이 될 것이나 금일의 국정에서는 그것을 기대일 여가가 없어서 할 수 없이 정치의 힘으로 만들고저 하는 것이다內閣情報部 1940.

일제는 만주사변을 시작으로 중일전쟁, 태평양전쟁을 수행하면서 더 확고하게 군국주의를 채택하게 된다. 일본이 전쟁에서 조선인을 병력으로 활용하기 위해서는 조선인을 마음속까지 진짜 일본인으로 만들지 않으면 안 되었기 때문이다. 따라서 일제 강점기 말기로 갈수록 일본은 조선에 대해 초기와는 반대로 애국심을 강조한다. 그런데 일제의 애국주의는 근대 서구의 애국주의와 매우 다르다. 프랑스의 공화주의 정신의 이념적 기초를 마련한 루소의 애국주의를 보면 가장 중요한 것이 '자유'이다. 애국심은 일본처럼 천황에 대한 충성이 아니라 같은 조국에 살고 있는 시민에 대한 사랑인 것이다. 시민에 대한 사랑은 바로 법과 자유에 대한 사랑으로 규정된다. 여기서 조국은 무엇보다도 공동의 자유를 의미한다. 정치적 덕을 유지시키는 역할을 하는 애국심은 우리 자신의 자유와 동료 시민의 자유를 아우르는 공동의 자유인 것이다김용민 2003. 프랑스는 자신의 식민주의도 이러한 프랑스의 애국심의 연장이라고 정당화하고 있다.■ 물론 이는 선전에 불과한 것이지만 프랑스는 자신의 식민주의는 이러한 공화주의적 애국주의에 기반하고 있다고 주장한다. 즉 프랑스는 그리스도교의 이념과 프랑스 혁명의 이념을 바탕으로 하여 "우리의 사상은 모든 인간을 우리의 형제로서, 동등한 것으로 본다는 생각으로 인도하고 있다."고 하였다차석기 1989. 이들의 식민 이념은 공익에서 출발하였기 때문에 영국처럼 손익 계산에서 출발하는 것이 아니다. 그러나 오히려 이러한 공익의 이념이 식민주의를 더욱 강화할 수 있는 요소로 나타난다.■■

모든 인류는 지상에 널리 있는 모든 부를 향유할 수 있을 것이다. 이 모든

■ "오늘날에 있어서 프랑스 국민의 위대함과 그 미래는 이전보다도 세계 제국으로 연결되어 있다."(차석기 1989)

■■ 영국의 경우 인도인을 영국인으로 동화시키려는 생각은 하지 않고 단지 자국을 풍족하게 하는 하나의 경제적인 자원으로 대하였으며, 아프리카 식민 정책에 있어서도 "훌륭한 아프리카 인"으로 교육하는 데 목표를 두었다. 프랑스의 경우 동화 정책을 쓰기는 하였으나 원주민의 민족보존 운동에 방관적이었던 것과 차이를 보인다.(손인수 1986)

부는 인류의 공유물이다. … 이것은 근대적 식민의 기초가 되는 일반 이념이다. 문명의 중개자인 식민은 생존권과 인류의 공익의 이름으로 부를 이용해서 이동할 수 있지만 그러나 무력한 소유자는 이 부를 자신이나 타인을 위해 획득하지 못하고 그저 소유하고 있는 것이다 차석기 1989.

또 일본 군국주의와 달리 루소의 애국심은 '자기애'에 뿌리를 두고 있다. 자기애가 자기 신체 바깥으로 확장되면서 애국심이 생성되게 된다. 미국의 경우에도 애국심의 이유는 그 국가가 바로 내가 동의한 국가이므로 사랑하는 것이다. 물론 서구의 경우에도 애국심을 루소와 같이 자기애로 보는 것이 아니라 자기희생이라고 생각하는 경우도 있다. 몽테스키외Charles Louis de Secondat Montesquieu가 그 대표적인 경우이다. 그러나 그렇다 하더라도 몽테스키외는 그러한 자기희생적인 애국주의는 고통스러운 것이기 때문에 시민들에게 강요할 수 없다고 하였다 김용민 2003. 즉 일본의 경우처럼 희생을 환희에 찬 것으로 보지 않는다. 반면 일제의 애국주의는 희생이면서 동시에 그것이 환희로 묘사된다. 일제의 입장을 대변한 이광수의 다음의 글은 그러한 성격을 잘 보여준다.

口腹을 위하여서 노역하는 자는 이른바 이기주의자다. 이것이 자유주의, 자본주의 사상이다. 사람이 구복을 위하여서 노역한다 할 때에 그 노역은 고통이 된다. 노예적이기 때문이다. 그러나 나라를 위하여서 하는 일이라고 생각할 때에는 전쟁의 기초도 無上한 열락인 것이다. 전사하는 병사들이 임종에 천황 폐하 만세를 부르는 것은 결코 억지가 아니요 자연한 인정이다. 나는 임금님을 위하여 죽습니다, 할 때에 자기의 생명이 聖하여지고 숭고하여지고 영광과 환희에 차기 때문이다. 전사뿐 아니라, 무슨 일에나, 아무리 미미한 일이라도 이것이 옳은 일이거니 나라 일이거니 하는 신념으로 생활을 일관한 사람이면 임종에 반드시 천황 폐하 만세를 부르고 神明께 감사와 환희의 기도를 올릴 것이다香山光郎 1941.

이렇듯 일제가 말하는 애국주의는 자기희생이면서 동시에 쾌락적인 것으로 다소 '병리적인' 애국주의라고 할 수 있다. 일본의 애국주의는 멸사봉공이라는 말에서 나타나는 것처럼 '나를 죽이는 애국'이다. "불타는 애국심을 가슴에 간직하고 언제나 일사一死로써 군국을 받들려는 각오"를 다지게 하였으며, "이 난국에 있어서 가일층 멸사봉공의 정신으로써 생명도, 재산도, 명예도, 모든 것을 나라에 바치고 임금님께 바치는 결심과 각오를 하지 않으면 안"된다고 강조하였다香山光郎 1941.

따라서 일제의 애국심은 근대적인 애국심이 아닌 봉건적 충성심이라 할 수 있다. 마찬가지로 일본이 말하는 국민이란 근대적 의미에서의 국민이 아니라 국체의 신민으로서의 국민이다. 국체는 근대적 의미의 국가가 아니라 종교와 정치가 분리되지 않은 전근대적 의미의 공동체이다. 서구의 근대적 애국주의는 국가가 바로 나와 동료 시민의 자유를 보장해주기 때문에 생겨난 것이라고 한다면, 일본에 있어서 국가에 절대 충성해야 하는 이유는 천황이 살아있는 신, 즉 현인신現人神이며 절대적 가치의 실체로서 일본뿐 아니라 세계를 지배할 사명을 가지고 있는 절대적인 지배자이기 때문이다. 천황은 세상과 정신을 지배하며 국민을 사랑하는 아버지와 같은 존재이다. 따라서 천황이 지배하는 일본은 신국이며 동시에 가부장국이다. 이렇듯 천황은 지배자일 뿐 아니라 신앙의 대상이 되는 신 그 자체로 간주되고 있는데 이 같은 경우는 세계적으로나 역사적으로 유례가 없는 것이다. 예를 들어 서양에는 왕권신수설이 있으나 이는 국왕이 신의 대리자이지 신 그 자체로 인정된 것은 아니며, 중국의 천자 역시 마찬가지이다. 김운태에 의하면 서구의 절대왕제는 교회와의 투쟁을 거쳐 신본주의神本主義적 권위로부터 세속적 왕의 정치적 권력이 분리됨으로써 형성된 것인 데 반해 일본의 천황제는 건국 신화를 배경으로 종래 자기가 보유해온 권위를 이용함으로써 신성불가침의 정신적 위력을 발휘하는 것이다김운태 1986. 즉 지상의 살아있는 인간이 '신 그 자체'로 인정되는 경우는 예수 이외에 일본 천황이 거의 유일무이하다고 할 수 있다. 일본의 천황은 만세일계라 하여 신으로부터 그 혈통을 직접 이어받아 내려온 것으로 주장된다.

이렇게 볼 때, 프랑스의 식민주의 내지 동화주의는 프랑스 중심주의이긴 하지만 일제의 중심주의와는 다르다고 할 수 있다. 대체로 서구화를 지향하는 일본을 포함하여 식민주의를 서구중심주의라고 할 때, 이러한 중심주의에는 원심적인 것과 구심적인 것이 있다고 생각된다. 원심적인 것은 주변으로 나아가는 것으로 그 이념은 보편주의에 입각해 있어서 주변의 입장에서 자발적으로 동의할 수 있는 가치들로 구성되어 있다. 그러나 구심적 중심주의는 특수주의로서 수평적이라기보다 수직적이고, 자발적이라기보다 강제적인 것이다.

조선총독부는 1937년 10월 2일에 "황국 신민의 서사誓詞"를 제정하여 아동, 학생, 일반인들에게 "우리는 황국 신민이다. 충성으로서 君國에 보답하련다."를 선언하게 하였다. 그리고 황민화의 목표를 다음과 같이 설명하였다.

> 제일로 금후의 아교육의 목표는 반도인이라고 할 수 있는 특별한 인간을 만드는 것이 아니다. 분명코 황국 일본의 신민 즉 천황 폐하의 충량한 적자를 육성하는 것이다. … 제이로 우리들의 교육은 내지인의 자제는 내지인답게 반도인 소년들은 반도인답게 가르쳐 기르는 것이 목적이 아니다. 내지인이나 조선인이나 구별없이 한 基石에 선 황국 신민으로 하는 것이 이상이다監原時三郎 1938.4.3; 손인수 1986.

위 글은 마치 조선인을 일본인과 마찬가지로 평등하게 대우하겠다고 한 것처럼 보이나 실상은 차별 정책을 고수하였다. 예를 들어 일제의 교육 제도를 보면 처음부터 동화가 아닌 차별화 정책을 실시하였다. 한국인의 경우 보통학교 3~4학년, 고등보통학교 4년, 여자고등보통학교 3년, 실업학교 2~3년인데, 1912년 3월 부령 제44호로서 공립소학교 규칙을 제정하여 6년제 일본인 소학교를, 부령 제45호로서 5년제 일본인 중학교와 고등여학교를 인정하였다. 또 호칭부터 일본은 소학교, 중학교이나 한국인 학교는 보통학교, 고등보통학교 등 '보통' 자를 붙였다. 이는 엘리트가 아닌 보통 사람들만 만들겠다는 것이며, 한국인의 이성이 발전할 기회를 주지 않는 것이었다. 이처럼 조선인도 일본 국민이라 하여 애국심을 강요하였지만 그 실제 정책을 보면 조선인을 차별하고 있음을 알 수 있다.

식민주의 공고화를 위해, 즉 조선인을 일본인으로 만들기 위해, 그러나 일본인에게 철저히 복종하는 식민지인을 만들기 위해 일제는 조선인들에게 '국민' 이라는 이름으로 '식민지인의 덕' 을 심어주고자 노력하였다. 그렇다면 조선인에게 내면화하고자 한 식민지인의 덕은 무엇일까. 국민의 이름을 내세워 어떠한 식민지인을 만들고자 하였을까. 첫째로, 군국주의 이데올로기를 강조한 일제가 교육시킨 덕은 '전체주의' 였다. "금일에 있어서 우리의 최고의 도덕이란 것은 자유주의, 개인주의, 사회주의를 지양한 전체주의 국민 도의인 것이다." 라고 선언하였다함대훈 1941.

둘째로, 일제는 조선인들을 자신의 수족으로 이용하려고 하였고, 특히 일제 강점기 말기는 노동력이 필요한 시기였으므로 '근로하는 인간상' 을 요구하였다. 악명 높은 '무노동 무임금' 제도를 상징하는 '일하지 않는 자는 먹지도 말라.' 는 구호는 사실 이때부터 나오기 시작한다. "일 아니하는 자는 먹지 말어라 하는 말이 있거니와 일 아니하는 자는 차라리 죽어라 하는 것이 신체제다."라는 것이다香山光郎 1941.■ 친일극 등 선전용 문학 작품을 보면 광산 노동, 농업 노동을 찬양하고 농촌의 삶을 이상시하였다. 또 만주로 인력을 보내기 위해 만주의 삶을 이상적인 전원적 삶으로 그리고 있다. 그러나 실제의 만주에서의 삶은 매우 고달픈 것이었다.

셋째, 전쟁 시기였으므로 "범백凡百의 사업을 수행하는 데는 강건한 체력을 요하며, 국가의 부강도 강건한 국민의 노력에 의해"서 이루어진다고 하여 강한 신체와 두려움을 모르는 성품을 이상시하였다. 일반적으로 씩씩한 남성상은 제국주의 시대의 미덕으로 간주되었다. 영국도 빅토리아 시대에 씩씩한 남성상이 이상인 반면 연약함은 열등 민족의 징표였다. 마콜리Thomas B. Macaulay는 벵갈 인의 나태하고 부정직한 성격이 그들의 연약하고 나약한 신체에 기인하는 것으로 보았다이태숙 1988. 심지어 강한 인간과 지적 · 도덕적 인간을 비교하여 전자를 훨씬 더 높이 평가하였다.

> 우리들은 교육은 識者이지만 스스로는 아무 일도 못하는 소위 지식 계급이나 유한부인을 만드는 것을 목표로 하고 있지 않다. 아니, 가장 강하게 이 점을 부정하는 것이다. … 안 것은 곧 실행할 수 있어야 한다. … 이러한 일의 자격은 책

■ 이 글 말미에는 "놀고먹지 맙시다. 일억일심 나라에 보탭시다."라는 표어가 붙어 있다.

을 읽고 강의를 들을 정도로서는 결코 얻을 수 없는 것이니, 고통을 참고 신체와 정신을 단련하는 일로서 비로소 얻을 수 있는 것이다조선총독부 학무국 1938; 손인수 1986.

"인고단련"이라 하여 "사물을 가볍게 보지 않는 진지한 태도로서 자신의 혼을 집어넣어 난행과 고행을 쌓아 새로운 천지를 개척하기 위하려 노력하는 것", "언제나 일사一死로써 군국君國을 받들려는 각오를 가지고 자기의 정력과 열혈을 경주하며, 어떠한 곤란에도 견인지구堅忍持久, 어디까지나 소기의 목적을 관철하지 않고는 그치지 않는 실천적 태도"를 높이 평가하였다. 죽음을 불사하는 용기란 바로 나와 내 것을 잊어버리는 데서 나오며 그러한 사람은 초능력을 갖게 된다고까지 하고 있다.■

청년의 윤리의 제 일 조는 滅私다. 즉 나를 잊고 내 것이라는 것을 잊는 일이다. 이론을 버리고 비판을 버려야 한다. 하물며 방관, 空談, 조소하면서 아무것도 아니하는 자는 식료 배급을 받을 자격이 없는 자일 뿐더러 이적행위자다. 利害니 苦樂이니 하는 것이 염두에 없다. 생사도 염두에 없다. 이 몸이 천황께 바친 몸이

■ 일제가 제시하는 이러한 용감한 덕성에 반발하는 나쓰메 소세키의 소설 『그리고 나서』의 주인공은 '겁쟁이'이다. 그러면서도 그는 많은 이의 공감을 얻을 수 있는 매력적인 인물로 그려진다. 그런데 아이러니컬하게도 만일 이렇게 겁쟁이가 미화되고 또 많은 사람의 공감을 사는 경우, 그러한 '겁쟁이'는 체제에 큰 위협이 되는 존재가 될 수 있다. 따라서 일제는 끊임없이 죽음을 불사하는 무사적인 남성을 이상시하는 작품을 선보였다.

거니 무슨 사념이 있으랴. 이러한 심경은 종교적 심경과 통한다. 모든 사욕과 사념을 絕한 경계다. 마음이 이 경계에 달한 때에 사람은 모든 속박에서 벗어나서 신통력을 얻는다. 그는 놀라운, 초인적인 능력을 발하고 그의 몸에서는 일종의 빛을 발한다. 사욕과 사념을 絕한 자의 용모에서는 광채를 발하여서 보는 자에게 감화와 위압을 주는 것이다. 그의 말에는 불가항력이 있다. 이것이 곧 완성된 인격이요, 導師다 香山光郞 1941.

그는 사욕사념이 없기 때문에 無畏다, 무공포다. 무외요 무공포기 때문에 그의 마음은 늘 자유로워서 정당하게 진선미를 판단하고 無量한 능력을 발한다. 이렇게 되는 것이 곧 수양이요 수련이다. 먼저 제가 이러한 경계에 달한 때에 동포대중을 지도하게 되는 것이다. 파시스트의 훈련, 나치쓰의 훈련이 곧 이것이어니와 일본 정신의 극치란 곧 천황일념 외에 타념이 없게 되는 것을 가르치는 것이다 香山光郞 1941.

여러 가지 용기 중에서도 특히 군인 정신, 해양 정신, 물 공포 극복을 강조하고 있는데 이는 일본에서 해군력의 중요성을 말해주는 것이다. 친일극 「산하유정」에서는 전쟁을 찬양하고 군인을 미화하며, 「황해」에서는 바다에 대한 공포심을 극복하고 해군에 지원하는 내용을 담고 있다. 「북해안의 흑조」, 「물새」 역시 어부가 되기를 싫어하던 청년이 친구와 더불어 만선의 꿈을 이루고 나중에는 해군에 지원한다는, 지원병제를 찬양하는 내용이다. 참전은 모든 갈등을 해결하는 수단으로 제시된다. 그것은 신분의 차이, 국적의 차이, 빈부 간의 갈등을 해소시키고 인간 평등을 이루는 수단이다. 즉 성전과 애국에는 신분 차이, 빈부 차이가 없고 비천한 신분인 개인은 참전을 통해 신분 상승하게 된다 서연호 1997. 따라서 일제가 조선 내에 남아 있는 신분 차별을 없애고자 노력하였다면 그것은 전쟁에 나가도록 독려하기 위해, 또 전쟁에 참여한 보상으로서 제시된 것이라고 할 수 있다.

마지막으로 일제는 순응적인 식민지인을 양성하기 위해 "온건한 덕성", "질서를 중시하고 규율에 복종하는 관념을 기르고", "일상 사람과 접함에 관용을 가지도록" 권고하고 있다. 또 검소한 인간, "학생으로서 의식衣食인 생활에 착심着心하도록 사상과 지식과 기술을 지도하여 소규모에 만족한 인생관을 갖게 하자는 것"을 가르치도록 하고 있다. '현모양처' 역시 일제에 의해 제시된 여성의 이상형이다. 일제는 조선인이 완전히 일본인으로 되는 것은 일제의 동화 교육 2세대에나 들어서 가능하다고 생각하였고, 그러한 교육을 위해서는 학교에서뿐 아니라 가정에서 자녀에 대한 어머니의 역할이 절대적이었기 때문에 '현모양처'를 강조하였다 홍양희 1997.

이러한 일제의 군국주의 교육은 사실상 해방 후에도 오래도록 남아 청산되지 않았다. 특히 미군정과 그 이후 정권이 친일 세력을 그대로 유지시켰기 때문에 더욱 그러하였다고 할 수 있다.

:미군정기 교육 이념

해방 후 남한에 자리 잡은 미군정은 여러 가지 면에서 준비가 안 된 정권이었다. 특히 미군정 시기 정치 교육의 내용은 민주주의 교재의 빈곤으로 인하여 주로 교육자들의 의식에 따라 좌우되었다. 그런데 당시 대다수 교육자들이 일제 강점기 말기 대동아전쟁을 찬양하고 서구 자유민주주의를 비난하는 등 일제 협력에 앞장선 자들이었으므로 이들에게서 철저한 민주주의 의식을 찾는다는 것은 앞서 언급하였듯이 "히틀러에게 민주주의 정책 실천을 주문하고, 독수리에게 병아리를 잘 양육해 달라고 부탁하는 것과 같은 일"이었다고 할 수 있다. 일제 협력자들과 보수주의자들이 주축이 된 조선교육심의회에서 우리나라 교육 이념의 문제를 다루었는데, 반드시 민주주의에 기초를 두어야 한다는 것과 일제로 인해 흐려진 국가 관념을 강력히 고취하기 위해 민족적 성격을 띠어야 한다는 것이 강조되었다. 그리하여 그때 '홍익인간'의 이념이 탄생하였다.■ 홍익인간에 대해서는 다음과 같이 보고되었다 한국교육 10년사 간행회 1960.

■ 손인수에 따르면 '홍익인간'이 설정된 것은 이전보다 앞서 상해임시정부 때부터라고 한다. 임시정부는 삼균주의를 채택하는데, 그것은 정치 균등, 경제 균등, 교육 균등을 지칭한다. 삼균주의에 입각한 교육 이념을 홍익인간과 이화세계(理化世界)에 두었다는 것이다.(손인수 1990)

홍익인간의 건국 이상에 기하여 인격이 완전하고 애국정신이 투철한 민주국가의 공민을 양성함을 교육의 근본 이념으로 함.

위의 이념을 관철하기 위하여 아래의 교육 방침을 수립함.

1) 민족적 독립 자존의 기풍과 국제 우호 · 협조의 정신이 구전한 국민의 품성을 도야함.
2) 실천궁행과 근로역작의 정신을 강조하고, 충실한 책임감과 상호 애조의 공덕심을 발휘케 함.
3) 고유 문화를 순화 앙양하고, 과학 기술의 독창적 창의로써 인류 문화에 공헌을 기함.
4) 국민 체위의 향상을 도모하여, 견인불발의 기백을 함양케 함.
5) 숭고한 예술의 감상, 창작성을 고조하여 순후 원만한 인격을 양성함.

홍익인간의 건국 이상이 민주국가의 공민을 양성하는 것이라고 하였음에도 불구하고 민주주의의 가장 중요한 내용인 '국민의 권리' 라든지 '정치에의 참여', '자유와 평등' 은 보이지 않는다. 더구나 '실천궁행과 근로역작의 정신', '충실한 책임감과 상호 애조의 공덕심', '국민 체위의 향상', '견인불발의 기백' 은 일제가 강조하던 '근로에 의해 국가에 봉사' 하는 '황국 노무자', '인고단련', '충량한 황국 신민 육성', '건전한 신체 발달', '견인지구' 를 연상시킨다宮田節子 1997. 다음은 홍익인간 이념이 탄생한 것과 관련하여 쓰여진 글이다.

> 일본 제국주의의 잔존 세력은 교육계에 뿌리 깊이 박혀 있다. 봉건사상에서 발생된 신비주의적 천황 숭배사상을 어린 국민학교 아동에게 주입하고자 허둥지둥하던 그네들! 그러나 정의의 날은 드디어 왔다. 자유와 해방! … 완전 독립 국가 대조선 국민으로서의 자금自矜속에 자유롭고 씩씩한 국민을 길러내는 교육에 용단구입勇斷求入할 뿐이다. 교육 순국 열성과 적성赤誠의 누적된 위대한 이념. 힘차게 나가자. 순국 정신으로 … 교육 이념은 확립되었다. "홍익인간의 대정신"에 침투할 수 있는 민족 … 이 신비한 교육 이념 달성의 기반은 완전 독립 자주적 민주국가라는 자유 이념하에서만 있을 것이다. … 교육은 … 자유 실현이어야 한다. 즉 자연적 개인적 자유가 아니고 초개인적 자유, 자연의 이성화적 자유다. 따라서 이 뜻의 자유 교육은 그 효과가 인격 교육, 문화 교육, 개성 교육, 창조 교육, 자학자치自學自治의 교육이다 강문조 1946.

이 역시 일본 제국주의의 잔존 세력을 비판하고 자유와 해방을 강조하였지만, '순국 정신', '신비한 교육 이념', '초개인적 자유' 등의 개념은 아무리 생각해도 서구식 자유민주주의적 개념이라 보기 어렵다. 오히려 일제가 조선인의 전쟁 참여를 독려하면서 강조하던 내용과 유사하다.

홍익인간 이념은 백낙준이 제안한 것으로 『제왕운기』, 『삼국유사』의 내용에서 하늘환인의 서자인 환웅이 세계를 이롭게 하려고 한다는 구절에서 따왔다. 이에 대해 백남운은 일제의 팔굉일우八紘一宇■를 연상한다

하여 비판하였고, 많은 사람들이 탐탁해 하지 않았다고 한다. 오천석에 의하면 당시 "'홍익인간' 이라는 말에 대하여 상당히 비판적인 논의"가 일어났는데 그 이유는 "이것이 과학적으로 증명할 수 없는 고기古記에서 나온 말이므로 신화에 가까운 비과학적인 것이라는 것이었고, 일본인들이 과거에 즐겨 쓰던 '팔굉일우' 라는 말과 비슷한 냄새를 피운다는 것" 이었다오천석 1964; 오욱화, 최정실 1993. 백낙준은 당시의 상황에 대해 "내가 생각이 나서 '홍익인간' 이라는 것을 우리 교육의 이념으로 정하자고 했던 것"인데 "이것이 분과위원회에서 결정이 되어서 밖으로 나갈 때에 어느 정도의 반대가 있었던 것"으로 "그 중 이 문제에 가장 반대하던 사람은 북한에 간 백남운 씨"였다고 하였다백낙준 1977; 김용일 1999.

일제에 협력한 자들이 해방 후 민족주의를 부르짖으며 그 뒤에 숨는 것은 드문 일이 아니었다. 그들은 변화된 현실에 살아남아야 했고, 그러기 위해 개혁적이고 비판적인 이미지를 내세워야 했다. 또 민족성을 강하게 드러냄으로써 미군정에 휘둘리지 않는 모습을 보여 그것으로 면죄부를 삼고자 했을 것이다.■■ 그러자면 미군정의 민주주의 일색을 비

■ 팔방을 덮어 집으로 삼는다는 뜻으로, 온 세상이 한 가족이란 의미를 가진다. 이 개념은 대동아전쟁을 정당화하는 이데올로기로 기능하였다.

■■ 이 같은 행위에 대해 '교육의 상대적 자율성 이론' 도 등장하였다. 이길상은 이에 대해 다음과 같이 평한다. "즉 미군정하에서 비정치적 영역이었던 교육은 미군정의 직접적 관심에서 비교적 멀리 있음으로써 상대적 자율성을 한국인 교육자들이 확보할 수 있었다는

판하면서 과거 자신의 친일 행적을 들추어내는 이념이 아닌 무엇인가를 찾아야 했을 테고, 고대 신화는 아주 좋은 피난처가 된다. 이는 과거에서 이상 사회를 보았다는 점에서 수구적이라고 할 수 있다. 사실 '홍익인간'은 문화와 정치를 분리함으로써 탈정치화에 기여할 수 있는 이념이다. 심지연은 "중간–우익 진영은 홍익인간의 이념을 중시하여 이를 교육의 지표로 삼고, 문화를 정치적인 면과 분리하여 다루고 있는 데 반해, 좌익 진영은 홍익인간에 대해서는 전혀 언급을 하지 않고 봉건 유제와 일제 잔재의 숙청에서 교육과 문화 정책의 기초를 확립하려 했다."고 하면서 교육 이념 면에서 차이점을 강조하고 있다심지연 1989; 김용일 1999.

사실 홍익인간의 이념 자체는 문제가 되지 않을 수 있다. 그러나 문제는 가까운 역사인 3.1운동과 같은 민주적, 민족적 운동에서 이념을 끌어오지 않고 왜 굳이 멀리 근거가 희박한 단군신화까지 갔어야 하는가이다. 더 큰 문제는 그러한 한국의 교육 이념을 설정하는 사람들이 일제 협력자였다는 것이다. 그들은 해방 직전까지 홍익인간과 흡사한 신비한 용어를 사용하며 일제의 대동아전쟁을 찬양하고 자유민주주의를 비판하였다. 백낙준은 1941년 12월 "미 · 영 타도 좌담회"에 참석하여 "대동아

주장이다. 이는 미군정하에서 양적 측면의 교육의 성장이나 형식적 측면의 교육 민주화 성과를 스스로의 노력의 결과로 귀결지으려는 친군정 교육 인사들의 자료와 정보 독점이 가져온 현상이었다."(이길상 2002)

전쟁의 숭고함”을 외쳤고, 당시 같이 활동한 김성수, 김활란 역시 대학 총장으로 교육계를 지배하였으나 마찬가지로 일제 협력자였다. 따라서 일제 협력자의 생각에서 나온 ‘홍익인간’ 개념은 『삼국유사』의 ‘홍익인간’ 의 본래 뜻과 다른 배경을 갖는 것이다.

홍익인간 이념에 대한 비판은 미군정관들에게서도 나왔다. “교육 이념의 모호성과 미국식 민주주의와 배치되는 민족적 색채가 있다.”는 것이다. 이에 대해 백낙준은 “홍익인간이라는 사상은 만인을 이롭게 한다는 매우 인도주의적인 사상”이라고 하면서, “영어로 ‘Maximum Service to Humanity’ 라고 번역”하기도 하였다김용일 1999. 홍익인간은 민족주의 사상으로 미국식 듀이의 민주주의와는 반대되는 성격을 가진 것으로 생각할 수 있으나 사실상 정책 주도 세력은 홍익인간이 민주주의나 듀이의 사상과 일치한다고 보았다. 또 홍익인간 이념과 미국식 민주주의 이념은 반공적이라는 점에서 공통점이 있었다. 유형진은 홍익인간과 미국의 실용주의 교육 철학 간의 관계에 대해, 홍익인간은 ‘근본 철학’ 이고 “이러한 기본적인 철학 밑에서 듀이의 교육적 배경인 실용주의 철학이 한국 교육에 영향을 주기 시작하여 한국 학교의 지도자들은 실용주의 철학이 민주주의 교육을 위한 가장 알맞은 모형이 된다고 생각하게 되었다.”고 주장한다김동구 1995. 따라서 미국식 실용주의와 홍익인간 이념은 내용적으로도 상호 충돌하는 것이 아닌 상호 보완 관계였다는 것을 알 수 있다. 안호상은 홍익인간 이념을 옹호하면서 민주주의 교육 철학의 핵심은 인간을 크게 유익하게 하는 데 있다고 주장한다. 또 그는 "북에는 로서아주의, 남에는 미국주의를 우리의 머리에 먹이고" 있다고 하면서 "그런 결과 38 이남 · 이북을 통하여 민족정신은 왜놈 시대보다 더 한층 파괴되고" 있다고 하였다. 따라서 이러한 상황에서 우리 교육이 나아갈 길은 민족적인 것이라고 하며, 그것은 인간을 중심으로 삼는 인간주의-홍익인간, 즉 사람주의로서 이는 동서고금의 불변의 진리라고 주장하였다 안호상 1946; 손인수 1990. 이는 사람 중심의 북한 주체사상을 연상시킨다. 주체사상은 인본주의 중 사람의 주체성을 강조하는 것이 어떻게 민족주의로 연결되는지를 보여준다 하겠다.

안호상은 비미국파인 민주교육연구회를 주도적으로 결성하였으나 "민주주의라는 용어가 지나치게 강조되고 남용되어 설득력을 잃게 되었을 뿐 아니라 일률적인 미국식 지향의 풍토에 대한 저항적 성격을 반영" 하여 1946년 조선교육연구회로 개칭하였다 오욱환 · 최정실 1993. 안호상은 문교부장관 취임 후인 1948년 10월, 교원을 상대로 한 연설에서 다음과 같이 민족주의를 앞세움으로써 미군정관들을 자극하기도 하였다.

> 신라가 망한 것은 교육에서 민족주의를 무시했기 때문입니다. 민주주의는 좋은 것이고, 우리의 교육은 민주주의 토대 위에 세워져야 합니다. 그러나 이 같은 민주주의도 확고한 민족주의의 바탕 위에 세워져야 합니다. 한국인들이 민주주의라는 허울 아래 자기 앞의 모든 것을 맹목적으로 추종하는 것은 큰 잘못입니다.

따라서 민주주의를 받아들일 때에는 선별을 잘 해야 합니다*Activities of the American Advisory Staff Since the Advent of the New Korean Government*; 김용일 1999.

그러나 김용일에 의하면 이 같은 사실을 근거로 조선교육연구회를 친미적 성향의 정책 주도 세력에 대한 저항 세력으로 파악하는 것은 과장된 해석이다. 조선교육연구회가 추진한 사업에서 페스탈로치Johann H.Pestalozzi를 소개한 것을 제외하면, 정책 주도 세력이 미국식 민주주의 교육을 수입·전파하는 활동에 앞장섰던 것과 유사한 행태를 보이고 있다는 것이다김용일 1999. 안호상은 이후 '일민주의'를 주장함으로써 이승만 독재 정권 합리화에 기여하였으며, 오천석은 이를 스파르타식 훈련이라고 혹평하였다.

:이승만 정권의 일민주의

이승만은 1945년 10월 17일 한국에 오자마자 '먼저 한데 뭉쳐야 할 것'을 강조하면서 초당파성을 주장한다. 그의 초당파성은 미군정 시기에는 우익과 반공 세력의 단결을, 정부 수립 후에는 자신으로의 강력한 권력 집중을 의미한 것이다. 이승만은 정당무용론을 제창하면서 자신이야말로 당파를 초월한 유일한 범국민적 지도자임을 부각시켰다손봉숙 1987. 그는 이를 위해 '민족적 민주주의'라는 이념을 제시하였다. 1948년

9월 30일 국회에서 행한 시정 방침 연설에서 그는 "대한민국은 신생 자주 독립의 민족적 민주주의 국가로 탄생하였다."고 하고 민족적 민주주의 국가란 단일 민족 국가로서 어떠한 개인이나 집단적 특권은 허용되지 않으며 만민이 균등한 국가를 지향한다고 하였다김혜수 1995.

초당파성을 주장하던 그는 재선을 위해서는 정당의 지지가 필요하다고 인식하여 1951년 신당의 필요성을 역설하면서 새 정당은 일민주의의 토대 위에서 노동자, 농민을 중심으로 하는 전국적인 규모의 대중 정당이어야 함을 천명하였다권영설 2000. 일민주의 역시 민족적 민주주의로 해석되었다. 그는 한국 민족을 '일민'으로 보았고 "나뉘어지는 데서 죽고 일一에서 산다."고 하여 민족적 민주주의, 즉 일민주의를 국시로 제창하였다김혜수 1995. 이승만은 『일민주의 개술』에서 "하나가 미처 되지 못한 바 있으면 하나를 만들어야 하고, 하나를 만드는 데에 장애가 있으면 이를 제거하여야 한다."고 하였다. 이는 반대와 차이를 용납하지 않는 무시무시한 발언이라고 할 수 있는데, 이를 증명하듯 조봉암, 신익희, 김구, 조병옥 등 이승만의 모든 경쟁자는 제거되었다. 그는 "우리 민족은 하나"라고 하면서 "국토도 하나요, 정신도 하나요, 생활에도 하나요, 대우에도 하나요, 정치상 문화상 무엇에고 하나"라고 하였다서중석 2005. "한 백성인 국민을 만들어 민주주의의 토대를 마련하고 공산주의에 대항한다."는 것이다손호철 · 김윤철 2003. 이는 또 의회민주주의나 정당주의를 부정한다는 자신의 기본 생각을 다시 한 번 강조한 것이다. "정당이라는 조직만 중요시해서 각종 명의로 단체를 조직"하는 것을 비판하고, "우리는 정당주의를 아직 정지하고 이 주의만을 발전"시키자는 것이다 서중석 2005.

일민주의의 실현 주체로서 어느 정당이나 단체는 불가능하다고 하여 전 국민에 의한 국민 운동으로 추진하기 위해 국민회, 청년단, 부녀회 등을 전국 방방곡곡에 설립하고 확대하여야 한다고 하였다. 이때 모든 단체의 총재는 전부 이승만이었다. 심지어 대한노총, 대한농총, 대한어민회, 대한체육회, 대한소년단 중앙본부, 대한참전전우회의 대표도 이승만이 맡았다. 단 부녀회는 예외였는데 그마저도 영부인인 프란체스카가 회장을 맡았다. 대한청년단이 일민주의 이념하에 단일 청년 조직체가 되었고, 중앙학도호국단이 결성되었다 김혜수 1995. 국민회는 18세 이상 모든 남녀에게 가입 의무가 있었으며 회비도 강제로 내야 했다. 따라서 사회 전체가 한 사람을 정점으로 복종하도록 조직되었다고 할 수 있다. 이러한 국민 운동은 정부의 지도하에 이루어져야 하는 것으로 약간의 국가주의 사상의 개입은 불가피하다고 보았다. 이는 마치 일제 강점기의 총동원령과 흡사하며, 전체주의적이라 할 수 있다. 일민주의는 결코 당의 강령이 아니고 민족과 국가의 강령이기 때문에 일민주의 정당으로서의 일당 독재란 있을 수 없다는 논리 역시 일제 강점기의 논리와 흡사하다.▪

일민주의의 사상적 근원은 단군신화와 화랑도라 하여, 단군의 홍익인간에서 화랑의 중의경사로 이어진 건국과 통일의 맥을 이승만이 이었다고 주장하였다 김혜수 1995. 이는 이승만을 신화화한 것으로, 이 역시 일제의 천황을 신격화한 것과 흡사하다. 더 나아가 일제의 멸사봉공 정신을 닮은 내용도 주장되고 있다. 화랑의 중의경사, 즉 "의리를 무겁게 죽음을 가볍게" 여기는 사상은 홍익인간 사상과 같다고 보았다. "우리는 오늘날 한 백성이요, 한겨레인 일민을 만들기 위하여 제 생명과 가족과 또 재산을 다 바치고 있다. '백성 혹은 민족 위해 제 몸 바치는' 곧 살신위민이라는 이 일민주의 정신이" 곧 단군의 홍익인간, 화랑의 중의경사와 같은 줄기의 사상이라는 것이다안호상 1956. 이러한 살신의 정신은 북한 주체사상의 '사회 정치적 생명체론'을 연상시키기도 한다. 이범석은 "확고한 애국심을 견지하여 회색적이고 투기적인 구차한 생명관을 포기함으로써 민족의 영원한 생명을 삼고 자아를 희생하는 정신을 더욱 고지"할 것을 촉구하였다서중석 2005.

현재 우리의 헌법 전문은 대한국민이 3.1운동과 4.19 민주 이념을 계승하였음을 밝히고 있다. 이렇게 국민이 따라야 할 이념을 근대적인 것에서 찾지 않고 자꾸 고대 신화에서 찾으려는 것은 마치 현대 이탈리아가 로마 늑대의 후손에서 그 정신을 찾으려는 것과 같다고 할 수 있다.

■ 일제는 다음과 같이 주장하였다. "정당은 그 본질 중에 개별적 분화적인 부분의 이익, 입장을 대표하는 성질을 감추고 있다. … 국민 조직의 운동은 이런 자유주의를 전제로 한 분립적 정당 정치를 고치자는 운동이고 그 본질은 언제까지든지 거국적 전체적 공적인 것이다. 그것은 국민의 총력을 한데 모아 촉진시키는 것을 목적이라 한 것으로 따라서 그 활동 분야는 국민의 전 생활 영역에 미치는 것이다."(內閣情報部 1940)

그런데 이들이 그럴 수밖에 없었던 것은 3.1 운동의 정신을 내세울 경우 친일파 처단의 과제가 부여되기 때문이라고 할 수 있다.

앞서 홍익인간 이념이 갖는 문제는 이미 언급하였다. 또 이승만이 그 맥을 이었다는 화랑정신은 이승만 정권 시기부터 부각된 것이다. 신복룡에 의하면 한국전쟁이 일어나자 이승만은 청년의 우국심이 필요하다고 생각하고 육군본부 정훈감이자 조선학도의용대의 총지휘자였던 이선근 대령에게 한국사에서 청년 문화의 유산을 발굴하라고 지시하였다. 이에 따라 그가 『화랑도연구』1954를 출판하자 화랑이 하루아침에 위대한 역사적 유산으로 부상하게 되었다는 것이다신복룡 2001.■

일민주의는 인종주의적 성격마저도 갖고 있다. 즉 '순수한 피'와 '한 핏줄'이라는 것이 강조되었다. 이범석은 "우리는 민족 지상의 명령으로 그 피의 결합을 요구"한다고 하였다. 또 독일의 히틀러가 순수한 피를 강조하는 운동을 일으킨 일이 있었는데 이는 독일의 역사 배경으로 보면 사실상 되지 못할 것이긴 하였으나 "현실적으로 유태인을 배척함으로써 민족적 결속에는 심대한 효과가 있었던 것"이라고 하면서, "이 하나의 산 실례만 가지고서도 피의 순결이라는 것이 얼마나 존귀한 것이며 중요한 것인가를" 깨달아야 한다고 주장하였다. "족속과 족속과의 투쟁

■ 그러나 화랑의 정신은 이전에 신채호에 의해 긍정적으로 해석되기도 하였다.(신복룡 2001)

에 있어서 우승한 족속은 생성 발전하였고, 열패한 족속은 전락 쇠멸하였다."고도 하여 사회진화론적 사고도 드러냈다.

> 이것이 곧 끊으랴 하여도 끊을 수 없는 민족이라는 유대요, 이것이야말로 자연이 엄숙히 명령하는 혈통의 작용입니다. 피! 父子의 피! 골혈의 피! 민족의 피! 이 피야말로 모든 문제의 시초요 결말입니다. 우리 조선민족청년단의 사업은 이 피에 대한 연구 분석 종합, 이 피의 조직 재생 배양 그리고 활약 무한한 활력을 기르는 데 있습니다 서중석 2005.

따라서 '피'의 연결을 이해하는 것이 중요한 것이었고, 국가의 질서와 조직은 가정에 있어서의 부모와 형제 같은 도의적인 질서이고 조직이라고 하였다 김혜수 1995.

일민주의는 "사람과 백성을 제일로 아는 주의" 안호상 1956라 하여 주체사상의 원리와 흡사한 내용을 가졌다. 이후 박정희의 통치 원리 역시 주체사상과 유사한 측면이 많았다. 이는 남북한이 사회주의, 민주주의를 벗어나 독재를 하면서 민족을 강조한 결과라고 여겨진다. 이렇듯 남북한은 상호 경쟁하면서 서로 닮아가는 체제였던 것이다.

무엇보다도 수령론을 연상시키는 내용이 일민주의에 포함되어 있다. 이범석은 "일민주의는 영명하신 우리의 지도자 이대통령 각하께서 그의 혁명 투쟁을 통하여 체험하신 민족의 부활과 조국의 광복을 찾기 위한 이론과 실천의 양면을 체계화한 철리적 민주 원론"이라고 단언하였다. 안호상 역시 일민주의는 대한민국의 국시요, 우리 민족의 지도 원리라고 공언하였다서중석 2005. "위대한 수령 김일성 동지께서 창시하시고 발전시켜 오신 주체사상"이 오히려 소박하게 느껴질 정도이다. 이범석은 이승만이 "삼천만의 국부이시며 영명고매하신 민족의 지도자"로서 "어두운 밤의 등탑이 되시었으며 넓은 바다의 나침반이 되시"어 "삼천만의 동포는 오늘 모두 각하의 눈앞에 서기 충만하고 각하의 무릎 앞에서 노래하고 춤추며 이날을 경축"한다고 하였다. 또 이재학은 이승만이 "삼천만이 경앙하는 절세의 애국자이시며 민족의 태양"이라고 하였고, 양우정은 이승만이 한민족 삼천만을 인도하는 별일 뿐 아니라 전 세계 17억 5천만의 인류에게 새로운 희망을 지시하는 거대한 태양이라고 경쟁적으로 찬양하였다서중석 2005.

일민주의는 지도자와 신종자로 구성되어 있다. 안호상은 결국 대한민국은 한 사람의 위대한 지도자에 의하여 통치되지 않으면 안 될 것이며, 이 한 사람의 지도자는 현 대통령이라는 것이다. 즉 일민주의 창도자인 이대통령을 받드는 수밖에 도리가 없고, 자유당은 일민주의를 기본이념으로 하는 만큼 이대통령의 절대적인 지도권을 확립하고 보장하지 않으면 안 될 것이라고 하였다서중석 2005.

이범석은 "우리는 왜 영도자를 옹호하여야 하는가?"라는 질문에 "그것은 오직 국가를 사랑하기 때문"인데, "그러고자 함에는 반드시 한 사람의 중심인물이 있어 단결하고 영도하는 데서만이 가능할 것"이라고 하였다. 그렇게 했는데도 불구하고 나라에 우환이 생긴다면 그 이유는 국민 때문이라고 하였다. 정성이 부족하다는 것이다.

이처럼 영명한 영도자가 있고도 국가에 우환이 있다면 이는 영도자를 받드는 국민의 정성이 부족한 것으로밖에 볼 수 없다. 그러면 우리는 어떻게 영도자를 옹호하여야 하는가? 입으로만이 아니다. 진심 성의로써 받들어 명령을 준봉 실현함에 조그마한 사념도 주저도 있어서는 안 될 것이다 "영도자와 국민" 이범석; 서중석 2005.

윤치영도 "이렇게 위대한 지도자 아래 이와 같은 민족이 나라를 이룩하지 못한다면 이 세계는 멸망할 것"이라고 하였다 서중석 2005.

이렇듯 이승만을 지도자로, 국민을 신종자로 파악한 일민주의는 국민을 신종자로조차도 대우하지 않았다. 한국전쟁 때는 국민에게 안심하라고 하고는 이승만 자신은 대전으로 피신하고 한강교를 끊어 많은 사람들을 희생시켰다. 뿐만 아니라 다리가 끊겨 피난 못한 사람들을 부역자로 처벌하였다. 젊은이들은 국민방위군으로 모집되어 수만 명이 동사, 아사하였으며, 거창과 산청에서 수백 명이 학살되었는데 대부분이 부녀자, 어린이, 노약자였다. 고창, 함양에서도 비슷한 규모의 학살이 있었다. 이러한 이승만에 대해서는 미국조차도 비판했을 정도이다. 그러나 그의 강한 반공 의식, 친미적 태도로 인해 미국은 대안을 찾지 않았다.

만일 내가 한국을 희생시킴으로써 미국의 지위를 강화시킬 수만 있다면 나는 그렇게 할 것이오. 왜냐하면 미국이 국가 간에 지도적 위치를 확보하고 있는 한, 한국은 언젠가는 다시 살아날 수가 있기 때문이요. 그러나 만일 미국의 영향력이 쇠퇴한다면 자유 세계는 희망이 없을 것이요『이승만 비록』 올리버; 서중석 2005.

일민주의는 교육에서도 강조되었다. 이승만이 1641명의 교사를 불온교사로 몰아 교단에서 추방하면서 시작된 이승만 정부의 문교시책은 문교장관 안호상의 일민주의 교육론으로 수렴되었다. 소위 '민주주의 민족 교육'이라고 불렸던 이 교육론은 외견상 미국식이 아닌 우리식 민주주의 교육을 하자고 하는 것으로 보였으나, 일민주의 이름 아래 학도호국단을 창설하고 이들에게 군대식 복장을 착용케 하여 '우리의 맹세'를 외우게 하는 등 어느 모로 보나 일제 강점기 말기 파시즘 교육의 부활에 지나지 않는 것이었다이인규 1990. 안호상은 다음과 같이 일민주의를 설명하고 있다.

일민주의는 우리 민족 교육의 맨 끝이다. 대한의 민족 국가는 대한의 일민족 국가로서 곧 대한민국이며 또 이 민국이 선 뒤로부터 우리는 민족 교육을 실시하였다. 우리의 민족 교육이 과거와 현재의 모든 나라들의 그것과 본질적으로 다른 까닭에 민주적 민족 교육이라 하였는데, 그것이 곧 일민주의적 혹은 일민의 민족 교육이다안호상 1950; 김용일 1999.

안호상은 일민주의 교육을 '민주적 민족 교육'으로 규정하면서 교육 목적을 1) 의리의 사람을 만드는 교육 2) 기술의 사람을 만드는 교육 3) 용기의 사람을 만드는 교육으로 내세우고 있다안호상 1950; 김용일 1999. 일본 제국주의의 이상적 인간이 이성적 인간이 아닌 실용적 인간, 용기와 애국심을 가진 인간이었다는 점을 놓고 볼 때, 이 역시 내용적으로 일제의 연장선상에 있다고 하겠다. 또 김용일에 의하면 일민주의는 정치적인 측면에서 자본주의를 근본적으로 비판하고 있기는 하지만, 반공 이념에서는 군정 당국이나 정책 주도 세력과 입장을 같이 하고 있었다. 즉 "우리 최대의 적이요, 세계에 공통된 적인 공산당파를 박멸하려면 우리는 일체의 지방열과 파당심을 버리고 서로 함께 뭉쳐 한겨레, 곧 일민의 정신만을 가져야 한다."는 입장을 표명하고 있다양우정 1949; 김용일 1999.

해방 직후부터 건국에 이르기까지 많은 장애가 있었던 것은 무비판적으로 미국의 민주주의를 요란히 떠들었기 때문이라고 하면서, 공산세력조차도 민주주의에 '진보적'이라는 관용구를 씌워 사용하고 있어서 민주주의에 대한 혼란이 극심하다고 보았다. 특히 공산주의와 사상전을 하기 위해서는 이 광범하고 막연한 민주주의만으로는 강력히 싸우기 어렵다는 것이다. 따라서 새로운 이론과 주의가 필요한데, 이것이 바로 일민주의적 민주주의라는 것이다김혜수 1995.

일민주의적 민주주의는 자본주의적 민주주의 및 공산주의적 민주주의와 구별된 제3의 체제로 파악되고 있다. 근대적 자유민주주의는 자본주의적 민주주의로서 이는 돈에 의한 자유와 착취의 이론 위에서 성립되었으며, 공산주의적 민주주의는 계급 지배와 굴종의 이론 위에서 성립되었다는 것이다김혜수 1995. 따라서 두 가지 민주주의는 다 같이 계급적이고 당파적이므로 불완전한 것으로, "참된 완전한 민주주의"는 "일민주의적 민주주의"라는 것이다안호상 1956.

> 우리는 한 사람만이 자유롭거나 또는 몇 사람만이 자유로움이 아니라 모든 사람들이 한결같이 다 자유스럽기를 바라며 노력한다. 부르주아의 자유만이 아니라 프롤레타리아의 자유도 귀하며 또 프롤레타리아의 자유만이 아니라 부르주아의 자유도 중히 여겨주어야 한다. … 자유는 언제나 오직 하나일 뿐이다. 우리는 한 사람만도 한 당파만도 또 한 계급만이 아니라, 오직 한 백성을 주로 하는 까닭에 한 사람, 한 당파, 한 계급 등의 부분적 자유가 아니라, 도리어 한 백성의 온통의 자유가 그 주목적이다안호상 1956.

이러한 일민주의가 사라진 것에 대해서는 몇 가지 이유가 제시되고 있다. 첫 번째는 일민주의는 국가주의 지배 담론으로서 분명한 '자기 체계'를 갖추고 있었던 것도 아니었으며, 국가의 노골적인 억압성만을 동원함으로써 만족할 만한 지배 효과를 거두지도 못하였다는 것이다. 이는 일민주의 담론의 지속성에서도 그렇고, 여타 지배 담론의 정치에 있어서도 별다른 레퍼토리를 제공해주지 못한 데서도 확인할 수 있다는 것이다

손호철 · 김윤철 2003. 두 번째로 이승만이 안정적인 정권을 유지하게 됨으로써 확고한 권력 장악이 더 이상 불필요해져 일민주의가 사라졌다는 설명이 있다. 즉 일민주의는 1952년 부산 정치 파동 이후 안정적인 정권을 유지하게 되자 효용 가치가 없어지면서 사라졌다. 그리고 이후에는 반공만이 강조되었다 김혜수 1995.

이승만 정권 후반기에 민주주의가 담론에서 배제되고 반대 세력의 대항 담론으로 전유되자 이에 대한 대응으로 '한국식 민주주의'가 제시되었다.■ "오늘의 한국에는 한국식 민주주의의 특수 생태"가 있다는 것이다. "이대통령의 반공 독립 노선과 민주주의 민족 국가 창건의 기본 정신에 의해 정치적 안정"을 이루려면 "법질서 및 정부의 조직 체계에 대한 존중 등이 필요"하지만 "민주 창달을 위해 대통령 중심제를 통한 국내 정국의 안정"이 절대 필요하므로 "국회가 민중의 뜻에 반응하지 못할 때는 민중이 들고 일어나야 한다."는 것이다 손호철 · 김윤철, 2003. 그러나 이승만의 의도와는 반대로 민중은 이승만을 물리치기 위해 일어났으며, 그것이 4.19 혁명이다. 이후 이렇게 수식어가 붙는 민주주의는 박정희 정권에도 지속되어 민주주의 본래 의미를 변질시키고 국가주의를 미화하였다.

■ 야당이 1956년 "민권이 없으면 국권도 없다."고 하자, 이승만은 "국권이 위태로운 경우에 민권만의 주장이 존재할 수 없으며 국권이 확립됨으로써 민권이 보장될 수 있다."고 하였다.(손호철 · 김윤철 2003)

:박정희 정권의 '수식어 민주주의'

민주주의보다 능률과 경제를, 민주주의보다 민족과 국가를 앞세움으로써 자신의 독재를 정당화한 박정희는 민주주의에 여러 가지 수식어를 붙여 사실상 변질된 민주주의의 내용을 홍보하고 교육시켰다. 5.16 쿠데타 직후에는 '행정적 민주주의'를, 1960년대 중반에는 '민족적 민주주의'를, 유신과 더불어 '한국적 민주주의'를 주창하였다김용호 1991. 이것들은 사실상 민주주의가 아니라 국가주의의 다른 표현이었다. 따라서 이러한 왜곡된 민주주의의 제시와 이를 통한 독재의 정당화는 많은 비판을 불러일으켰다.

우선 그의 행정적 민주주의를 살펴보면, 1962년 3월 발간된『우리 민족의 나아갈 길』에서 '행정적 민주주의'를 "국민들이 스스로를 다스려 나가는 힘을 길러 올바른 사회를 이룩하기 위한 임시 정책으로 행정적 방법을 사용한다."는 이유로 주장하였으며 "능률 있는 정치"라는 구호로 정당화하였다조현연 2003.

… 그러기에 나는 혁명 기간에 우리가 지향하는 민주주의는 서구적인 민주주의가 아닌, 즉 우리의 사회적, 정치적 현실에 알맞은 민주주의를 해 나가야만 된다고 생각한다. 바로 이러한 민주주의가 다름 아닌 '행정적 민주주의'라고 할 수 있다. 우리들이 기왕의 부패를 일소하고 국민들의 자치 능력을 강화하여 사회 정

의를 구현하는 것이 당면한 목표라면 그 방법으로서 민주주의를 정치적으로 당장 달성할 것이 아니라 어디까지나 과도기적인 단계에 있어서는 행정적으로 구현해야 될 것이요, 그 방법으로서 민주주의를 '위에서' 내리 닥치는 민주주의가 아니라 어디까지나 '아래서' 올라오는 민주주의, 아래서 깨달은 민주주의, 국민 스스로가 자기의 과거의 타성을 바로잡고 새로이 출발하여 발전하는 민주주의가 되어야 하기 때문이다박정희 1962; 김용호 1991.

교과서 역시 현대의 민주주의는 행정 국가적 경향을 가진다고 서술하고 있다. 즉 "현대 국가에서는 국가의 기능이 확대됨"에 따라 "행정부의 역할이 매우 중요한 위치를 차지하게 되고" "그 결과 법률을 제정하는 경우에도 국회의원보다는 행정부에 의하여 추진되고 있다."는 것이다. "20세기의 국가를 행정 국가라고도 한다."고 하면서 "이러한 행정 국가적 경향은 고전적 권력 분립 제도를 근본적으로 변질시켜 권력 통합화를 촉진시킨다."고 설명하고 있다박철호 1974.

유신헌법으로 채택된 전무후무한 절대적 대통령 중심제에 대해서는 "대한민국 수립 후 이때까지 고전적 대통령제와 의원내각제 사이를 방황하던 종래의 정부 형태를 청산하고, 대담한 절대적 대통령 중심제의 정부 형태를 채택"하였다고 하고, 이러한 "절대적 대통령 중심제는 프랑스 제5공화국 헌법, 이른바 드골헌법상의 대통령의 지위와 비슷하다."고 보았다. 즉 국회를 마음대로 해산할 수 있고 대법원장도 마음대로 임명할 수 있어서 "3부에 실질적인 영향력을 구사할 수 있는 지위"에 있는데, "이와 같은 체제를 채택하고 있는 프랑스의 대통령을 뢰벤슈타인Karl Lowenstein은 '공화제적 군주'라고 말한 바 있거니와, 이러한 절대적 대통령 중심제는 대통령제나 의원내각제와는 근본적으로 다른 특이한 제도이다."라고 설명하고 있다박철호 1974. 이러한 설명은 행간을 통해 절대적 대통령제를 비판하고 있다는 느낌도 준다. 다음과 같은 구절도 그러한 느낌을 준다.

> 민주 공화국 헌법은 대체적으로 국가 기관을 규정할 때, 국민 대표 기관인 국회를 먼저 규정하고, 다음에 정부 및 법원의 순으로 규정하고 있음이 통례인데, 우리 새 헌법은 국가 기관에 관한 규정 중 제1 앞 제3장에 통일주체국민회의를 정상 기관으로 규정하고, 그 다음에 대통령을 제4장에, 정부를 제5장에, 국회를 6장에, 법원을 7장에 규정하고 있다. 이것은 물론 우리나라의 권력 구조가 절대적 대통령 중심제라는 것을 단적으로 나타내고 있는 것이다박철호 1974.

이러한 박정희에 대해 윤보선은 "그 사람은 이질적 민주주의를 하는 사람이다."라고 지적하고 "그의 행정적 민주주의라는 것도 애매할뿐더러 군사 파쇼의 색채마저 없지 않은 사람이기 때문에 나온 말이었다."고 회고하고 있다윤보선 1991. 또 유신헌법에 대해서는 '전제 군주 제도를 방불케 하는' '독재법'이라고 비판하였다.

행정권의 수반인 대통령이 대법원장 이하 모든 법관에 대한 임명권을 장악함으로써 사법부를 지배할 수 있게 했고 국회 해산권을 가지지만 국회의 불신임 대상은 되지 않는다고 규정했다. 말하자면 민주주의의 기본인 3권 분립을 정면으로 부정한 것이었다윤보선 1991.

박정희의 행정적 민주주의와 이에 대한 윤보선의 비판에 대해 〈사상계〉는 1963년 11월 「자주 · 사대 논쟁의 저변」이라는 글을 통하여, 이것이 매카시적 사상 논쟁으로 흐른 것에 유감을 표명하면서 윤보선 측은 민주주의는 오로지 자유민주주의임을 주장하고, 박정희는 민주주의 개념을 보다 가변적이고 동태적인 면에서 파악하려고 하는 것으로 보았다. 또 〈사상계〉는, 민주주의는 어원적으로 볼 때 권력이 인민에 의하여 소유될 뿐 아니라 행사되는 것까지를 의미하는 것이라고 설명하고, 근대에 민주주의가 과격파나 폭민의 정치로 기피되었던 역사적 사실이 있음을 지적하였다. 이어 민주주의는 시민층이 출현하면서 비로소 대중적인 지반을 얻게 되었다는 것, 서구에서는 민주주의를 정치적 복지국가의 상으로 연결시키지 않을 수 없었고, 이를 볼 때 민주주의를 동태적 가치 개념으로 파악해야 한다는 것을 주장하였다〈사상계〉 1963.11..

이같이 볼 때 〈사상계〉의 입장은 박정희 집권 초기에는 박정희 정권을 적극적으로 비판하기보다 평가를 유보하고 지켜보았다는 것을 알 수 있으며, 윤보선의 반공주의적 자유민주주의관에 대해서 비판적이었다는 것을 알 수 있다.

1963년 9월 『국가와 혁명과 나』에서는 민족적 민주주의가 새롭게 제시되었는데, 이는 "한국 사람이라는 강력한 민족정신을 가지고, 그 위에 민주주의를 건설하는 것"으로 설명되었다.■ 그의 민족주의에 대한 강조는 거의 종교적 수준에 다다른 것이었으며, 점차 국가주의로 나아갔다.

> 민족과 국가라는 것은, 이것은 영생하는 것입니다. 특히 하나의 민족이라는 것은 영원한 생명체입니다. 따라서 민족의 안태와 번영을 위해서는 그 민족의 후견인으로서 국가가 반드시 있어야 하겠습니다. 국가는 민족의 후견인입니다. 국가 없는 민족의 번영과 발전이라는 것은 있을 수 없는 것입니다〈연두기자회견〉 1973. 1.12; 전인권 2002.

박정희는 심지어 히틀러도 쓸 만한 사람이라고 하였는데, 장준하는

■ 이후 〈월간조선〉은 다음과 같이 박정희의 '민족적 민주주의'를 해석한다. "박대통령은 자유당, 민주당 정권을 조선 시대 문치주의의 부작용으로 만연한 당파와 같은 존재로 규정하였다. 따라서 5·16군사혁명으로 수립된 제3공화국은 무치주의에 바탕을 둔 보다 강력하고 주체적인 국가가 되어야 한다고 생각하였다. 여기서 대두된 것이 민족적 민주주의이다. 민족적 민주주의는 농본주의의 결과인 가난과 문치주의의 결과인 문약(文弱)을 극복하고 자주적이고 개혁적인 국가와 사회를 이룩하자는 슬로건이었다. 만성적인 가난을 극복하기 위하여 농업 대신 상공업을 바탕으로 한 고도성장을, 문약을 극복하고 자주 국방을 성취하기 위하여 중공업을 일으켰다."(〈월간조선〉 1999.4)

이에 대해 "민주주의라는 국민 자치의 원리를 바탕으로 하지 아니한 민족지상주의가 아우슈비츠 수용소의 일대 비극을 가져온 나치스의 광신으로 화하는 것을 경계하자."고 주장하였다. 함석헌 역시 "무조건 뭉쳐라, 복종해라 하는 독재자의 말에 속지" 말라고 하면서 "국민적 성격이 서려면 우리 하나하나가 개성을 가지고 그것을 발휘해야" 하며 "그것이 민주주의"라고 강조하였다 문지영 2002.

박정희의 민족적 민주주의는 학생들의 시위가 한일회담을 계기로 반정부 투쟁으로 나아가면서 1964년 5월 20일, 전면적으로 비판되었다. 그날 시위는 민족적 민주주의에 대한 장례식의 형식으로 진행되었다. 학생들은 선언문에서 "박 정권은 국제 협력이라는 미명 아래 우리 민족의 치 떨리는 원수 일본 제국주의를 수입, 대미 의존적 반신불수인 한국 경제를 2중 예속의 철쇄에 속박하는 것이 조국의 근대화로 가는 첩경이라고 기만하는 반민족적 음모를 획책하고 있다."고 지적하였다 윤보선 1991. 그리고 이날 조사는 당시 서울대 문리대생 김지하가 다음과 같이 썼다.

> 넋 없는 시체여! 반민족적 비민주적 '민족적 민주주의'여, 네 주검의 악취는 사꾸라의 향기가 되어 … 절망과 기아로부터 해방자로 자처하는 소위 혁명 정부가 절망과 기아 속으로 민족을 함멸시키기에 이르도록 한 너의 본질은 과연 무엇이었느냐? … 종잡을 길 없는 막연한 정치 이념, 끝없는 혼란과 무질서와 굴욕적인 사대 근성, 방향 감각과 주체 의식과 지도력의 상실, 이것이 곧 너의 전부다.

민족적 민주주의는 당시 어느 학자가 인도네시아 수카르노 수상의 '교도적 민주주의Guided Democracy'를 모방하여 진상한 구호로 박정희가 지극히 사랑한 표현이었다고 한다. 따라서 민족적 민주주의에 대한 비판은 제3공화국에 대한 체제 전복 기도로 받아들여졌다〈한국일보〉 2003.4.10.

1966년 5월 26일에는 월남 파병이 비판되면서 다시 한 번 민족적 민주주의가 거론되었다. 윤보선은 기자 회견을 통해 "박정희 씨의 민족적 민주주의는 결국 월남전쟁의 청부 행위에 그치고 말았다."고 하면서 "월남 파병이 미국의 뜻을 승인한 것도 아니고 민주주의를 신봉하기 때문인 것도 아닌, 어디까지나 우리 청장년들의 피를 팔아 정권을 유지하고 정치 자금을 마련하기 위한 행동으로밖에 볼 수 없다."고 보았다윤보선 1991.

민족적 민주주의 다음으로는 한국적 민주주의가 유신과 더불어 주창되었다. 한국적 민주주의는 형식적 민주주의도 완전히 벗어버린 유신 독재를 정당화하기 위하여 등장한 것이었다. 교과서에는 다음과 같이 설명되고 있다.

우리는 지금 밖으로는 냉전 체제에서 평화 공존 체제로 급선회하는 국제 정세의 격동기에 처하여 민족의 생존과 번영을 꾀하여야 하고, 안으로는 조국의 평화적 통일을 위한 보다 적극적인 남북 대화를 진행시켜야 할 시점에 서 있으며, 참다운 자유민주주의의 이념 위에 우리에게 알맞은 한국적 민주주의의 정착을 과제로 안고 있다. 따라서 우리는 우리 풍토에 맞는 한국적 민주주의를 이 땅에 뿌리박는 국민적 노력을 다해야 할 것이다박철호 1974.

즉 한국적 민주주의는 자유민주주의의 이념 위에 우리에게 알맞은 민주주의를 정착하기 위한 것으로 제시된다. 이후 문교부는 이 시기의 교육을 '국가주의적'인 것으로 평가하고 있다.

1974년이라고 하는 시기는 1972년에 10월유신이 일어난 2년 뒤로서, 교육에 있어서 국가주의적 경향이 두드러지던 때이었다. '국적 있는 교육'이 강조되어 교육은 한국적인 전통에 뿌리를 두고 민족과 국가에 봉사할 수 있는 인간을 길러내야 한다는 것이 강조되었다. 이러한 배경 아래서, 공민 영역에서도 한국적인 것, 우리만의 특수한 것을 강조하는 방향에서 내용을 구성하게 되었다. 정치 · 경제와 사회 · 문화의 첫 단원에는 '우리나라의 현실과 민족중흥', '우리나라의 현실과 민족의 진로'라는 단원이 각각의 맨 처음에 들어가게 되었는데 이는 학생들에게 우리가 처한 특수한 상황을 이해시키기 위한 것이었다문교부 1989b.

(1974년에) 정치 · 경제는 3가지 목표로 간략화되었다. 그 첫째는 민주주의를 토착화하는 데 이바지하게 하고, 둘째는 법질서를 존중하는 태도를 기르며, 셋째는 경제의 기본 원리를 이해시키는 것이었다. 목표에서 개인의 기본권 존엄성 등 인간 존중에 대한 것은 안 나타나고 정치 · 경제의 문제에 대한 언급이 일체 없는 것은 목표에서도 국가주의적 경향이 강했다는 것을 나타내 주고 있다문교부 1989b.

이러한 한국적 민주주의에 대한 비판도 매우 강했다. 함석헌에 의하면 한국적 민주주의에서 '한국적'이라고 하는 것은 전통적 · 전근대적, 또는 일제 강점기의 국가주의적 성격을 띤다는 것이다. 또 그것은 전 세계 민족이 어렵게 이룩한 보편적 가치인 민주주의를 현재 한국의 비민주적 상황에 맞는 것으로 끌어내린 것이라고 하였다.

> 종의 멍에를 벗은 지 30년인데 아직도 한국적 민주주의니 서구적 민주주의가 무엇입니까? 이름은 한국이라고 하지만 그들이 그 명사 속에 담은 내용은 옛날 '대감', '영감' 하던 때의 꼴이거나 그렇지 않으면 '덴노헤이까' 대일본 제국하던 때의 민중의 꼴입니다『함석헌전집』 8; 문지영 2002.

> 툭하면 그 한국적 민주주의라는 소리 참 듣기 싫습니다. 왜 한국을 세계적으로 끌어올릴 생각은 못하고 세계의 여러 민족이 막대한 희생의 대가를 치르고 얻은 그 민주주의를 한국에까지 끌어내려야 합니까?『함석헌전집』 8; 문지영 2002.

주로 농촌의 생산성 향상 등 잘살기 운동으로 알려져 있는 새마을운동은 "한국적 민주주의의 토착화를 위한 실천도장"으로 제시되었다전재호 1997; 손호철 · 김윤철 2003. 즉 "새마을운동의 특징은 마을 사람들이 모든 면에서 이견백출하는 토론을 거쳐서 만장일치로 결정을 하여 자기의 이익과 아울러 마을의 이익을 일치할 수 있게 하는 데" 있는 것으로, "기초적 민주주의의 발전 과정이라 할 수 있다."는 것이다 매일경제신문사, 1977. 그 호칭을 '이웃 민주주의' 또는 '직접 민주주의' 라고 하면서 "생활 속에서 당면 과제를 해결해 나가는 자치와 협동의 민주적 생활 태도가 우리 사회에 뿌리를 내리고 있다는 사실"을 강조하였다. 1976년 10월 월간 경제동향 보고에서 "농촌의 새마을 지도자 선출"은 "부락민이 전원 일치로 지도자를 추대"함으로써 이루어지는 것으로, 이를 보면 "새마을운동은 한국 민주주의의 실천도장이라는 실감이 난다."고 하였다. 또 이를 신라의 화백 제도에 비유하고 있다 류순달 2001.

새마을운동은 1970년 4월 박정희에 의해 '새마을 가꾸기 운동' 으로 시작한 관 주도의 국민 운동으로 지방 행정기관과 밀착되어 결코 자치적이거나 민주적이라고 보기 어려운 운동이다. 함석헌은 "새마을운동에 대하여 농민의 손에 의하지 않은 농촌 자치란 있을 수 없고, 국가주의를 청산하지 않는 한 새마을은 결코 있을 수 없다."고 다음과 같이 비판하였다.

> 새마을의 생명이 어디 있는지 알기나 합니까? 부락 자치에 있습니다. 부락이 자치하지 않고 경제 부흥이 있을 수 없고, 농촌을 농민의 손으로 하지 않고 농촌 자치가 있을 수 없습니다. 소위 영도자 의식이라는 국가주의 사상의 찌꺼기를 청산하지 않는 한 새마을은 결코 있을 수 없습니다 『함석헌전집』 8; 문지영 2002.

이렇듯 박정희 시기 민주주의는 결국 박정희를 정점으로 한 국가주의로서 그 이전 정권의 영도자 중심 국가주의를 그대로 잇는 것이다. 사실상 박정희 정권 시기까지 대통령과 왕의 차이가 잘 구분되지도 않았다고 할 수 있다. 이승만과 박정희 둘 다 자신을 왕으로 인식하였으며, 일부 국민들도 민주적인 의미에서의 대통령제를 이해하지 못하였다. 어찌 보면 광주의 피를 통해서 등장한 전두환 정권부터 그 정통성은 완전히 상실된 것으로 파악되어 더 이상 대통령에 대한 신성화가 가능하지 않게 되었다고 할 수 있다. 지금도 나이 많은 할머니들 중에는 박정희의 딸인 박근혜를 공주처럼 생각하는 사람들이 많다. 또 '전두환 대머리', '이순자 주걱턱', '물태우'와 같은 대통령 희화화는 전두환 정권 시기부터 시작되었다. 이 역시 광주의 희생으로 등장한 정권은 더 이상 그 이전 권력자처럼 영도자적 대우를 받기가 불가능하게 되었다는 것을 보여주는 것이며, 국민들 역시 지도자라고 하는 것이 국민을 보호하기는커녕 학살할 수도 있는 개인이라는 사실을 자각한 것이라고 하겠다.

:현대의 국가주의

앞서 언급하였듯이 박정희 정권 이후에는 영도자 중심 국가주의가 더 이상 설득력을 가질 수 없게 되었다. 따라서 국가주의는 현재 다른 모습으로 등장하고 있다. 다른 수구 이념과 마찬가지로 국가주의는 현재 국가가 아닌 사회 내 보수 세력에 의하여 다시금 제기되고 있다. 현재 보수 단체는 강한 한국, 경쟁, 세계화를 부르짖는데, 이는 수구 이념 중 국가주의의 맥을 잇는 것이라 하겠다. 이들은 애국주의라는 이름으로 국가주의적 색채를 띠는 구호를 자주 외친다. 시위 때에는 국기에 대한 맹세와 더불어 애국가를 4절까지 제창하며, 더 나아가 '멸공의 횃불', '전우여 잘 자라' 등 군가를 주로 부른다. 이들은 자신들이 애국 운동을 한다고 자평한다〈신동아〉 2003.10. 함재봉에 의하면 "한국에서 보수주의란 부국강병의 기치를 내걸고 강력한 민족 국가를 건설하고자 하는 이념"이다. 그는 "한국의 보수주의는 현실주의에 입각한 부국강병을 꾸준히 추구한 결과, 개항 이래로 조선의 선각자들이 꿈꾸던 부강한 민족 국가를 건설하는 데 성공"했다고 주장한다. 조갑제도 사회 집단이나 조직의 이해보다는 국익을 중시하며, 김용서도 국가 사관이 없는 나라는 유지될 수 없다고 하였는데 이 모두 국가주의의 입장이라고 할 수 있다강정인 · 김현아 2006.

뉴라이트전국연합은 박정희 정권 이래 궤도에 올려진 경제가 망가질 것이 우려되어 단체를 결성하였다고 밝히고 있다. 이들의 목표는 "강한 한국을 만들어나가는 것, 그리하여 통일 한국의 앞날을 기약하자는 것"이다. 2000년 11월 27일 창립된 자유시민연대는 당시 자체 홈페이지를 통해 창립 취지를 아래와 같이 밝혔다.

자유시민연대는 그 무엇보다도 국익을 우리의 관점의 중심에 둘 것이다.

WTO 체제 이후 몰아치고 있는 세계화 바람 속에서 국익은 그 어느 때보다 우리의 중요한 관심사가 될 수밖에 없다. 무한 경쟁의 와중에 살아남기 위해서는 국익이라는 확고한 관점을 세우지 않으면 안 된다는 게 우리의 생각이다.

이렇듯 한국 보수주의자들은 박정희 정권을 옹호하면서 국가주의를 내세우고 있다. 그러나 김병국에 의하면 박정희 정권은 쿠데타를 통한 집권, 독재와 인권 탄압 등을 자행한 반자유주의적, 반민주주의적 정권이며, 그 시대에 이루어진 경제 개발 과정은 서구 보수주의의 시각에 비추어 볼 때 지나치게 국가 중심적인 것이다강정인 · 김현아 2006.

2010년 6월 유엔 안전보장이사회에 천안함 사건에 대한 철저한 조사를 요청하는 서한을 보낸 참여연대에 반대하여 욕설, 폭행, 가스통 협박 등 과격 시위를 했던 단체들 역시 국가주의의 신봉자라 할 수 있으나 아이러니컬하게도 이들 역시 사실상 국가에 의한 희생자이다. "가스통 할배"라 불리는 북파 공작원은 국가에 의하여 철저히 그 존재가 숨겨져 왔으나 진보 시사지인 〈한겨레21〉에 의해 그 존재가 알려졌고, 김성호 민주당 전 의원에 의하여 공식 논의되었으며 마침내 국가 유공자로 예우되었다. 과격 시위대인 고엽제전우회 역시 국가에 의해 이들의 고통이 외면당하고 부정되어 왔으나 진보적 시민 단체와 진보 언론에 의하여 진실이 밝혀졌다김보근 2010. 따라서 이들은 자신을 부정한 국가를 위해, 자신을 도와준 진보 단체들을 공격한 셈이 되는 것이다. 오창익은 이들이 이명박 정부가 좋아하는 행동을 하면 보상을 받을 수 있을 거라 생각하는 경향이 있다고 지적한다〈한겨레〉 2010.6.19.

강정인과 김현아는 이처럼 국가주의적 경향이 나타나는 것에 대해 한국 사회에서 서구적인 자유주의적 가치가 아직 뿌리내리지 않았고, 과거 보수주의자들이 내세운 발전주의의 영향 때문이라고 설명한다. 과거 군사정권 시대에 국제 경쟁력을 내세워 노동자들의 투쟁을 저지하고, 민주노조 운동이나 인권 운동을 반국가 행위로 몰아가는 등 국가 우선의 논리가 아직도 여전히 유효하게 작동하고 있다는 것이다강정인 · 김현아 2006

(3) 근본주의

앞서, 근본주의는 대표적 수구 이념이며 종교와 관련이 있음을 설명하였다. 이러한 근본주의는 한국 역사에 있어서 유교와 기독교로 나타났다고 하겠다. 유교는 그동안 정치 철학으로서만 강조되었지 종교로 다루어지는 데는 소홀하였다. 그렇기 때문에 그들의 신념과 행위를 비합리적이고 시대적 한계를 갖는 것으로 규정하곤 하였다. 그러나 '합리성', '변화'는 종교의 특징이 아니다. 이들을 종교인으로 이해할 경우 이들의 비합리성, 구시대적인 것을 이해할 수 있다. 사실상 오늘날까지 많은 종교가 여성을 차별하는 등 비합리적인 측면이 많으나, 이것이 당연시되고 있는 이유는 논리성, 과학성, 합리성이 종교의 본질적 요소라고 생각되지 않기 때문이다. 그러나 종교 및 근본주의가 종교 영역을 떠나 사회에서 영향력을 가질 경우 그것이 갖는 불합리성은 비판받지 않을 수 없다. 과거에는 유교가, 오늘날에는 기독교가 사회에 큰 영향력을 미치고 있으며 또 수구 세력과 밀접한 관련을 맺고 있으므로 이들이 강조한 사상이 무엇인지를 파악하는 것은 매우 중요하다고 하겠다.

:일제 강점기 전후의 유교

조선 시대 말 수구파는 구질서를 지키고자 하였지만 이는 주로 그들의 종교를 지키고자 한 근본주의로도 볼 수 있다. 심지어 이들은 의병항쟁 중에도 종교적 예식을 게을리하지 않았다. 유인석은 을미의병을 해산당한 뒤 중국에 다니면서 향약을 실시하고, 공자 - 주자 - 송시열 - 이항로 - 김평묵 - 유중교의 영정을 모시는 사당을 세웠다. 1900년에 잠시 귀국하여서도 강습례, 향음례를 보급하기에 힘썼다김남이 2003. 이들은 서양의 기독교뿐 아니라 불교와 도교 등 여타의 동양 종교를 금했다는 점에서도 종교적 특징을 가졌다고 볼 수 있다. 유인석의 척사론은 성리학적 세계와 가치를 부식시키는 모든 사조와 세력의 침투를 거부한다는 점에서 교조주의로 평가되기도 한다강재언 1983. 경전의 해석을 놓고 분쟁과 갈등이 있다는 것 역시 종교적 특징이다. 종교는 쉽게 바꿀 수 있는 것이 아니며, 따라서 종교마다 많은 순교자가 있다. 이는 세속적 시각에서는 도저히 이해할 수 없는 것이지만, 아무도 이를 세속적 시각으로 재단하여 비판하지 않는다. 그렇다면 유교에 대해서도 그럴 수 있다고 본다.

유교가 종교인 이유로, 유교 역시 신의 존재를 인정하고 있다는 것을 들 수 있다. 마테오 리치Matteo Ricci는 천주교를 소개하면서 천주교의 하느님이 동양의 천天과 동일한 것임을 강조하였다. 또 유교에는 타종교와 마찬가지로 성현이 있다. 공자는 성현일 뿐만 아니라 때로는 신으로 간주된다.

> 공자님은 하늘이시니 하늘을 어찌 어길 수 있으리. 백성을 낳고 기르신 만세의 대종사이시도다. 천하를 안정시키는 방법이 어디에 있는지를 내 아나니. 공자님 가르침을 길 삼아 오로지 그 한 길로 돌아가야 하리「공자교」; 장현근 2003.

구한말 수구파들이 일본의 침략에 저항한 이유도 이러한 성현의 도가 끊어지게 되었기 때문이다.

> 인석이 처음 스스로 자결하지 않고 이에 사우들의 권고를 받아들여 상복을 벗고 거사하였으니, 참으로 성현의 도와 화하의 맥이 금일 우리나라에서 끊어지게 되어 그 애통 · 절박함이 나라의 망함에 견줄 바가 아니었고, 비록 어버이의 상이라 해도 견줄 만하지 못하였습니다. 나라가 망하고 어버이 상이 통박함도 마땅히 몹시 망극하고 옛날부터 면할 수 없는 것으로 사람 모두에게 있는 일이지만, 오직

이 성현의 도와 화하의 맥이 끊어지는 것은 진실로 있어서는 안 될 것이 지금 벌어지고 있습니다유인석 2006.

또 이들은 그들의 종교적 신념에 반하는 정책에 주로 항거하였다. 예를 들면 단발령, 변복령에 대한 반발 등이 그것이다.■

을미 11월에 김홍집 등 여러 도적이 강제로 삭발을 시행하였다. 인석이 급히 사우들을 모아 변고에 대처하는 세 원칙에 대해 논의하였으니, 하나는 의병을 일으켜 적을 깨끗이 쓸어내는 것이고, 다른 하나는 나라를 떠나 옛것을 지켜내는 것이며, 다른 하나는 스스로 목숨을 끊어 바른 뜻을 이루는 것 등이었다. … 삼사가 비록 다르지만 유학의 도를 위한 것일 따름이며 우리 몸을 고결하게 하려 함일 뿐이다유인석 2006.

유교는 근본주의가 그러하듯 비타협적이고 격렬한 투쟁으로 발전하였다. 시대의 변화에 따라 변화하는 보수주의자와 달리 유인석은 "시대의 변화에 따라 변통하는 것이 필요하지만 조선이 조선일 수 있는 까닭만은 결코 버려서는 안"된다고 하였으며김남이 2003, 성패成敗와 이둔利鈍을 살피지 않고 생生과 의義를 선택함에 있어 생을 버리고 의를 택해야

■세포이 반란 역시 종교적 신념에 반하는 행위를 강요하면서 시작되었다.

한다고 하였다 유인석 2006.

> 공사에서도 온전히 살려는 바람은 없고, 화복에 있어서도 죽을 사 자의 신표만을 한결같이 지킬 것입니다. 말의 피를 마시며 동맹을 하니 성패·이둔에 대해서는 제가 살펴보는 바가 아닙니다. 생과 의를 선택함에 있어서는 생을 버리고 의를 택함으로써 경중대소가 이에 분명하게 갈라집니다. 대중의 마음이 다 따르니 어찌 백령의 도움이 없겠으며, 국운이 다시 열리니 사해가 영원히 깨끗함을 볼 것입니다. 각자가 다 거적을 깔고 방패를 베개 삼아 물불을 가리지 않고 싸워서 기필코 망해 가는 나라와 천하의 도의를 다시 세우고 천일이 다시 밝아짐을 본다면, 어찌 다만 한 나라에만 공이 되겠습니까? 유인석 2006.

> 이기고 지는 것과 이득과 손실은 내 알바가 아니요 의리의 길을 갈 뿐이라 … 지금 저 왜의 잔학함으로 인해 백성들은 절치부심하여 읍읍마다 봉기할 것을 생각하고 있다. 차라리 일본을 죽이고 진사盡死하기를 원한다『칠실분담』; 김남이 2003.

유교는 이렇듯 격렬한 항일 운동이 되기도 하였으므로 합방 초기에 일제는 유교를 강하게 비판하였다. 그러나 강점기 말기에 가서는 오히려 유교를 권장한다. 즉 일제는 말기에 일본에 대한 충성심을 약화시킬 수 있는 자유사상과 자유주의를 비판하면서 이를 막는 방법으로 지배 초기에 비난했던 유교 교육을 권장한 것이다. "덕육상德育上 유교의 정신이 오늘처럼 필요한 때가 없다."고 하면서 유교의 내용 중에서도 특히 일제에 대한 충성을 고취시킬 수 있는 봉건사상, 사대주의, 충효 등의 도덕을 강화시켰다. 특히 1930년대와 태평양전쟁 당시에는 반서구적 이념으로 유교를 그들의 신도주의와 더불어 장려하였기 때문에, 일제 강점기 말엽에 유교가 강화되었다. 또 유교를 그들의 신사참배 운동의 수단으로 이용하였다 손인수 1986.

:일제 강점기 전후의 기독교

구한말 개화파는 기독교를 서구의 문명화된 나라의 정신으로 생각하였다. 따라서 조선이 문명화되고 국제 사회에서 인정을 받으려면 기독교를 받아들여야 한다고 생각하였다. 윤치호는 조선이 생존하기 위해서 기독교가 중요한 역할을 할 수 있으므로 기독교야말로 조선의 구제이며 희망이라고 주장하였다. 특히 〈독립신문〉은 타종교에 대한 배타적 인식을 보이며 기독교를 옹호하였다. 이슬람교는 여자를 많이 거느리며, 불교는 우상을 섬기고, 유교는 종교로 보기 어렵다고 하였다. 유교의 인의, 예지, 충효, 신의와 불교의 자비심도 외국의 문명된 종교, 즉 기독교와는 감히 비교할 수가 없다는 것이다 이나미 2001.

이 시기, 그리고 이후에도 한국에서의 기독교 사랑은 동양에서도 매우 유별난 것이라고 할 수 있다. 기독교를 수용한 것부터가 다른 동양

국가와는 다르게 자발적으로 이루어졌다. 중국에 와서 전도하던 제수이트파Jesuit派 천주교 선교사들은 중국인들에게 기독교를 전파하는 데 온갖 노력을 다했지만 그다지 큰 성과를 올리지 못하였다. 그러다가 18세기에 중국인들을 위해 만든 기독교 문헌들을 이웃 나라인 한국인들이 우연히 얻어 읽고서 자발적으로 기독교를 받아들였으며, 그중 일부 지식인들은 한반도 안에서 스스로 기독교인이 되었다. 이 소식을 들은 외국 선교사들은 매우 놀랐다고 한다.

선우학원은 우리 민족이 종교와 이념을 유별나게 신봉한다고 평한다. "유교를 믿어도 중국 사람보다도 더 유교화됐고, 친일을 해도 일본 사람보다 천황 숭배에 더 열정적이었고, 예수를 믿어도 예수보다 더 예수인 척했고, 공산주의를 반대해도 그런 버릇을 버리지 못하는 듯싶다."는 것이다 선우학원 2004.

특히 기독교에 대한 친화력에 대해 정대위는 우리나라가 동양권에서 주로 인仁의 문화였고, 이 인은 애인愛人 사상이기 때문에 기독교 사상과 친화력을 가질 수 있는 부분이 있다고 한다 정대위 1975. 변기영 신부는 우리 민족이 본래 신이나 초월자에 관심이 많기 때문이라고 설명한다. 중국 대륙에서 한반도로 온 인류는 만물과 생명의 근원인 해를 숭배한 민족으로, 해가 솟는 방향인 동쪽으로 계속 이동하여 결국 그 대륙의 끝인 한반도에 정착하게 된 것이라고 한다. 이들은 해가 동쪽에서 뜨기 때문에 동쪽에 오면 만물의 근원인 신을 만나게 될 것이라고 생각했다는 것이다변기영 2009. 한국인이 중국인, 일본인과 비교하여 볼 때 이로움보다는 의로움을, 실리보다는 명분을 중시하는 측면이 강한 것도 이렇게 근원적이고 보편적인 무언가를 추구하는 인류의 후예이기 때문이 아닌가 하는 생각도 든다.

앞서 보았듯이 개화파는 기독교에 대해서뿐 아니라 선교사들에 대해서도 매우 우호적으로 생각하였다. 선교사들의 활동을 매우 유익하고 올바른 것으로 생각하였고, 이들은 조선 대중들에게 물질적인 도움을 줄 뿐 아니라 도덕심도 일깨웠다고 보았다. 그러나 전복희에 의하면 당시 기독교는 사회진화론적 성격을 갖고 있었다. 앵글로 · 색슨 족은 생물학적으로 우월할 뿐 아니라 신이 선택한 민족으로, 인디언을 포함한 다른 종족들은 단지 이러한 유능한 인종을 위해 길을 닦는 역할을 담당하는 것으로 보았다. 이는 1890년 중반 미국의 경제적 팽창 정책과 부합한 것으로 미국 해외 선교회는 우선 저개발국의 개혁에 참여하여 그 나라를 미국식으로 개조시키고, 그러한 개혁은 다시 기독교와 밀접하게 연관되어 신자들을 재생산하였다전복희 1995. 나아가 이들은 미국 자본가들에게 직접적인 경제적 이익을 제공하는 역할도 하였다. 알렌과 언더우드 선교사 등은 적극적으로 광산 채굴권과 철도 부설권을 미국 자본가들에게 얻어주었다주진오 1996.

문제는 개화파들이 약소국인 조선의 입장에 선 것이 아니라 이러한 서구 국가의 입장에서 당시 상황을 보았다는 것이다. 1897년 6월 22일자

〈독립신문〉의 논설에는 영국이 얼마나 강하고 우수한지에 대해, 또 그들이 자유권과 독립권을 추호라도 빼앗기지 않은 것에 대해 찬양하면서도 영국인들이 다른 아프리카 야만국의 자유권과 재산권을 빼앗은 것에 대해서는 오히려 영국이 세계를 다니며 자유권을 가르치는 선생이라고 치켜세우는 모순을 보이고 있다. 더 나아가 〈독립신문〉 자신은 영국의 친구로서 하나님이 영국 여왕을 도와주기를 바란다고 하고 있다. 억압받는 인종의 입장에 대해서 윤치호는 그들도 한때 다른 인종을 억압한 적이 있다는 것, 유럽 인과 미국인들이 원래부터 죄인은 아니라는 것, 그것의 증거로 기독교는 매우 거룩한 성향을 갖고 있어서 약자를 격려하고 구원해주고 보호하기 위해 재산과 생명을 바친다는 것을 내세웠다윤치호 2001; 전복희 1995; 이나미 2001.

그러나 선교사들은 결코 약자를 구원해주지 않았다. 이들은 초기부터 일본과 크게 마찰을 일으키지 않았다. 이길상에 의하면, "미국 선교단체나 선교사들과 일본 총독부와의 갈등은 일본 지배 전 기간을 통해 사실 많지 않았다." 그에 의하면 미국의 2차 대전 참전으로 1942년에 선교사들이 강제로 추방될 때까지 미국은 일본의 확실한 우방이었는데, 이는 3.1만세운동 당시 미국인 선교사들이 만세 운동과 직접이든 간접이든 연루되지 않기 위해서 꽤 노력을 하였다는 캐다나 인 선교사 멕켄지 Frederick A. Mekenzie의 주장을 통하여 더 확실히 알 수 있다이길상 2002.

3.1운동 이후 기독교인들은 신앙을 통해 독립운동을 전개하였지만,

그러한 가운데에서도 기독교와 미국을 지지하는 운동을 벌였다. 기독교와 미국에 대한 강한 지지 표명은 1919년 4월 필라델피아에서 열린 대한인총대표회의에서 나타났다. 이 회의를 주도한 사람들은 이승만, 정한경, 서재필 등으로 주로 미주 동편 지역을 대표하였으며, 미주 서편, 즉 샌프란시스코의 국민회 중앙총회나 북미지방총회와는 사전 협의가 없었다고정휴 2004. 이 대회는 종교 집회로 착각될 정도로 기독교적 분위기를 강하게 나타냈으며, 임시정부가 미국과 동일한 자유민주주의와 기독교 정신에 기초한 공화국이라는 사실이 강조되었다이수일 2001. 또 한국의 독립과 기독교화는 미국에 이익이 될 것임을 암시하였다. 서재필이 편집장을 맡은 〈코리아 리뷰Korea Review〉에 실린 글들은 한국 독립과 이에 대한 미국의 개입을 강력히 요청하면서, 미국이 아시아에서 얻을 수 있는 정치적, 기독교적, 상업적 이익은 모두 한국 문제에 걸쳐져 있다고 주장하였다. 동아시아 전체의 평화와 안정은 전적으로 한국 해방에 의해 좌우되는 것으로, 점령당한 한국은 일본의 제국주의적 팽창 정책이 아시아 대륙으로 뻗쳐나갈 입구로 작용할 것이며, 또 다른 전 세계적 갈등의 위협 요인이 된다는 것이었다리처드 김 2003.

이렇듯 미국 내 기독교인들은 미국의 힘에 의존하여 한국의 독립을 꾀하였으며, 그중에서도 이승만은 대표적인 인물이라고 할 수 있다.

:이승만의 기독교 운동과 유교 의식

기독교 신자였던 이승만은 일제 강점기 동안 항일 운동보다는 종교 운동에 치중해 있었다. 한국이 일본에 강점되기 전부터 이승만은 주로 기독교 전파에 주력하였으며, 잠시 한국에 왔을 때도 주로 YMCA 등 기독교 활동을 하였다 서중석 2005. 3.1운동이 일어나자 이승만은 미국 기자들과의 회견에서 한국의 독립운동 지도자들은 한국에 동양 최초의 기독교 국가를 건설하려고 한다고 말하였다. 실제로 3.1운동은 기독교뿐 아니라 천도교, 불교 지도자들과 학생들이 참여한 운동인데 그는 한국에서 새로 탄생할 국가가 기독교 국가가 될 것임을 공언함으로써 미국 언론과 기독교 단체들의 주목을 받고자 한 것이다 고정휴 2004. 1920년 1월 보스턴 집회에서 이승만은 다음과 같이 말하였다.

> 우리 한국인은 미국의 그것과 동일한 원칙들을 위하여 투쟁하고 있습니다. 우리는 기독교의 원칙을 지지합니다. 우리는 한국의 건립을 위하여 미국의 자본을 필요로 하지만, 일본은 그것에 반대하고 있습니다. 우리는 만주뿐만 아니라 아시아 전체의 문호 개방을 지지합니다 〈Korea Review〉 Vol. I, No. 12.

해방 후 이승만은 당시 한국인 중 기독교인은 1퍼센트 내외에 불과하였음에도 불구하고 1948년 제헌국회 개원식에 국회의원 이윤영 목사에게 기도를 올려달라고 하고 개원식을 시작하였으며, 대통령 직무수행 선서도 하나님 앞에 맹세하였다서중석 2005. 국내의 다른 기독교인들 역시 애국심보다는 신앙을 더 앞세우기도 하였다. 정부 수립 직후에 파주국민학교에서는 기독교 신자 학부형들이 태극기에 경례하는 것을 우상 숭배라고 반대하여 10일간이나 수업을 거부한 일도 있었다김인회 1983; 손인수 1990. 지금도 일부 기독교인들은 단군상을 우상이라 하여 부수고, 주일학교 교재를 통해 우리 조상은 단군이 아니라 아브라함이라고 가르치고 있다고 한다.

또 이승만은 유교도 자신의 권력을 뒷받침하는 데 활용하였다. 유교는 해방 후에도 한국 사회를 지배하는 이념이요, 문화였다고 할 수 있다. 미대사관 직원 헨더슨Gregory Henderson은 1950년대 초까지 한국은 조선 왕조 500년과 다름이 없다고 하였다. 예를 들면 관존민비 현상이 일반적이었다. 지서 주임은 영감으로 불렸으며, 신임 고관이 오면 수천의 사람들과 학생들이 거리로 나와 순시를 기다렸다. 옛날과의 차이는 단지 고관이 가마가 아니라 신식 자동차를 타고 왔다는 것이었다. 탐관오리貪官汚吏, 난신적자亂臣賊子 등의 용어가 여전히 사용되었으며, 농민은 여전히 현물로 세금을 내고 각종 부역에 시달렸다. 자유당은 이러한 현물세를 폐지하거나 금납제화하려고 하였으나 이승만이 거부하였다서중석 2005.

이승만은 특히 '백성'이라는 용어를 자주 사용하였다. 사실상 백성이라는 용어는 1800년대 말부터 이미 〈독립신문〉 등에 의해 인민이라는 용어보다 덜 쓰이기 시작한다. 이승만은 자신이 양녕대군의 후예라는 의식이 강해서 군주처럼 행세하였다. 미군정 버치는 〈시카고 선Chicago Sun〉지 기자에게 "이승만은 결코 파시스타가 아니고 그보다 2세기 전"인 "순수한 부르봉파"라고 설명하였다. 즉, 이는 이승만이 자신을 군주로 생각하였다는 것이다. 사실 그는 영친왕 이은에 대해서 라이벌 의식을 가졌다고 한다. 이승만의 생일에는 전 관공서를 임시 휴일로 하고 야간 통행금지도 없앴다. 한글 파동 후 1955년 이승만이 서울의 이름을 바꾸라고 지시했을 때는 서울의 이름도 이승만의 호인 '우남'으로 바뀔 뻔 하였다. 그는 자신만이 높이 받들여지기를 바라는 마음에서 윤봉길, 김구 등 대한임시정부 요인들이 묻힌 효창공원을 밀어버리고 운동장으로 만들려고 시도하였다서중석 2005. 독실한 기독교인이었던 이승만은 유교와 기독교는 모순이 없다고 주장하였다. 여성 교육에 애쓴 그는 여성은 어디까지나 여성의 천직을 잊어버려서는 안 되고, 결코 남자다운 여성이 되지 말기를 바란다고 충고하였다. 또 삼강오륜을 사회 규범으로 삼아 교육시킬 것을 역설하였다. 이승만은 어린이날 담화에서 "예전부터 내려오는 부자, 군신, 부부, 장유, 붕우의 도인 오륜을 엄절히 가르쳐서 이것이 문명한 나라 민족들의 교육하는 것으로 만들어야 할 것이라고 하였다서중석 2005.

1954년 이승만은 담화를 통해 동양의 나라가 발전한 것은 다 공자의 큰 도에 힘입은 것이라고 지적하면서 세계에서 공자의 왕천하王天下하는 도를 본받아 세계를 개조하면 전쟁을 면하고 태평 세계를 이룰 수 있다고 하였다서중석 2005. 1957년 11월 30일 담화에서는 "단군 기자와 성군 명왕의 교육과 교화를 받아서 삼강오륜을 지켜온 덕택에 우리가 예의지방이 되었다."고 하였다.

> 예전부터 우리가 배워서 행해오던 삼강오륜을 고칠 수 없는 것이다. 이것을 버리고 다 같이 한 계급으로 알아서 어른도 없고 아이도 없고 또 윗사람도 없고 아랫사람도 없이 그런데 모든 사람들이 다 동등으로 살며 대통령이나 정부의 관리를 다 민중의 공복이 되어 행한다는 것을 오해해 가지고 이것이 아무렇게나 해서 혼돈 상태에 살게 되는 것으로 알게 된다면 그것은 대단히 잘못되는 일인 것이다.

그리고 덧붙여 대통령을 선거한다고 하여 대통령에 대해 예절도 없고 존경하는 태도도 없는 것은 잘못이라고 지적하고 "옛적부터 위에 앉은 분을 존중하며 높은 대우로 해가던 우리의 좋은 습관을 버리지 말고 지켜나가야만 우리 사회를 파괴하지 않고 우리 민주 제도를 더욱 공고하게" 할 것이라고 강조하였다서중석 2005.

:기독교와 반공

우리 역사에 있어서 보수주의, 반공주의가 기독교와 맺는 관련성은 매우 긴밀하다. 한국 천주교회는 한국에 공산주의가 도입된 초기부터 공산주의에 반대하는 입장을 가졌고, 특히 해방 후 남한 천주교회는 반공의 기수가 되었으며 '순교신심'과 '성모신심'을 통해 반공에 앞장섰다김정환 2007. 독실한 기독교 신자인 이승만의 강력한 반공 사상은 미국에서 공부하던 시절 기독교 근본주의의 강한 반공주의에 영향을 받았다고 할 수 있는데, 미국에서 그를 지원한 단체는 기독교 단체로서 이들 역시 반공주의적 입장을 취하였다. 또 미군정이 자신의 지지 세력으로 키운 집단 역시 기독교 단체였다정병준 2001.

이승만 정권의 비판 세력이었던 민주당 역시 원칙적으로 반공을 표방한다는 측면에서는 이승만 정권과 다르지 않았는데, 특히 천주교 신자인 장면은 신앙을 이유로 공산주의를 반대하였다. 민주당은 창당 초기부터 조봉암을 비롯한 혁신계 인사의 참가를 기피하여 좌익 전향자는 신당발기준비위원이 될 수 없다는 조항을 삽입하였다. 혁신 세력의 포섭을 반대한 부류는 '자유민주파'로서 이들이 민주당을 결성하였고, 포섭을 찬성한 '민주대동파'는 민주당에서 제외되었다백운선 1981. 이를 보더라도 당시 '자유민주'가 의미하는 것은 반사회주의임을 알 수 있다. 장면이 반공을 주장한 이유는 공산주의가 무신론에 입각해 있는 것이기 때문이었다. 그는 미·소의 이데올로기 대립을 '그리스도교적 견해에 입각한 민주주의와 전체주의적 물질주의, 즉 공산주의와의 싸움'으로 인식하였다허동현 1999. 또 다음과 같은 이유에서 반공을 주장하였다.

오늘의 세계를 소란스럽게 하는 가장 중요한 싸움은 '자유에 대한 압제에 대한' 싸움이다. 이 압제는 여러 모로의 가면을 쓰고 인간에 대한 공격을 정당화하기 위하여 그릇된 철학을 지지하고 있다. 무신론자들은 세계를 제 것으로 만들려고 끊임없이 활동하고 있는데 … 그 "그리스도교 정치가"는 그리스도교 원리를 따라 깊은 지혜와 굽힐 줄 모르는 결심으로 이 장애와 싸워야 한다. … 정당에서 지도하는 자리를 차지하는 그리스도 교도도 정당의 정책에 그리스도교 원리를 침투시키고, 정부에게 그 실시를 촉구함으로써 나라에 영향을 줄 수 있는 것이다 장면 1964.

그의 평등 사상 역시 기독교 신앙에서 비롯된 것이었다.

우리 시대는 이들 많은 비그리스도교국이 자유와 독립정신의 강력한 부흥에 참여하고 있다. 이러한 부흥은 신흥 국민 사이에도 완전한 평등에 대한 동경이 숨어 있다. 세계는 나날이 좁아져 가고 모든 종족과 모든 국민 사이의 접촉은 더욱 친밀하게 되어 간다. … 교회의 태도는 그 교육과 유력한 원조로 이 갈망을 채우기 위하여 온 힘을 기울인다. 하느님은 아버지이기 때문에 사람은 누구나 형제라는 이 교회의 가르침은 피부의 색깔, 인종, 사회적 지위의 구별 없이 인격의 영원한 운명에 대하여 평등한 존엄을 각자에게 주는 것이다. 우리는 그리스도 교도가 아닌 우리 형제, 특히 지식인에게 교회의 이 가르침을 열심히 또 절실하게 알려야 한다 "우리는 무엇을 해야 할 것인가" 장면; 허동현 1999.

장면뿐 아니라 미군정 이래 한국의 지배 계층은 기독교적 신앙을 가진 사람들이 많았고■ 그러한 신앙적 동기에서 반공을 주장한 인물들이 많았다. 1988년 2월 NCC의 '민족의 통일과 평화에 대한 한국기독교회 선언'은 한국전쟁에 대해 다음과 같은 반성을 보여주었다.

> 우리는 갈라진 조국 때문에 같은 피를 나눈 동족을 미워하였고 속이고 살인하였으며, 그 죄악을 정치와 이념의 이름으로 오히려 정당화하는 이중의 죄를 범하여 왔다. 분단은 전쟁을 낳았으며 우리 그리스도인들은 전쟁 방지의 명목으로 최강, 최선의 무기로 재무장하고 병력과 군비를 강화하는 것을 찬동하는 죄시 33:16-20, 44:6-7를 범했다. … 우리는 한국 교회가 민족 분단의 역사적 과정 속에서 침묵하였으며 면면히 이어져 온 자주적 민족통일 운동의 흐름을 외면하였을 뿐만 아니라 오히려 분단을 정당화하기까지 한 죄를 범했음을 고백한다.박경서 1991

현재에도 가장 강한 보수주의와 반공 사상을 표방하고 있는 집단 중 하나는 기독교인들로서, 전호진은 '보수'를 "전통적으로 성경을 신봉하고 하나님 한 분뿐이라는 유일신 사상을 가진 사람들"로 "보수적인 가치관을 수용하고 종교 다원주의를 거부하는 사람들이며, 철저한 반공주

■ 장면이 정계에 입문할 수 있었던 배경에는 그가 독실한 가톨릭 신자였던 것이 크게 작용하였다는 것이 공통된 지적이다.

의자들"로 정의하고 있다. 이들은 보수적, 반공적 사상을 표방하는 데 그치지 않고 적극적으로 운동에 나섰는데 그 직접적 계기는 김대중 정부의 햇볕정책 추진과 단군상 훼손 관련 목사들의 구속이었다. 기독교인들의 단군상 훼손 역시 반공주의와 관계가 깊다. 한국기독교단군상대책위원회 학술위원장 이억주 목사는 단군상 문제를 북한과 연관 짓고 있다. 즉 북한은 단군을 신화적 존재로 생각하고 있으며 더 이상 주체사상이 먹혀들지 않자 단군을 내세우고 있는데, 이제는 남한에서도 단군상을 세우기 시작했다는 것이다〈월간조선〉 2001.9.

이들에 의하면 공산주의와 기독교는 상극으로 스탈린은 목사 한 사람 없애는 것이 적 1개 사단 없애는 것보다 낫다고 말했으며▪ 김정일이 현재 보수 정치인, 보수 기업, 보수 종교인, 보수 언론을 죽이라는 지령을 내렸는데 현재 그대로 되고 있다는 것이다〈월간조선〉 2001.9. 기독교는 또 방대한 물적 · 인적 자원을 활용하여 가장 활발한 북한 인권 운동을 전개하고 있다. 그 활동은 재외 탈북자 보호 및 한국 · 미국행 지원, 입국 탈북자 정착 지원, 북한 인권 상황 홍보 등 다양한데, 그 과정에서 선교 목적의 활동이 지나쳐 부작용이 발생하기도 하였다서보혁 2007. 그런데 이들

▪ 천주교에서도 마찬가지의 내용이 전해져 오고 있다. 북한은 종교 중에 천주교를 적 제1호로 규정하였으며, 한국전쟁 당시 인민군 장교에게 돌린 비밀 통첩에서 신부 한 명을 적 병력 1개 사단에 맞먹을 만큼 평가하라는 지령을 내렸다고 한다.(중앙일보사 1986)

은 반공 및 북한 인권 운동에 그치지 않고 언론 탄압 반대 운동, 국가 안보와 민주주의 수호 반공 운동, 단군상 철거 운동을 함께 벌여나가기로 결의하였을 뿐 아니라 의약 분업을 선동한 시민 단체와 정부 관계자들의 처벌을 요구하였으며, 어용 시민 단체의 자금을 조사하고 공개할 것을 요구하였다〈월간조선〉 2001.9. 즉 북한과 공산주의에 대한 반대뿐 아니라 보수 세력 전체의 이해관계를 대변하였던 것이다.

:유교의 재해석과 기독교의 집회 활동

현대 보수주의의 한 맥은 유교를 중시하는 것이다. 이는 과거로부터 내려온 수구의 맥을 잇는 것이라 하겠다. 유석춘은 "보수는 전통과 가까운 것이며 사회의 잘못된 부분들은 온건하고 점진적인 방법으로 고쳐 나가자는 것으로 온고지신하는 생활 태도가 곧 보수"라고 정의하면서, 전통적인 유교와 자유민주주의가 거리가 있다고 생각하지 않는다고 하였다.▪ 그에 의하면 민본주의와 민주주의가 맥이 닿아있고 유교에서도 법치 등 자유민주주의적인 가치를 발견할 수 있다고 보며, 유교를 통해

▪ 그러나 김병국은 이와 반대되는 견해를 제시한다. 그에 의하면 보수주의는 흔히 자유민주주의와 자본주의를 옹호하고 미국과의 연대를 주장하는 세력을 의미하는데 그러한 가치들은 우리의 전통 가치가 아니라 해방 후 외생적으로 주어진 것이다.(김병국 2000)

시장경제 체제와 사회민주주의 체제의 한계를 극복할 수 있다고 본다. 즉 공동체 의식을 강조하는 유교적 전통을 통해 경쟁을 강조하는 시장경제 체제와 과도한 세금을 물리는 사회민주주의 모델의 폐해를 피할 수 있다고 보았다. 그 예로 지방 유지들이 서울로 유학 간 학생들을 위해 기숙사를 짓는 것, 노부모를 모시고 사는 자녀들에게 아파트 분양 시 우선권을 주는 제도, 또 금 모으기 운동도 공동체 의식을 보여주는 것이라고 주장한다. 그에 의하면 정경유착을 끊으면 한국 경제는 망한다. 이때 정경유착은 물론 부패 구조를 의미하는 것이 아니라, 경제 발전을 위한 정치 경제의 상호 협력 관계를 의미한다. 포항제철은 정경유착을 잘한 예이고, 한보철강은 잘못한 예라는 것이다유석춘 2000.

이렇듯 유교는 사상적인 면에서 보수주의자에 의해 지지되는 반면 기독교는 행동적인 면에서 보수 세력의 중요한 자원이 되고 있다. 한국 기독교의 큰 단체들이 대체로 보수적이며, 대표적으로 한국기독교총연합회가 있다. 보수 집회에 자발적 참여자가 있기는 하나 사실상 한기총 없는 대규모 집회는 쉽지 않은 상황이다.

대규모 보수 집회는 한기총의 2002년 1월 평화기도회에서 비롯되었다고 할 수 있다. 이것이 이후 2003년 3.1절 국민대회로 연결되었다. 2002년 1월 11일과 19일 '나라와 민족을 위한 평화기도회'가 보수 단체 인사들의 이목을 끌면서 국민대회를 한기총과 함께 열자는 분위기가 조성되었다. 그러나 3.1절에는 느슨한 연대가 이루어져 집회 장소를 달리

하였다. 한기총은 여의도 한강 시민공원에서 10만여 명이 참가한 가운데 '나라와 민족을 위한 구국금식기도회'를 가졌다. 그러나 6.25대회 때에는 보수 단체와 한기총이 긴밀히 공조하여 함께 개최하였다〈신동아〉 2003.10. 2004년 4월 3일에는 대학로에서 구국기도회를 열어 7만 명이 모였으며, 4월 10일 광화문에서 부활절 비상 구국기도회를 개최하기도 하였다. 한국기독교총연합회 등 보수적인 기독교 단체는 2004년 10월 2일 한국 기독교를 주제로 다룬 KBS에 반대하기 위해 극우 단체와 더불어 전례 없는 대규모 시위를 벌였다.

한기총이 이렇듯 힘을 발휘할 수 있는 이유는 한국 사회의 지배 집단이 대다수 기독교인이기 때문이다. 2004년 10월 2일 방영된 KBS의 "한국 사회를 말한다"의 내용에 따르면 상장사 기업 임원의 43퍼센트, 국회의원 중 120명이 기독교인이다.▪ 또 그 방송에 의하면 한국은 세계 2위 선교 대국으로 미국 다음을 차지하고 있다. 총 신자 수는 1200만 명이고, 규모로 볼 때 세계 1위(80만 명), 2위의 교회가 모두 한국의 교회이다. 이들은 극단주의에서 온건주의로 바뀌는 듯하다가 KBS 문제 때 다시 극단주의적인 모습을 보여주었다. 또 사학법 등 개혁 입법에 강력히 반발하였다. 그러나 이것이 기독교 신념을 지키기 위한 근본주의적 이유

▪ '고소영'으로 대표되는 이명박 정부하에서 그 비율은 더 높아졌으리라 판단된다.

에서인지 실리를 지키기 위한 보수주의적 이유에서인지를 가리기는 쉽지 않다.

보수 집회가 극성을 이루던 시절, 많은 우익 단체들이 그 조직적 기반으로 기독교인들을 찾았다. 우익 단체인 '자유수호국민운동' 은 기독교 학생 조직을 묶는 작업을 하였으며, '나라를 걱정하는 대학생들의 모임나대모' 은 2000년 4월 총선연대의 활동에 대해 반대하였는데, 이 모임은 초기부터 기독교 신앙을 가진 대학생들이 운동의 주축을 이룬 탓으로 이들을 일컬어 '탈레반' 이라 말하는 사람도 있었다고 한다. 그러나 이들은 자신을 보수나 우익으로 규정짓는 것을 꺼려하였으며, 대신 자기들을 '젊은 자유민주주의 수호 세력' 으로 불러달라고 했다고 한다〈월간조선〉 2002.7.

물론 이들 보수적인 기독교인들이 한국의 기독교를 대표하지는 않는다. KNCC를 비롯하여 독재 정권 시절 인권과 민주화를 위해 온갖 고난과 역경을 감수하며 민주화 운동에 앞장선 많은 기독교 단체들이 있다. 그러나 이들이 기독교인들의 다수를 차지한다고 보기는 어렵다. 천주교 역시 '천주교정의구현전국사제단' 을 제외하고는 대체로 보수적인 목소리를 내고 있다. 따라서 전체적으로 보면 보수적인 기독교인들과 단체가 더 많으며, 특히 서울의 강남구, 서초구 등 부유한 지역에 기독교인들이 많다는 것을 생각해볼 때 이들 교회가 기득권층 신자들의 이익을 고려하여 보수적 목소리를 내는 것은 어찌 보면 당연하다 하겠다.

전두환 대통령 때부터 비리에 연루된 사람 가운데 크리스천이 많았다는 것이 국민들에게 실망을 주었을 겁니다. 청문회 때면 으레 기독교인이 출두했고 지난 옷 로비 사건 때는 모두 하나님께 결백을 맹세하는 해프닝이 벌어지기도 했습니다. 이는 바꾸어 말하면 우리 사회의 상위 계층에 기독교인이 많다는 의미이기도 합니다. 서울 시내 단위당 기독교인이 가장 많은 지역이 강남구와 서초구입니다〈월간조선〉 2001.9.

현 이명박 정부의 출범 이래 기독교는 더욱더 한국 사회에서 세력을 얻었다고 할 수 있다. 따라서 더 이상 기독교인들은 정부를 비판하는 집회를 벌이지 않는다. 사실 기독교인들이 본격적으로 정부 비판 세력이 되기 시작한 것은 역사상 첫 비기독교 정권인 박정희 정권부터였다. 이명박은 서울시장 시절부터 기독교를 편향되게 지지하는 행위와 발언으로 타 종교인들로부터 비판을 받았다. 심지어 그가 대통령이 된 후에도 불교 등 타 종교계가 불이익을 당했다는 불만을 제기하였다. 따라서 이명박 정부 이후 기독교에 대한 사회 여론은 오히려 더 부정적이 되었다고 할 수 있다.

그러나 기독교인이라는 이유만으로 보수적이며 친이명박이라는 오해를 받는 것은 부당한 일이다. 앞서 언급하였듯이 진보적 기독교인들은 무서운 독재 정권에 맞서 자기희생을 무릅쓰고 민주화 운동에 헌신해왔다. 반면 보수적 기독교인들은 독재 정권 시절에는 침묵하다가 지난 김대중 · 노무현 정부 시기에 강한 비판 의식을 드러냈다. 이런 보수적 기독교인들은 대체로 그 신앙에 있어 근본주의적인 특성을 드러낸다. 이는 미국 사회 내에서 근본주의 기독교가 보수적인 부시 정권을 지지한 것과 마찬가지라고 하겠다. 따라서 기독교 중에서도 근본주의 기독교가 사회의 보수화와 관련 있다고 할 수 있다.

나가며: 파도에 맞서거나 파도를 타거나

아마도 이 책의 강점은 보수와 수구의 차이를 집요하게 추적한 것에 있다고 할 것이다. 보수주의에 관한 이전의 저서들은 이러한 차이에 대해 크게 주목하지 않았다. 그러나 이전 저자들의 일관된 결론은 보수주의에 내재한 합리적 특성이나 개혁적으로 변화될 가능성에 주목하고, 보수는 수구화하지 말아야 한다는 것이었다. 그리고 수구와 보수의 차이는 극단과 온건, 완고함과 유연함 정도로 설명되었다.

내 결론에 의하면 보수와 수구는 큰 차이를 가진다. 더구나 그 차이는 현상적인 것에 그치는 것이 아닌 본질적인 것이다. 앞서 보았듯이 보수와 수구는 세상을 하나로 보는가 아니면 둘로 보는가, 세계가 질서의 공간인가 아니면 갈등과 전쟁의 영역인가, 유토피아가 있는가 아니면 없는가, 안전이 제일인가 아니면 위험을 감수해야 하는가, 실리가 중요한가 아니면 원칙이 중요한가, 개혁을 받아들여야 하는가 아니면 개혁에 맞서야 하는가, 자유주의인가 아니면 국가주의인가, 종교는 필요한 것인가 아니면 절대 신앙의 대상인가, 남녀는 같은가 아니면 본질적으로 다른 존재인가, 귀족이 지지하는가 아니면 주변인이 지지하는가에 따라 구별된다.

"태어날 적에는 한 어버이 속에서 동복으로 낳았건만, 장형께서는 가문의 종손이 되시고, 하루아침에 천만석꾼의 상속자가 되지 않으셨는가. 헌데, 우리라고 이렇게 찌그러진 논밭 뙈기나 주무르며 살다가 말란 법이 있는가? 그럴 수는 없지 않느냐고. 일찍이 선친께서는 본디 문약하신 분으로 우리 형제한테 무슨 변변헌 재산도 못 남겨 주셨지만, 그때 세상에는 또 그것이 별 흉도 아니었어. 허나, 지금은 세상이 달러. 이제 두고 보아. 앞으로는 재산 있는 사람이 양반이 될 것이야. 돈이 양반이란 말이지. 동생도 물정을 좀 깨쳐야겄네." 『혼불』 최명희 1996

최명희의 『혼불』 중, 이기표가 동생 이기응에게 이르는 말이다. 이기표의 형 이기채는 작은 체격에 몸이 약해 늘 기침을 하고 위가 안 좋아 죽을 먹어야 하지만 그 성격 하나는 누구도 당할 수 없는 깐깐한 사람으로 그가 늘 두드리는 놋쇠 재떨이처럼 쨍 소리 나는, 결코 변하지 않을 사람이다. 부모에 지극 정성으로 헌신하며 일제로 인해 무너져가는 나라에 가슴 아파한다. 그에게 있어서 무엇보다도 중요한 것은 충효와 같은 유교적 덕목이며 가문의 명예이다. 반면 동생 이기표는 큰 체격에 건장하며 눈빛이 형형하고 세상 소식에 밝으며 판단이 빠르다. 형 이기채의 재산 관리를 하면서 오히려 형보다도 더 많은 재산을 소리소문 없이 모았다. 그는 나라가 망했다는 사실보다 변화하는 시대에 어떻게 해야 살아남을 것인가가 큰 관심이다.

이 두 형제는 각각 수구와 보수를 전형적으로 대표하는 인물처럼 여겨진다. 형 기채는 사라져가는 시대에 큰소리치며 살았으나 앞으로 기울 것이 분명해 보이고, 기표는 용의주도하게 준비하여 다가올 시대의 주인이 될 것으로 보인다. 실제 우리 역사에서 수구와 보수가 그러하였다. 수구는 원칙에 볼모처럼 잡혀 있어서 그 원칙에 어긋나는 다른 많은 수단을 사용할 수가 없다. 반면 보수는 특정한 원칙이 없기 때문에 어느 수단이든 사용할 수가 있다. 마치 이를 증명하듯 보수라는 말에 목적어가 없는 반면, 수구는 '구舊'라는 목적어가 있다. 보수의 영어인 conservative에는 방향이 없고, 반동이라는 뜻의 reactionary는 '과거에로'라는 방향이 있다. 목적과 방향이 없는 것이 보수의 힘이며, 이기표가 이기채보다 더 강건한 이유이다.

그러나 이 두 형제는 여러 가지 면에서 일치하는 부분도 있다. 이기채의 어머니 청암부인의 묘에 투장을 하였다는 혐의로 마을 총각 춘복이가 끌려와 피투성이가 되도록 덕석말이에 몽둥이찜질을 당했을 때 이기채는 거의 정신을 놓을 정도로 분노하였으나 이기표는 침착하게 상황을 판단하여 그가 아닌 다른 사람이 범인이라는 사실을 생각해냈다. 그러나 두 형제 모두 억울하게 당한 춘복이에게 미안한 마음을 가진다든지, 양반이 아닌 상놈의 서러움에 대한 생각은 추호도 하지 않는다. 보수와 수구는 형제다. 보수와 수구는 공통적으로 사회 정의나 양심이나 약자에 대해 관심이 없다.

특히 보수와 수구는 사회 안정기에 구분되지 않는다. 갈라질 이유가 없는 것이다. 따라서 현재 우리 사회에서의 보수와 수구의 구분은 의미가 없다. 우리 역사를 보면 변화의 순간에 그 둘은 갈라졌다. 변화의 위기가 닥쳤을 때 위기에 맞서는 사람이 수구이고, 기민하게 대처하는 사람이 보수이다. 파도에 맞서거나 아니면 파도를 타는 것이다. 파도에 맞서 이기는 사람은 없다. 따라서 수구는 늘 역사 속으로 사라지고 보수는 남는 것이다. 그러나 수구든 보수든 파도를 일으키지는 못한다. 그것은 진보의 몫이다.

참고문헌

강동진, 1980, 『일제의 한국침략정책사』, 한길사

강동진, 1987, 『일본언론계와 조선』, 지식산업사

강동진, 1991, 『일본근대사』, 한길사

강만길, 1994, 『한국현대사』, 창작과비평사

강명숙, 2001, "1920년대 초반 동아일보에 나타난 자치에 관한 인식", 〈역사와현실〉 41호

강문조, 1946, "자유교육의 해부", 〈신교사〉 창간호 (1946, 6)

강재언, 1983, 『근대한국사상사연구』, 한울

강정민, 2005, "자치론과 식민지 자유주의", 〈한국철학논집〉 16집

강정인, 1997, "보수와 진보: 그 의미에 관한 분석적 고찰", 『에드먼드 버크와 보수주의』, 문학과 지성사

강정인, 1999, "민주화의 관점에서 본 이념논쟁: 자유민주주의의 한국화과정을 중심으로", 『현대한국이념논쟁사연구』, 한국정신문화연구원

강정인 · 이지연, 2003, "한국 보수주의의 딜레마", 〈신아세아〉 10권 3호

강정인 · 김현아, 2006, "민주화 이후 한국의 보수주의: 자유민주주의로의 수렴?", 〈사회과학연구〉 14집 2호

강정인, 2008, "개혁적 민주정부 출범 이후(1998~) 한국의 보수주의: 보수주의의 자기쇄신?", 〈사회과학연구〉 16집 2호

고남준, 2010, 『청산선사』, 정신세계사

고모리 요이치, 송태욱 역, 2002, 『포스트콜로니얼』, 삼인

고영복, 1986, "4월혁명의 의식구조", 『4월혁명론』 한길사

고정휴, 1993, "제2차 세계대전기 재미한인사회의 동향과 주미외교위원부의 활동", 〈국사관논총〉 49

고정휴, 2004, 『이승만과 한국독립운동』, 연세대출판부

공보실, 1959, "리대통령각하의 민주주의적 정치 이념", 『우리대통령 리승만박사』
공보처, 1953, 『대통령이승만박사담화집』 1
宮田節子, 1997, 『조선민중과 황민화정책』, 일조각
괴테, 2000, 『파우스트』, 민음사
교육연구실, 1947, "저명교육가열전: 쫀 듀-이", 〈조선교육〉 창간호 (1947, 4)
권영달, 1991, "이승만의 민주주의관", 〈한국논단〉 25집
권영설, 2000, "이승만과 대한민국 헌법", 『이승만 연구』, 연세대학교출판부
김경미, 2002, "개화기 열녀전 연구", 『국어국문학』, 132
김국태 역, 1984, 『해방 3년과 미국 (1) – 미 국무성 비밀외교문서』, 돌베개
김남이, 2003, "의암 유인석의 민족자존론과 여성 인식", 〈대동한문학〉 18집
김동구, 1995, 『미군정기의 교육』, 문음사
김명수, 1927, 『일당기사』, 일당기사출판소
김민환, 2001, 『미군정기 신문의 사회사상』, 나남
김병국, 1999, "한국적 보수", 『한국의 보수주의』, 인간사랑
김병국, 2000, "우리의 과제는 과거를 지키는 것이 아니라 우리가 아직 완성하지 못한 것을 완성하는 것", 〈월간조선〉 2000년 12월
김병곤, 1996, "자유주의와 소유권 사상", 〈사회비평〉 16
김보근, 2010, "천안함, 북파공작원, 그리고 '국가의 거짓말'", 〈한겨레〉 2010. 6. 19
김삼웅 · 정운현, 1992, 『친일파 II』, 학민사
김상협, 1960, "한국의 신보수주의", 〈사상계〉 1960년 6월
김상철, 2000, "자유가 있는 곳에서 왜 진실이 통하지 않는가", 〈월간조선〉 2000년 12월
김성익, 1992, 『전두환 육성증언』, 조선일보사
김영명, 1992, "장면정권과 민주주의 실험의 실패", 『한국현대정치사: 정치변동의 역학』, 을유문화사
김영선, 1964, "전진적 보수주의: 현대보수주의의 내용에는 진보의 원리가 포함되어 있다", 〈사상계〉 12, 2

김용민, 1999, “서구 보수주의의 기원과 발전”, 『한국의 보수주의』, 인간사랑

김용민, 2003, “루소 정치철학에 있어서 일반의지와 애국심”, 〈정치사상연구〉 8집

김용서, 2000, “민중사관은 있어도 국가사관은 없는 사회가 어떻게 유지됩니까”, 〈월간조선〉 2000년 12월

김용일, 1999, 『미군정하의 교육정책 연구』, 고려대 민족문화연구원

김용호, 1991, “박정희의 민주주의관”, 〈한국논단〉 26권

김운태, 1986, 『일본제국주의의 한국통치』, 박영사

김인걸 외, 1998, 『한국현대사 강의』, 돌베개

김인회, 1983, 『교육과 민중문화』, 한길사

김정환, 2007, 『한국전쟁과 현대의 순교자들』, 천주교 대전교구 2007년 사제연수자료집

김지석, 2002, “근본주의”, 〈한겨레〉 2002. 9. 27

김태일, 1990, “민주당의 성격과 역할”, 『한국현대정치론』, 나남

김행선, 1984, “친미 · 친로파로서의 이완용 연구(1858-1904)”, 고려대학교 교육대학원 석사학위논문

김현철, 2000, “박영효의 보민과 민권신장 구상”, 〈정치사상연구〉 2집

김형수, 2004, 『문익환 평전』, 실천문학사

김형찬, 1990, “의암 유인석의 철학 연구”, 고려대 철학과 석사논문

김형찬, 1993, “한국 사상가 평전: 유인석”, 〈시대와 철학〉 4

김혜수, 1995, “정부수립 직후 이승만정권의 통치 이념 정립과정”, 〈이대사원〉 28집

나산, 1926, “자유주의와 중산계급”, 〈개벽〉 67

나정원, 2004, “일두 정여창의 정치사상과 그 연구 과제”, 『일두 정여창의 생애와 사상』, 일두사상연구원

남시욱, 2005, 『한국 보수세력 연구』, 나남

內閣情報部, 1940, “신체제란 무엇?”, 〈조광〉 62

노암 촘스키, 2001, 장명준 역, 『불량국가』, 두레

노태우, 1989, 『보통사람이 작은 기적을 이룰 때까지』, 김영사

R. 니스벳 · C.B. 맥퍼슨, 강정인 · 김상우 공역, 1997, 『에드먼드 버크와 보수주의』, 문학과 지성사
대통령공보비서실 편, 1991, 『민주주의와 통일을 여는 길』, 동화출판사
독립신문 영인간행회 편, 1991, 『독립신문』, 갑을출판사
로버트 니스벳, 강정인 역, 2007, 『보수주의』, 이후
류순달, 2001, "박정희의 한국적 민주주의를 생각한다", 〈한국논단〉 146권
르로이 P. 존스, 1976, 『박정희대통령의 사회철학』, 한국개발연구원
리승만, 1993, 『독립정신』, 정동출판사
리우 쑨 따, 2002, 『박정희대통령의 통치철학』, 크라운출판사
리차드 김, 2003, "초국가적 국가 건설운동", 연세대학교 국학연구원(편), 『미주한인의 민족운동: 미주 한인 이민 100주년 기념논집』, 혜안
매일경제신문사, 1977, 『박정희대통령의 지도 이념과 행동철학』
C. B. 맥퍼슨, 배영동 역, 1979, 『전환기의 자유민주주의』, 청사
C. B. 맥퍼슨, 김규일 편역, 1984, 『자유민주주의의 발전과정』, 양영각
F. A. 멕켄지, 신복룡 역주, 1974, 『대한제국의 비극』, 탐구당
모니카 그뤼벨, 강명구 역, 2007, 『유대교』, 예경
문교부, 1988, 『중학교 사회과 교육과정 해설』
문교부, 1989a, 『고등학교 국민윤리과 교육과정 해설』
문교부, 1989b, 『고등학교 사회과 교육과정 해설』
문지영, 2002, "한국에서 자유주의: 정부수립 후 1970년대까지 그 양면적 전개와 성격에 관한 연구", 서강대 박사논문
민병태, 1956, 『정치와 사회』, 을유문화사
민석홍, 1960, "현대사와 자유민주주의", 〈사상계〉 8
밀란 쿤데라, 1999, 『참을 수 없는 존재의 가벼움』, 민음사
박경서, 1991, "통일을 위한 남북교회의 역할", 〈기독교사상〉 394호
박근, 2000, "미 · 일과의 유대는 우리의 행복 · 번영과 직결", 〈월간조선〉 2000년 12월
박근, 2002, 『한국의 보수여, 일어나라』, 월간조선사

박민영, 1986, "의암 유인석의 위정척사운동", 『청계사학』

박민영, 1995, "구한말 서북변경지역의 의병연구", 정신문화연구원 박사학위논문

박성진, 1994, "1910년대 일제의 지배논리에 대한 연구", 『한국학대학원논문집』 9집

박영석, 1992, "이완용연구―친미 · 친로 · 친일파로서의 행위를 중심으로", 〈국사관논총〉 32집

박정희, 1962, 『우리 민족의 나갈길』, 동아출판사

박정희, 1967, 『조국근대화의 지표』, 고려신서 3집

박찬승, 1989, "일제하의 자치운동과 그 성격", 〈역사와 현실〉 2호

박찬표, 1997, 『한국의 국가형성과 민주주의』, 고려대학교 출판부

박철호, 1971, 『완전일반사회』, 일신사

박철호, 1974, 『일반사회 · 정치경제』, 일신사

박충석, 1982, 『한국정치사상사』, 삼영사

박치문, 1994, "이완용의 대외인식 변화와 친일논리 연구", 고려대 정치외교학과 석사논문

박홍규, 2002, "조선왕조 정치체제의 원리 – 정도전의 구상", 『인간과 정치사상』, 인간사랑

반민족연구소 편, 1994, 『친일, 그 과거와 현재』, 아세아문화사

반병률, 2000, "이승만과 이동휘", 『이승만 연구』, 연세대학교출판부

방기중, 2003, "일제하 미국 유학 지식인의 경제인식", 연세대학교 국학연구원 편, 『미주 한인의 민족운동: 미주 한인 이민 100주년 기념논집』, 혜안

방선주, 1987, "미국 제24군 G-2 군사실 자료 해제", 〈아시아문화〉 3호

백낙준, 1977,『한국의 현실과 이상』, 연세대출판부

백운선, 1981, "민주당과 자유당의 정치 이념 논쟁", 『1950년대의 인식』, 한길사

변기영, 2009, 천진암 성당 주일미사 강론

〈북미시보〉, 1998, 『해외의 한국독립운동사료 (XXI) 미주편 3』, 국가보훈처

브루스 커밍스, 2001, 『브루스 커밍스의 한국현대사』, 창작과 비평사

서병훈, 1999, "한국 보수주의의 성격과 발전 방향", 『한국의 보수주의』, 인간사랑

서보혁, 2007, 『북한 인권』, 한울

서연호, 1997, 『식민지시대의 친일극 연구』, 태학사

서중석, 1994,『민주당 · 민주당정부의 정치 이념』, 역사문제연구소

서중석, 2005,『이승만의 정치 이데올로기』, 역사비평사

선우학원, 2004,『한국의 민주화와 통일운동』, 일월서각

성내운, 1983, "분단시대 교육 이념의 변천과정",『교육과 사회』, 민중사

손봉숙, 1987, "제1공화국과 자유당",『현대한국정치론』, 법문사

손영원, 1987, "1950년대 반공이데올로기의 사회적 성격",『한국현대사를 어떻게 볼 것인가』, 열음사

손인수, 1986, "일제 식민지 교육정책의 성격",『일제하의 교육 이념과 그 운동』 한국정신문화연구원

손인수, 1990,『미군정과 교육정책』, 민영사

손혁재, 1997, "이회창: 어떤 신보수주의자의 엘리트주의와 귀족정치학",『보수주의자들』, 삼인

손호철 · 김윤철, 2003, "국가주의 지배담론",『한국의 정치사회적 지배담론과 민주주의 동학』, 함께읽는책

송병헌 · 이나미 · 김면회, 2004,『한국자유민주주의의 전개와 성격』, 민주화운동기념사업회

송복, 2000, "현재를 바로 세울 능력이 없으니 자꾸 과거를 바로 세우려 한다", 〈월간조선〉 2000년 12월

스캇 펙, 2008,『거짓의 사람들』, 비전과리더십

신갑범, 1940, "세계사의 동양적 전회", 〈동양지광〉 1940년 1월

신도성, 1955, "한국자유민주주의의 과제", 〈사상계〉 3, 8, (1955, 8)

『신동아』 2003년 10월호

신복룡, 2001,『한국사 새로 보기』, 풀빛

신복룡, 2002,『이방인이 본 조선 다시 읽기』, 풀빛

신용하, 1976,『독립신문연구』, 일조각

신용하, 1986, "19세기 한국의 근대국가 형성 문제와 입헌공화국 수립운동", 한국사회사연구회 편,『한국의 근대국가 형성과 민족문제』, 문학과 지성사

심영구, 1946, "정치와 교육", 〈국학〉 창간호 (1946. 6)

심지연, 1989, 『미 · 소공동위원회연구』, 청계연구소

안재홍, 1945, 『신민족주의와 신민주주의』, 민우사

안호상, 1946, "민주교육 철학론", 〈조선교육〉 제1집, 조선교육연구회

안호상, 1950, 『일민주의의 본바탕: 일민주의의 본질』, 일민주의연구원

안호상, 1956, "일민주의와 민주주의", 〈화랑의 혈맥〉 창간호

앤서니 기든스, 한상진 · 박찬욱 역, 1998, 『제3의 길』, 생각의 나무

양승태, 1986, 서양정치사상 강의

양승태, 1994, "한국 보수주의 연구를 위한 방법론적 시론", 〈한국정치학회보〉 28집 2호

양승태 · 안외순, 1999, "한국 보수주의 연구 I: 송시열과 한국 보수주의의 기원", 〈한국정치학회보〉 33집 1호

양우정, 1949, 『이대통령건국정치 이념: 일민주의의 이론적 전개』, 연합신문사

에드먼드 버크, 이태숙 역, 2008, 『프랑스혁명에 관한 성찰』, 한길사

여영무, 2000, "낮은 단계의 연방안은 고려연방제로 가는 속임수", 〈월간조선〉 2000년 12월

오욱환 · 최정실, 1993, 『미군 점령시대의 한국 교육』, 지식산업사

오천석, 1964, 『한국신교육사』, 현대교육총서출판사

요한네스 힐쉬베르거, 강성위 역, 2003, 『서양철학사』, 이문출판사

윌리엄 하버, 정연식 역, 1994, 『보수주의 사상의 이론적 기초』, 경북대학교출판부

유석춘, 2000, "전통으로부터 미래를 건설하는데 필요한 자원을 찾아낸다", 〈월간조선〉 2000년 12월

유시찬, 2002, "영성의 향기", 평화방송

유영익, 1995, "이승만의 건국이상", 〈한국사 시민강좌〉 17집

유영익 편, 2000, 『이승만 연구』, 연세대출판부

유인석, 국사편찬위원회 편, 1955, 『소의신편』, 국사편찬위원회

유인석 · 서준섭 · 손승철 · 신종원 · 이애희 역, 1984, 『의암 유인석의 사상 우주문답』, 종로서적

유인석, 의암학회 편, 2006, 『국역 소의신편』, 의암학회

유효종, 1984, "일제하 자치운동에 관한 사회학적 고찰", 〈연세사회학〉 3호

윤건영, 1990, “고등학교 국민윤리교과 내용변화 분석연구”, 〈도덕국민윤리과교육〉 1호

윤대식, 2002, “의암 유인석의 척사와 실천: 소의신편과 우주문답에 나타난 사상적 변화”, 〈동양정치사상사〉 1권 2호

윤덕한, 1999, 『이완용 평전』, 중심

윤보선, 1991, 『외로운 선택의 나날: 윤보선회고록』, 동아일보사

윤치호, 송병기 역, 2001, 『국역 윤치호 일기』, 연세대학교 출판부

이광수, 1924, “민족적 경륜”, 임종국 편, 1987, 『친일논설선집』, 실천신서

이규백, 1949, “민주주의 민족주의에 입각한 학교운영법”, 〈새교육〉 2호

이규호 외, 1983, 『민족사의 새지평』, 경향신문사

이극찬, 1964, “수구와 반동을 극복한 보수당: 영국노동당과 보수당”, 〈사상계〉 12, 10

이극찬, 1983, 『민주주의』, 종로서적

이길상, 1999, 『미군정하에서의 진보적 민주주의 교육 운동』, 교육과학사

이길상, 2002, “미군정기 교육연구와 『주한미군사』의 사료적 가치”, 한국정신문화연구원 편, 『주한미군사와 미군정기 연구』, 백산서당

이나미, 2001, 『한국 자유주의의 기원』, 책세상

이나미, 2002/2003, “한국 보수주의 이념의 내용과 의미”, 〈평화연구〉 11권 1호

이나미, 2003, “존 스튜어트 밀의 식민주의론”, 『정치비평』, 이후

이나미, 2004, “일제의 조선지배 이데올로기”, 『일본과 서구의 식민통치 비교』, 선인

이나미, 2004, “미군정기의 민주주의 교육”, 〈동양정치사상사〉 3권 1호

이나미, 2004, “친일과 과거청산-이완용의 제국주의 협력논리를 중심으로”, 〈기억과 전망〉 9호

이나미, 2004, “한국의 보수 단체의 이념적 분화”, 〈시민사회와 NGO〉 2권 2호

이나미, 2006, “일본 제국주의에 대한 협력과 저항의 논리”, 〈담론201〉 9권 2호

이나미, 2007, “일제시기 조선 자치운동의 논리”, 『제국주의 시기 식민지인의 ‘정치참여’ 비교』, 선인

이나미, 2007, “일제시기 재미한인의 정치 이념”, 〈평화연구〉 15권 2호

이나미, 2008, “교육과정 개정을 통해 본 제6공화국의 민주주의 지배담론”, 〈기억과 전망〉 19호

이나미, 2009, “수구 이념의 특징: 보수 이념과의 차이를 중심으로”, 〈시민사회와 NGO〉 7권 2호

이명춘, 2008, 태극권 지도 내용

이봉희, 1996, 『보수주의』, 민음사

이상백, 1975, “한국인의 사고방식의 연구방법론”, 한국사상연구회편, 『한국사상총서』 III, 태광문화사

이세동 역, 2007, 『대학 · 중용』, 을유문화사

이수석, 1990, “Edmund Burke의 변화의 의미에 관하여”, 고려대 정외과 석사학위논문

이수석 · 김병곤, 2002, “법인가 전통인가 – 몽테스키외와 버크”, 『인간과 정치사상』, 인간사랑

이수일, 2001, “미국 유학시절 유석 조병옥의 활동과 ‘근대’ 의 수용”, 〈전농사론〉 7

이승만 저, 이종익 역, 1987, 『일본군국주의 실상』, 나남

이시형, 1995, “보수 · 우익 지도자들의 건국사상: 이승만, 김구, 송진우를 중심으로”, 경희대 박사논문

이시형, 2009, 『공부하는 독종이 살아남는다』, 중앙북스

이인규, 1990, “한국 교육과정의 변천과정과 외세”, 『분단시대의 학교교육(2)』, 푸른나무

이종각, 1990, “한 · 미 교육관계의 재조명”, 『분단시대의 학교교육 (2)』, 푸른나무

이태숙, 1988, “T. B. 마콜리와 인도”, 〈경희사학〉 15

이태진, 1997, “서양 근대 정치제도 수용의 역사적 성찰”, 〈진단학보〉 84

이태진, 2003, “한국 근대의 수구 · 개화 구분과 일본 침략주의”, 『한국사시민강좌』 33집, 일조각

이태훈, 2001, “1920년대초 자치청원운동과 유민회의 자치 구상”, 〈역사와현실〉 39

이택휘, 1983, “민주주의의 토착화”, 『민족사의 새지평』, 경향신문사

임광규, 2000, “잘하는 사람에게 박수치는 것이 보수주의”, 〈월간조선〉 2000년 12월

임광규, 2002, “행동하는 우익”, 〈월간조선〉 2002년 7월

임대식, 1993, “이완용의 변식과정과 재산축적”, 〈역사비평〉 1993년 가을호

임병직, 1964, 『임병직회고록』, 여원사

임영태, 2008, 『대한민국사 1945~2008』, 들녘

임종국, 1982, 『일제침략과 친일파』, 청사

임종국, 1987, 『친일논설선집』, 실천문학사

임종국, 1992, "일제하 지식인의 변절", 『친일파 – 그 인간과 논리』, 학민사

임헌영, 1985, "해방직후 지식인의 민족현실 인식", 『해방전후사의 인식 2』, 한길사

임현모, 1990, "통일정책의 변천에 따른 교육과정의 효율화", 『도덕국민윤리과교육』 1호

장덕수, 1920, "주지主旨를 선명宣明하노라", 동아일보 편, 1966, 『근대한국명논설집』, 동아일보사

장동진, 2004, "식민지에서의 '개인,' '사회,' '민족'의 관념과 자유주의", 『자유주의, 민주주의, 그리고 국가건설사상』, 이화여대 사회과학연구소 학진지원 기초연구팀 연구발표논문집

장면, 1956, "민족갱생의 길–청년과 더불어", 〈신세계〉 7

장면, 1964, 『한알의 밀이 죽지 않고는』, 카톨릭출판사

장–프랑수아 리오타르, 이현복 역, 1992, 『포스터모던적 조건』, 서광사

장현근, 2003, "중화질서 재구축과 문명국가건설: 최익현 · 유인석의 위정척사사상", 〈정치사상연구〉 9집,

전복희, 1995, "19세기 말 진보적 지식인의 인종주의적 특성", 〈한국정치학회보〉 29집 1호

전복희, 1996, 『사회진화론과 국가사상–구한말을 중심으로』, 한울

전영기, 1997, "조갑제: 일본의 개혁적 무사 정신을 동경하는 복고주의자", 『보수주의자들』, 삼인

전인권, 2002, "박정희의 민주주의관: 연설문을 중심으로", 〈한국정치연구〉 11집 2호

전재호, 1997, "박정희 체제의 민족주의 연구–담론과 정책을 중심으로", 서강대 박사논문

전재호, 2000a, 『반동적 근대주의자 박정희』, 책세상

전재호, 2000b, "자유민주주의를 중심으로 본 민주화운동", 〈한국정치외교사논총〉 22권 2호

정대위, 1975, "한국의 근대화와 기독교", 한국사상연구회 편, 『한국사상총서』 Ⅲ, 태광문화사

정병준, 2001, "이승만의 독립노선과 정부수립운동", 서울대 박사논문

정상호, 2002. "한국의 관변단체 연구", http://www.ngo.hanyang.ac.kr/m02/tmp/cgi-lib.22836.1.d/20021001.pdf

정상호, 2004, "한국 시민운동 양극화의 원인과 특징", 『한국 NGO 리포트』, 한양대학교 출판부

정용욱, 2002, "해방 직전 미주 한인의 독립운동과 미국 정부의 대응", 〈정신문화연구〉 25권 3호

정용욱, 2003, 『미군정 자료 연구』, 선인

정운현 · 김삼웅, 1993, 『친일파 Ⅲ』, 학민사

정해구, 1994, "미군정기 이데올로기 갈등과 반공주의", 『한국정치의 지배이데올로기와 대항이데올로기』, 역사비평사

제임스 맥그리거 번스, 조중빈 역, 2006, 『역사를 바꾸는 리더십』, 지식의날개

조남국 외, 1991, "현행교과서의 내용을 보완한 고등학교 국민윤리 교육과정 개선방안", 〈도덕국민윤리과교육〉 2호

조병옥, 1959, 『민주주의와 나』, 영신문화사

조병옥, 1986, 『나의 회고록』, 해동

조영철, 2007, 『금융세계화와 한국경제의 진로』, 후마니타스

조찬수, 2002, "미국의 국민형성과 민주주의", 〈아세아연구〉 110호

조현연, 1997, "김종필: 그는 정통 보수주의의 원조인가", 『보수주의자들』, 삼인

조현연, 2003, "'자유민주주의' 지배담론의 역사적 궤적과 지배 효과", 『한국의 정치사회적 지배담론과 민주주의 동학』, 함께 읽는 책

조희연, 2003, 『한국의 정치사회적 지배담론과 민주주의 동학』, 함께 읽는 책

주섭일, 1999, 『프랑스의 대숙청』, 중심

주진오, 1995, "19세기 후반 개화개혁론의 구조와 전개", 연세대 사학과 박사학위논문

주진오, 1996, "독립협회의 개화론과 민족주의", 〈현상과 인식〉 68호

중앙일보사 편, 1985, 『민족의 증언』 2권, 중앙일보사

진덕규, 1974, "한국정치의 민주주의적 지향", 〈기독교사상〉 199호

진덕규, 1981, "이승만시대 권력구조의 이해", 『1950년대의 인식』, 한길사

차석기, 1989, 『식민지 교육정책 비교연구』, 집문당

차하순, 1990, "근대사에서의 혁신과 보수의 대립", 역사학회 편, 『역사에서의 보수와 진보』, 역사학회

天野道夫, 1940, "동아연맹론의 대두와 내선일체운동과의 관련", 〈조광〉 57

최대구 편역, 1988, 『미국교육 · 일본교육: 미 · 일교육상호연구』, 이문출판사

최덕수, 1997, "후쿠자와 유키치", 〈역사비평〉 39

최덕수, 1991, “구한말 일본 유학과 친일세력의 형성”, 〈역사비평〉 15

최명희, 1996, 『혼불』, 한길사

최봉대, 1985, “정치적 이데올로기를 통해 본 이승만정권의 성립과 그 함의”, 『한국현대사 1』, 열음사

최상용, 1988, 『미군정과 한국민족주의』, 나남

최상용, 2002, “중용탐구 – 동 · 서양의 만남”, 『인간과 정치사상』, 인간사랑

최영, 1995, 『박정희의 사상과 행동』, 현음사

최장집, 2002, 『민주화 이후의 민주주의』, 후마니타스

최재희, 1947, “교육상의 자유주의”, 〈조선교육〉 1권 7호

최치원, 2008, “한국에서 보수주의적 근대화와 민주주의의 문제”, 한국정치사상학회 학술대회 발표문

최현배, 1959, “나라를 건지는 교육”, 『나라 건지는 교육』, 정음사

E. H. 카아, 2000, 김태현 편역, 『20년의 위기』, 녹문당

A. 토크빌, 1986, 『미국의 민주주의』, 한길사

平元兵吾, 1926, 『植民國策論』

편집부 편, 『참용기』, 1993, 행림출판

프레드릭 스틸, 2010, 면담

피터 비레크, 김태수 역, 1981, 『보수주의란 무엇인가』, 태창문화사

〈한겨레21〉, 2003. 5. 22

한국교육 10년사 간행회, 1960, 『한국교육10년사』, 풍문사

한국기독교사회문제연구소 편, 1983,『교육과 사회』, 민중사

한나 아렌트, 김선욱 역, 2006, 『예루살렘의 아이히만』, 한길사

한명근, 2002, 『한말 한일합방론 연구』, 국학자료원

한배호, 1994, 『한국정치변동론』, 법문사

한완상, 1979, 『민중과 지식인』, 정우사

한태연, 1959, “한국자유민주주의의 위기,” 〈사상계〉 7, 2

함대훈, 1941, "국민연극의 현단계", 〈조광〉 1941, 5.
함석헌, 1983, 『함석헌 전집』, 한길사
香山光郎, 1941, "신시대의 윤리", 〈신시대〉 1
허동현, 1999, 『장면』, 분도출판사
허재현, 2010, "여기 나와야 그나마 숨통이 트여", 〈한겨레21〉 801호
홍덕률, 2003, "한국적 보수의 위기", 〈황해문화〉 38
홍양희, 1997, "일제시대 조선의 '현모양처' 여성관의 연구", 한양대 석사학위 논문
홍윤기, 2001, "한국 도덕 · 윤리 교육의 이념적 혼돈과 정체성 위기", 전국철학교육자연대회의 편, 『한국 도덕 · 윤리교육 백서』, 한울
홍윤기, 2006, "한국 '포퓰리즘' 담론의 철학적 검토", 〈시민사회와 NGO〉 4권 2호
황춘화, 2010, "정부 '이적' 운 떼고 우파 '행동' 맞장구", 〈한겨레〉 2010. 6. 19
황현, 국사편찬위원회 역, 1955, 『매천야록』, 국사편찬위원회

Antoun, Richard T, 2001, *Understanding Fundamentalism*, Walnut Creek: Altamira Press
Beetham, David, 1993, "Liberal Democracy and the Limits of Democratization", *Prospects for Democracy,* Stanford: Stanford University Press
Bruce, Steve, 1989, *God Save Ulster: The Religion and Politics of Paisleyism*, New York: Oxford University Press
Bruce, Steve, 2000, *Fundamentalism*, Cambridge: Polity
Griffin, Roger, & Feldman, Matthew, 2004, "Fascism: Post-war fascisms", *Political Science*
Hawley, John Stratton(ed,), 1994, *Fundamentalism and Gender,* Oxford: Oxford University Press
Heintze, Hans-Joachim, 1998, "On the Legal Understanding of Autonomy", Markku Suksi(ed.), *Autonomy: Applications and Implications*, The Hague: Kluwer
Kirk, Russell, 1994, *The Consentative Mind*, Washington D. C.: Regnery Publishing, Inc.
Korea Review, 1994, 『해외의 한국독립운동사료 (X) 미주편 3』, 국가보훈처
Lawrence, B, B, 1990, *Defenders of God: The Fundamentalist Revolt against the Modern Age,* London: I,

B, Tauris

Levin, Michael, 1992, *The Spectre of Democracy*, New York: New York University Press

Mernissi, F, 1993, *Islam and Democracy: Fear of the Modern World*, London: Virago

Mill, J.S., 1951, *Utilitarianism, Liberty and Representative Government*, New York: E.P. Dutton and Company, Inc.

Miller, David, 1993, "Deliberative Democracy and Social Choice", *Prospects for Democracy*, Stanford: Stanford University Press

Munson, Henry, 1984, *The House of Si Abd Allah: The Oral History of a Moroccan Family*, New Haven, Conn,: Yale University Press

Robertson, Pat, 2003, CBN, 5 June 2003

Ruthven, Malise, 2004, *Fundamentalism: the Search for Meaning*, Oxford: Oxford University

Straton, J, R, 1924, Searchlight, 7/12

Talmon, J, L, 1952, *The Rise of Totalitarian Democracy*, Boston: The Beacon Press

Turner, B, S, 1974, *Weber and Islam: A Critical Study*, London: Routledge & Kegan Paul

Weber, M, 1968, *Economy and Society*, New York: Bedminister Press

찾아보기

ㄱ

가부장적 150
가톨릭농민회 278
간다 다카히라 116
간디 132
개인 76, 78, 118, 127
개인의 자유 81, 209
개인주의 86, 208, 264
개혁 97
개화파 27, 29, 59, 66, 113, 114, 126, 225, 336, 338
경쟁 57, 188, 189
경제 개발 5개년 계획 159
경제 개발 계획 158
경제 건설 209
경제 발전 156
경제우선주의 210
경제제일주의 158, 280
경제자유주의 174
고마쓰 미도리 186
고모리 요이치 282
고무라 주타로 210
고엽제전우회 94, 330
고희경 194
공감 18
공리주의 81, 82, 101, 117, 195, 196, 262
공민 300
공산주의 53, 94, 110, 149, 150, 176, 228, 231, 243, 315, 345, 348
공자 30, 53, 333, 343
공화제 88
공화주의 115
광주항쟁 280
교도민주주의 272, 273
교도적 민주주의 324
구조기능주의 39
국가 118
국가주의 122, 267, 268, 281, 284, 322, 325, 326, 327, 329, 330
국민 국가 129
국민 129, 291, 294
국민교육헌장 236
국민윤리 168, 235
국민협회 139
국민회 308
국시 238

국제 사회 78
국제주의 284
군가산점 66
군국주의 282, 283, 288
군권 121
군부 사회주의 272
군주제 31, 90
굿펠로우 223
권리 76
권위주의 31, 150
권중현 194
권태환 194
귀족 사회 89
귀족 67, 68, 74, 90, 104
귀족주의 67, 68, 69, 74, 90
그리스 86
그린 276
극단주의 108, 110
극우 98
근본주의 29, 32, 33, 41, 60, 91, 108, 110
근본주의자 47, 90
급진주의 108, 110
기독교 근본주의 33, 106
기독교 근본주의자 42
기독교 33, 146, 336, 338
기든스 77
기초민주주의 273
기회주의 107, 126
김구 213, 228, 307
김대중 정부 253
김대중 162, 174
김도연 222
김명수 193
김상회 139
김성수 136, 146, 304
김영삼 162, 215
김우평 222
김일성 90
김재준 238
김정일 348
김종필 210
김종필-오히라 메모 210
김지하 323
김홍제 203
김활란 146, 203, 304
꾸뜨조프 16

ㄴ

나세르 272
나치 협력자 194
나치스 266
나치즘 95, 285

나폴레옹 16
남녀 차별주의 66
남녀평등 66
남북정상회담 85, 253
내각제 151
내선일체 283
네오콘 78
노동조합 153
노무현 256
노블레스 오블리주 89
노재명 203
노직 84
노태우 163, 242
뉴라이트 88, 128, 178, 179, 180
뉴라이트전국연합 329

ㄷ

단군상 348
단군신화 308
단발령 334
단임 정신 160
대동방주의 137
대동아전쟁 262, 303
대원군 24
대의정체 88
대의제 71
대자적 민중 45
대처 86
대통령 선거 74
대한민국어버이연합 95
대한청년단 308
데라우치 총독 119
데모 153
독립신문 114, 115, 336, 339
독립정신 225
독립청원 운동 134
독립협회 114, 115, 225
동아일보 132, 134, 136
동학 27, 113
동화주의 118, 130, 131, 136, 284, 292
듀이 116, 203, 207, 304
드메트르 31, 61, 99, 100, 105, 109
디즈레일리 71

ㄹ

러시아 224
레오 스트라우스 78
로크 78, 79, 84
뢰벤슈타인 320
루소 53, 81, 288
리영희 238
리오타르 39, 40

ㅁ

마르크스주의 40, 127, 220, 277
마리 앙투아네트 59
마콜리 117
마키아벨리 16
마테오 리치 333
만주사변 264
만하임 45, 97
매카시즘 54
메시아 90
멕켄지 339
모택동 236
몽테스키외 290
무신론 345
무의식 21, 55, 56
문교부 148, 169
문익환 209
문화주의 136
물산장려 운동 136
미국 민족주의 46
미국식 민주주의 141
미군정 140
민란 92
민본주의 349
민정당 162, 241
민족자본가 135
민족 127
민족개량주의자 135
민족자결주의 134
민족적 경륜 128
민족적 민주주의 306, 322
민족주의 167, 302, 305
민주 시민 172
민주교육연구회 143, 305
민주당 152, 157, 241, 345
민주주의 67, 68, 69, 70, 71, 72, 86, 88, 115, 152, 155, 164, 166, 176, 180, 204, 207, 243, 266, 270, 305, 321
민중 70
민중당 241
민중민주주의 177
밀 59, 82, 101, 114, 117, 176

ㅂ

박근혜 328
박영효 114, 136
박정희 22, 86, 90, 155, 156, 207, 209, 210, 213, 268, 279
박종철 163
박헌영 222
반공 교육 232, 235, 248
반공 사상 345

반공 85, 149
반공민주주의 236
반공주의 107, 156, 204, 219, 224, 229, 258, 266, 348
반동주의 29, 30, 60, 90, 105, 108
반동주의자 99, 105
반미 147
반미주의 163
반민법 233
반북 85
백낙준 146, 301, 302, 303
백남운 301, 302
백성 342
백인 우월주의 110
버크 18, 22, 31, 43, 51, 59, 67, 68, 69, 75, 97, 99, 103, 105, 109
법 72
법치 72
베버 96
벤담 82, 101, 117
변복령 334
보수 단체 88, 107, 256
보통교육 104
보통사람론 172
복음주의 110
복지 162
복지국가 79, 85
볼셰비키 혁명 224
부패 191
북진론 232
북진통일론 156
북파 공작원 94, 330
북한 245, 250
북한 인권 보호 운동 255
북한 인권 운동 348
북핵 문제 254
분권화 73, 129
불교 35
불평등 69, 89, 101, 189
비폭력 운동 132

ㅅ

3.1운동 261, 265
4.19혁명 150
사대주의 46
사상계 25, 149, 321
사유재산 75, 85, 102
사적 소유권 262
사티 어머니 62
사티 61
사회계약론 77, 88, 101, 125
사회민주주의 277

사회적 자유주의 276
사회주의 71, 80, 88, 126, 157, 163, 180, 204, 277
사회진화론 311, 338
삼강오륜 344
삼국유사 301, 304
삼권 분립 73, 115, 169
상대적 등가성 131
상해임시정부 227
새마을운동 326
색깔론 177, 241
생명권 77, 123, 125
샤토브리앙 44
서은숙 203
서재필 114, 340
선교사 338, 339
성인 20
성차별 60
성찰 19
세계 대전 265
세계화 190
세포이의 난 131
소중화 46, 48, 50
손병희 227
송병준 193, 194
송시열 49
송종헌 194
수구당 24
수구주의 24
수구파 27, 29, 66, 96, 113, 114, 332
수령론 311
수카르노 272, 273, 324
스와라지 133
스캇 펙 17
스탈린 348
시몬 베유 20
시장경제 체제 178
시중회 137
식민주의 76, 116, 117, 118, 122, 125, 131, 284, 289
식민지 근대화론 201
식민화 122, 195, 196, 284
신갑범 261
신민 291
신민당 162
신민주주의 236
신보수주의 77
신익희 307
신자유주의 72, 77, 78, 79, 84, 87, 101, 174, 175, 276
신한당 241
실력양성 운동 134

실력양성론 127
실리 100, 186
실리주의 100, 106, 183, 187, 196, 201, 211
실업 95
실용주의 100, 183, 200, 201, 207, 208, 210, 212, 215, 304
실향민 집단 92
실향민중앙협의회 93
씽코비치 220

ㅇ

6.10 민주항쟁 162
6.29 선언 163
E. H. 카 14
아담 스미스 116
아도르노 91
아렌트 19
아리스토텔레스 16, 69
아시아 · 아프리카 민주주의 89
아유브 칸 273
아이히만 19
안보 251
안창호 227
안호상 266, 267, 304, 306, 312, 314
알렌 338
애국심 122, 288, 291
애국주의 288, 291, 329
애민 사상 86
얄타밀약설 229
양심 81
양심수 171
양우정 266, 312
언더우드 338
에리히 프롬 18
엘리자베스 1세 104
엘리트주의 67
엥겔스 103
여권 60
여성 교육 343
여성 참정권 59
여성 해방 58
여순사건 93, 211
여신 사티 62
여운형 218
여종 64
연방백서 73
영도자 중심 국가주의 328, 329
영도자 90, 312, 327
오스만 제국 96
오스만주의 96
오천석 146, 203, 206, 302, 306

온정주의 89, 90
올드라이트 180
왕권신수설 292
우경화 66
우민관 113
우민화 184
우익 178
우주론 38
우파 178, 219
원조 156
원죄 52
원주 MBC 사건 278
월남 파병 324
월러스타인 282
위임통치 청원 226
위정척사파 106, 108, 188
윌슨 134
유교 33, 41, 62, 106, 342, 349
유기체 이론 39
유길준 114
유대교 32, 61
유민회 139
유신헌법 212, 236, 319, 320
유억겸 146
유인석 42, 45, 48, 62, 90, 92, 106, 108, 188, 189, 332, 334
유토피아 43, 44, 54
유토피아니즘 46
유화 정책 162
육해공군해병대 예비역 대령연합회 93
윤보선 156, 239, 241, 271, 320, 324
윤성순 203
윤치영 313
윤치호 115, 192, 336, 339
을사보호조약 192
음양 17
의병 운동가 188
의병 항쟁 92, 332
의회 72
이광수 55, 127, 128, 136, 191, 264, 290
이긍종 222
이기심 81, 101
이기주의 80, 83
이데올로기 56, 76, 120, 148, 243, 248
이명박 183, 216, 353
이문열 55
이범석 266, 309, 310, 311
이병길 194
이성 51, 68
이스라엘 46
이슬람 근본주의 34, 92
이슬람 33, 41, 106

이슬람주의 110
이승만 22, 90, 98, 149, 150, 156, 207, 213, 225, 258, 266, 306, 340, 341
이영근 261
이완용 22, 106, 184, 188, 189, 193, 194, 210
이익 104
이재극 194
이재학 312
이항로 41
이회창 254
인간 52, 53
인도 117, 119, 131, 133
인민민주주의 89, 177, 236
인종주의 310
일민주의 90, 267, 306, 307, 308, 314
일부일처제 103
일진회 194
입헌 정치 72
입헌군주제 113

ㅈ

J. B. 클라크 221
자기애 290
자본주의 81, 175, 176, 266, 269, 315
자연 상태 78, 79
자유 77, 79, 81, 114, 154, 177, 288
자유권 77, 126
자유당 152, 312, 342
자유민주주의 86, 88, 89, 149, 163, 176, 178, 181, 209, 232, 236, 270, 271, 278
자유방임 274
자유방임주의 156, 158, 161, 274
자유시민연대 181, 329
자유시장경제 75
자유주의 55, 74, 75, 76, 80, 84, 86, 88, 101, 114, 116, 125, 126, 128, 180,261,284
자유주의연대 179
자유총연맹 93
자유화 161
자치권 128, 130
자치론 127
자치주의 129
자코뱅 44
자코뱅주의 105
장덕수 135, 221
장면 153, 155, 156, 157, 158, 345
장석영 203
장이욱 203
장제스 258
장준하 211, 322
재산 101, 102

재산권 77, 84, 123, 125
적자생존 78
전두환 163, 214, 278
전체주의 71, 271, 285, 294
전체주의적 민주주의 88
전통주의 108, 110
절대적 대통령 중심제 319
절차적 민주주의 164, 170, 212, 242
정경유착 350
정권 교체 160
정당무용론 306
정의사회 280
정의 280
정통주의 29, 32, 60, 61
정한경 340
정한론 120
제2공화국 155, 158
제5공화국 161
제6공화국 164, 171, 252
제국주의 46, 76, 87, 120, 190, 301
제왕운기 301
제주4.3사건 93
조병옥 203, 219, 221, 307
조봉암 307
조선건국준비위원회 218
조선교육심의회 146, 299
조선교육연구회 305
조선일보 256
조선책략 188
조중응 194
조지 W. 부시 110
존 애덤즈 68
종교 52, 109
좌파 14, 177, 179, 219
주변인 40, 90
주변화 91
주체사상 90
중산층 125, 172
중앙학도호국단 308
중용 16
중의경사 309
중인 계급 126
지방 자치 129
지학순 주교 278
직선제 개헌 164
진보 98, 178
진보적 민주주의 218
진보주의 56, 178

ㅊ

참여연대 94, 330
참전용사전우회 94

참정권 128, 130
참정권론 138
처칠 71
척사론 332
천주교 54, 333
천주교정의구현전국사제단 352
천주교회 344
천황 292
청교도 47
청년 우익 253
청산선사 20
체계 39
최린 137
최소국가론 79
최익현 188
최장집 93
춘추전국 시대 86
친일 147, 225
친일반민족행위자재산조사위원회 194
친일파 106, 184, 193, 194, 231

ㅋ

KNCC 352
카리스마 90
칼 마르크스 99
커크 51
커플린 54
코란 106
코리아 리뷰 340
쿠데타 155, 156, 268
크로포트킨 80
키몬 86
킬패트릭 203

ㅌ

탈근대 129
탈이데올로기 248
탈정치화 200, 303
토마스 페인 53
토지 개혁 98
토크빌 68, 71, 104, 196, 201
톨스토이 16
통역자 정부 145
통일 85, 251
통제 경제 264, 276

ㅍ

파슨스 39
파시즘 86, 108, 262, 285
팔굉일우 301, 302
팔레스타인 47
패권주의 78

팽창주의 46
페리클레스 86
페인 54
평등 77, 104
포스트모던주의 39
포퓰리즘 72, 177
폭력 45, 170
프란체스카 308
프랑스 혁명 31, 44, 59, 105
프롤레타리아 민주주의 89

ㅎ

하이에크 72, 78
하지 223
학도호국단 314
한계효용설 222
한국교육위원회 146
한국기독교총연합회 350
한국식 민주주의 317
한국자유총연맹 258
한국적 민주주의 90, 167, 324
한민당 145, 219
한성정부 227
한완상 238
한일 병합 123
한일협정 210
한일회담 323
함석헌 238, 273, 323, 326, 327
함평 고구마 사건 278
해방신학 54
햇볕정책 254
행복론 198
행정 국가 319
행정부 319
행정적 민주주의 318, 320
헌법 72
헌쇼 51
혁명 44, 97
홉스 77, 79, 85
홉하우스 276
홍익인간 299, 303, 304
화랑도 308
화이 41
황준헌 188
후쿠다 도쿠조 124
후쿠자와 유키치 116, 121
히틀러 266, 310, 322
힌두교 35, 61